U0504349

国家社科基金一般项目（15BKS122）

"美丽中国"视阈下
价值观的生态化转向研究

卢艳芹 王晓政 著

中国社会科学出版社

图书在版编目（CIP）数据

"美丽中国"视阈下价值观的生态化转向研究／卢艳芹，王晓政著.
—北京：中国社会科学出版社，2020.7（2023.3 重印）
ISBN 978 - 7 - 5203 - 6503 - 1

Ⅰ.①美… Ⅱ.①卢… ②王… Ⅲ.①马克思主义—生态文明—文明
建设—价值论—研究—中国 Ⅳ.①B0 - 0②B824.5

中国版本图书馆 CIP 数据核字（2020）第 083477 号

出 版 人 赵剑英
责任编辑 刘 艳
责任校对 陈 晨
责任印制 戴 宽

出 版 中国社会科学出版社
社 址 北京鼓楼西大街甲 158 号
邮 编 100720
网 址 http://www.csspw.cn
发 行 部 010 - 84083685
门 市 部 010 - 84029450
经 销 新华书店及其他书店

印刷装订 北京明恒达印务有限公司
版 次 2020 年 7 月第 1 版
印 次 2023 年 3 月第 2 次印刷

开 本 710×1000 1/16
印 张 15.75
插 页 2
字 数 213 千字
定 价 88.00 元

凡购买中国社会科学出版社图书，如有质量问题请与本社营销中心联系调换
电话：010 - 84083683
版权所有 侵权必究

前　　言

　　党的十九大报告用很大篇幅专门论述"加快生态文明体制改革，建设美丽中国"这一重大问题。事实上，"美丽中国"是生态文明建设的价值目标和"中国梦"的重要组成部分，也是对"建设什么样的中国、怎样建设中国"这一问题的具体回应。当前，在资源与环境、人与自然矛盾与危机日益突出的严峻形势下，寻求经济发展的可持续与人民生活质量的提升已成为国家发展的战略问题。"美丽中国"内含了生态文明建设的核心价值理念，是物质文明与精神文明的融合，是置于器物文明基础上的精神文明的提升，是文化的进步和对文明的跨越，是中国化马克思主义生态文明思想的时代标志。它蕴藏着新时代应该塑造与弘扬的伦理与道德，不仅具有审美意义，而且是先进文化的表征。

　　生态文明作为工业文明后的新文明形式，既具有文明的一般性也具有其特殊性。人与自然、人与社会、人与人是相互联系的统一整体，自然作为其中的组成部分具有主体性的特征，这与传统的自然作为人类的工具或手段的价值观不同，这种价值观以自然内在价值为依据，奠定了生态文明价值观生态转向的基石。生态文明的特殊性要求对现有的价值观、伦理与文化进行"生态化"改造，实现人与自然之间的平衡与和谐。生态文明将人与自然关系重塑，开辟了人与自然关系史的新阶段，它将人类的长久生存建立在人与自然和谐发展的基础上，摒弃只注重经济增长速度，忽视自然整体利益的片面的价值观念和发展模式，强调人类社会的全面、协调、可持续，实现人、自然、社会的共同进步与和谐共生。但是，实现人与自然的和谐并不是自发的实现的，而是要通过对社会内部、社会与自然之间各种关系的调整来实现，为此，建设生态文明需要一种新的生态文明的价值观，即需要实现价值观由传统向现代的转变。

价值观由传统向现代的转变需要理论支撑，实现由自然"不在场"向自然"在场"的转变，这不仅需要人类的智慧和勇气，还需要以科学而严谨的态度去对待自然界内在规律和人类发展规律。否定自然与人类互动关系的价值观必定会造成一系列的生态恶果，而纠正错误理念首先要找到人类与自然界的真正关系以及此种关系下的客观状态。人类史与自然史实际是人与自然的关系史，二者的辩证统一要求人性的向"真"、向"善"和向"美"，这也是人趋向自然与自然趋向人的统一过程。自然科学中的复杂系统脆性理论、熵变规律都是物质世界必然发生的，适用于自然也同样适用于人类社会，它规定着人类社会与自然界之间物质能量的变换关系，也对人类社会与自然界应该呈现的关系状态有着重要的启示。

当今，工业文明的价值观已成为人与自然之间互动关系的障碍，消除这些障碍实现自然与社会的良性互动，耗散结构理论为这一研究奠定了科学基础。自然与社会互动关系的障碍主要源于两个方面：其一是人类社会不合理的价值观及由此引发的一系列实践失误；其二是自然地质运动而引发的生态破坏。要实现自然与社会顺畅互动及解决互动关系中存在的障碍，一方面必须纠正人类对待自然的态度并限制人类的主体行为，另一方面还要针对地质运动带来的生态破坏进行生态恢复。无论是人类自己引发的还是自然界运动规律形成的都需要人类来完成修复工作，这要求人类社会要主动承担起应然的道德责任与义务。基于此，人类应建立面向自然的动态开放机制，纠正并限制自己的主体意识与行为，这也是解决问题的关键所在。

"面向自然"是指人类社会将自己向自然开放，其开放的内容是输出与输入并存并保持总量上基本相等。输入是指从自然界摄取社会存在需要的能源与原材料，输出是指社会向自然界进行能源与原材料的直接补偿与间接补偿，输出与输入在物质与能量总量上保持基本对等。"面向自然"的物质与能量关系在实践上要求理念、伦理与文化的转变，以此实现价值观转向的对接。"美丽中国"建设需要价值观的自然向度，传统价值观向生态文明的价值观转变，不仅需要理论支撑，还需要在实践上践行新型生态价值理念、生态伦理与生态文化。全方位、多角度塑造"美丽中国"建设的实践原则与目标。以人与自然命运共同体为实践趋向、人与自然协同进化为实践伦理、人与自然的"友谊"关系为实践文化，实现生态文明人与自然关系的价值观转向，从而实现"美丽中国"的宏伟目标。

目　　录

第一章

绪　　论

生态文明是人类文明的新阶段，它确立了人与自然协同进化、互利互助的新型发展模式，为人类在地球上生存延续了时间、拓展了空间。然而，新的文明形式是建立在对工业文明的历史反思与社会主义建设的现实需要基础上的。工业文明虽然不断创造着人类发展的奇迹，但也在生态方面付出了惨重的代价，生态的失衡、环境的恶化使人类的生存与发展陷入窘迫的境地。而人的智慧促使其对自身行为进行着深刻的反思，反思人类行为与文明的真正关系，升级文明的境界与价值理念，并努力将社会的发展与自然的进化实现协同。

第一节　研究的背景

一　工业文明进程的历史反思

文明是体现人类进步的重要标志，文明是物质财富与精神财富的总称。为了生存与发展，人类不断地在依赖自然、适应自然、改变自然的状态中交互着，由此出现了以时间序列为分割点的原始文明、农业文明、工业文明和生态文明。最初的文明形式是人类摆脱蒙昧状态向自由自觉的人的初步转变，而工业文明是使人成为"理性"控制下的完全自由的人。从蒙昧的人向理性的人转变其基础是自然界提供的可供生存、发展以及科学实验的物质材料，自然界在支持人类生命体存活与繁衍，人类也从自然界中源源不断地获得资源与能量。终于,在人类大脑逐渐成熟之后,其理性思维向自然界不断伸展并发展为控制自然与支配自然的工业文明理念,人类与自然界之间的动态平衡也从此被打破。

工业文明在推动经济的迅速发展方面做出了巨大的贡献,它将人类的生产与生活进行全方位的升级,人类文明进入了一个物质丰富、经济繁荣、文化多样的时代。但是,建立在理性思维基础上的工业文明却逐渐忽视了人对自然的依赖关系,其对自然的控制欲逐渐增强,人与自然之间能量守恒定律被打破,环境危机全面爆发,危及了全球的生态平衡。《自然辩证法大百科全书》对环境危机进行了解释,环境危机是指"人类活动引起的环境污染与破坏,乃至整个环境的生态退化趋势和资源、能源面临枯竭的趋势"①。环境危机表现为环境污染与生态破坏,对于环境污染与生态破坏的界定张进蒙在《马克思恩格斯生态哲学思想论纲》一书中解释为"所谓环境污染,是指因人为的活动,向环境排入了超过环境自净能力的物质或能量,导致环境发生危害人类生存和发展的事实。而所谓生态破坏,则是指人类不适当地开发利用环境,致使环境效能受到破坏或降低,从而危及人类生存和发展的事实"②。实际上,无论是生态危机还是环境危机从对象上来讲并不一样,更不应该将二者等同,环境危机特指人类的生存环境,是以人的生存为主体,对人类生存构成威胁的环境为客体的互动状态。而生态危机则是以自然界中所有生命体为主体,当然包括人类生命体,而影响各生命体繁衍与联络的周围环境(包括有机的与无机的)为客体,主客体之间互相促进、共同繁荣的关系状态遭到破坏的状态。从本质上说,人类的环境危机是生态危机的一部分,因此,解决了环境问题并不一定就解决了自然生态系统的稳定与繁荣问题,只

---

① 《自然辩证法大百科全书》,中国大百科全书出版社1995年版,第191页。
② 张进蒙:《马克思恩格斯生态哲学思想论纲》,中国社会科学出版社2014年版,第15页。

有着眼于大自然的整体视域，才是解决环境危机的根本之道。

生态危机产生的根本原因是人与自然的矛盾被无限放大，没有看到二者的对立统一，或者将二者的统一关系界定为人的愚昧与不开化，认为只有在自然之上的人才是文明的人，由此，工业文明被神化，宣扬对自然的改变是科技与技术的胜利，工业文明下人对自然的占有是进步的体现因而应被弘扬。殊不知，工业文明只是被限定的文明形态，它只不过是暂时的进步状态，因为人与自然割裂下的文明是不长久的。随着资源的逐渐枯竭、环境污染的加剧、生物多样性的锐减，动物、植物及其生存环境之间的平衡关系被打破，人类赖以生存的大自然已经是面目全非，人类的生存与发展遭遇到了前所未有的挑战。事实证明，传统工业文明下的价值理念是错位的，对人与自然关系的认识是不全面的。由此，掀起了一股对工业文明的反思热潮，在生态危机全球化的视域下，"绿色革命"的思潮愈演愈烈，无论社会性质和社会发展阶段如何，都基本一致地形成一种共识，即"保护生态自然，促进人类发展"。

二 "五位一体"建设的现实要求

十八大报告中指出："必须更加自觉地把全面协调可持续作为深入贯彻落实科学发展观的基本要求，全面落实经济建设、政治建设、文化建设、社会建设、生态文明建设五位一体总体布局，促进现代化建设各方面相协调，促进生产关系与生产力、上层建筑与经济基础相协调，不断开拓生产发展、生活富裕、生态良好的文明发展道路。"①自此，"五位一体"的总体建设新格局形成，从"两手抓，两手都要硬"的两个文明建设到"三位一体"、"四位一体"发展为"五位一体"的中国特色社会主义建设事业的新格局，标志着我党对社会主义

---

① 胡锦涛：《坚定不移沿着中国特色社会主义道路前进，为全面建成小康社会而奋斗》，《人民日报》2012 年 11 月 18 日。

建设的认识不断深化，对中国社会发展规律形成了辩证思维，对如何科学发展提升到了新层次。这与十八大提出的"美丽中国"建设的目标相呼应，"美丽中国"是使中国变美的动态过程，其内含了政治与文化、经济与社会、自然生态等全方位的建设内容，将生态文明融入各方面的建设之中是未来总体的建设思路。而且，在"五位一体"格局内部本身是辩证统一的关系，"经济建设是基础，政治建设是保障，文化建设是灵魂，社会建设是条件，生态建设是关键"①。文明体现了人对自身的改造与对自然的改造，人性的提升与人的自由而全面发展的程度是相互关联的，文明体现了二者的统一，是对人自身整体素质的提升。人对自然界的适应性表现在两个方面，其一是对自然资源的利用，其二是对自然界的改造。利用杀鸡取卵式还是生态节约式，改造是以人为目的还是以生态整体的发展为目的，这些选择都是人存在过程的文明与否的体现，也是反映人类社会进步的显著标志。

第二节　研究现状

一　国外研究现状和趋势

从 19 世纪中后期开始，随着环境问题的日益严重，一批学者开始了对工业文明的反思与批判，并掀起了环境保护的绿色浪潮，形成了人类中心主义、动物权利论、生物中心主义、生态中心主义等关于环境保护的价值观各流派。人类中心主义在价值观的历史演变中长期占据着主导地位，随着生态危机的出现及危害的扩大化，非人类中心主义对它进行了批判，并以此来唤醒对大自然的关爱之心，规定人类所要承担的道德责任和义务。

如今，西方环境价值理念已经有了许多创新性成果，如生态中心

---

① 赵欢：《论"五位一体"总布局的历史演化及其现实意义》，《南方论刊》2014 年第 1 期。

论者将自然界价值与权利作为生态文明的基础理论；现代人类中心论者则将人类中心主义和近代人类中心主义进行整合，对其价值观既辩护又反思；生态学马克思主义者将人与自然关系定位于人与人的关系视域，解决人与自然关系的路径是和谐人与人的关系。这些研究对于解决当今环境问题具有重要的意义，但从研究的成熟度上来说还有很多的缺陷与漏洞，如重理论研究轻实践研究、具有一定的浪漫主义乌托邦色彩、从一个极端走向另一个极端、从人类中心主义走向"人不在场"的各种中心与主义的立场，因此不能解决环境问题的症结。

二　国内研究现状和趋势

我国关于环境思想的研究始于 20 世纪 70 年代后期。其研究大致经历了几个阶段：20 世纪 70 年代的孕育阶段、80 年代的探索阶段和 90 年代环境伦理学的诞生与快速成长阶段。从 70 年代有选择地引进和介绍西方环境伦理学的主要著作到 80 年代在此基础上对我国环境理论与实践中的观念进行批判并发表了一批研究成果，如《生态学与伦理学》《社会—经济—自然复合生态系统》《生态伦理学初探》《生态伦理学》等。中国的环境思想已经初步形成了独立的观点和问题意识。目前，我国环境伦理学研究将东西方生态思想交汇，一方面，将中国古代生态思想与当代文明相结合对其思想精华进行整合。另一方面，理论研究与社会实践结合紧密，对培养群众的公众生态意识起到实践作用。但是，我国的生态问题意识毕竟起步较晚，其研究缺乏系统性，而且在生态价值观研究方面也受到西方理论体系的影响，纠结于各种"中心"与"主义"之争，不能有效解决问题，也没有对马克思主义的生态思想进行系统梳理与实践论证，因此具有一定的片面性。而当今的环境问题越来越出现复杂化和全球性特征，我国也在经历着发达国家快速发展的阶段，由此引发的环境问题尤其突出，因此对其研究的任务艰巨而繁重。

从现有的研究来看，对人与自然关系的根本观点与根本看法随着人类认识的发展而不断深化，对人的价值、自然的价值以及人与自然的互动关系等认识都呈现出不同学科派别的区分，但总的来说，人们生态意识的觉醒已成为事实，人与自然关系的科学价值理念已逐渐深入人心，也就是说，生态价值观在人类思想中、实践中的地位与作用逐渐显现，这些都成为进一步协调人与自然关系的良好素材。但是，中国的环境伦理学毕竟处于初步探索阶段，已有的研究成果需要进一步深化，关于生态价值观与中国生态文明建设理论相结合的研究、探索生态文明建设的价值观转变的研究不多，成果也比较少，对中国实际的影响还极为有限，这也成为本书的重要出发点。从已经取得的研究成果来看，研究者比较注重生态危机产生的原因与现状的现实分析，从哲学层面上探索本质规律与内在原因的成果还不多，从实践上升为理论的理性分析不够深刻和丰富。分析人与自然关系中的主体因素、客体因素及二者对立统一的关系，对于确立科学的生态价值观是非常重要的，从价值观的合理建构角度探寻解决问题的主观因素，凝聚成人的主观自觉，并将其渗透到国家的政治、经济、文化、科技等方方面面，从而转化为团体与个人的实际行动，才能从根本上缓解人与自然之间的矛盾状态。正是基于此，本书以价值观的生态转向作为生态文明研究的出发点，探讨价值观生态化转向的价值理念及其影响下的伦理规范和文化取向，以此为社会主义生态文明建设服务，为实现"中国梦"、实现中华民族的伟大复兴服务。

第三节　意义与方法

一　理论价值与现实意义

"美丽中国"是党的十八大在中国特色社会主义发展到新的历史阶段后提出的重大战略思想，是对"建设什么样的中国，怎样建设中国"这个基本问题的战略思考和回答，具有重大的理论价值和实践意义。建设"美丽中国"面临着许多复杂的制约性因素，其中一个主要因素就是价值观中生态要素的缺失和结构的不合理，将人的要素、生态要素融入价值体系中并合理布局，形成有利于保护生态及合理生产、健康生活的科学价值理念。当前，我国的生态价值理念主要是借鉴西方的绿色生态理论，其特点是移植和完全的认同，致使我国的生态伦理理论和价值理念"西化"的倾向严重。这不仅与我国的意识信仰产生冲突，也与我国中国特色社会主义建设的实践相背离。因此，对西方环境伦理学思想批判地借鉴，将我国古代生态智慧与当前的具体实际相结合，构建"美丽中国"建设的价值体系，不仅为生态文明建设服务，更为实现"美丽中国"的宏伟目标提供学理依据和伦理支撑。"美丽中国"作为生态文明建设的宏伟目标其战略意义是不言而喻的，对"美丽中国"内涵的解释是对"建设什么样的中国，怎样建设中国"这个基本问题的思考，具有重大的理论价值和实践意义，有利于丰富和发展中国特色社会主义理论体系。

以"'美丽中国'视阈下价值观的生态化转向研究"为题，是以社会主义生态文明建设为背景，深入研究社会主义生态文明建设的价值诉求，探讨适合生态文明建设科学的价值观，实现"美丽中国"建设的宏伟目标。本书将对价值、价值观的内涵用价值条件理论以立体思维的形式进行诠释；对西方绿色生态理论、中国古代生态智慧、马克思主义生态思想、科学发展观中蕴含的生态伦理进行借鉴和提取，从中总结出适合社会主义生态文明建设的生态价值思想和生态伦理体系，完成当代价值观的生态化转向，这不仅能深化对人与自然关系的科学理解，进一步推动价值论、自然价值论、马克思主义价值理论、马克思主义中国化研究，还有利于深化对马克思恩格斯生态思想理论的研究，有利于我国生态哲学、环境伦理学等学科的发展。以此为目标的生态文明建设只需价值观转变，并将其渗透到伦理规范和文化导向中去，才能适应新的文明形态。价值观的生态化转向作为生态文明建设的灵魂，探讨它的学理依据、基本原则及由此产生的伦理与道德在实践中的传播与应用等，不仅为我国的生态文明建设提供理论依据也为解决当代中国的环境危机、缓解人与自然的矛盾发挥实践指导作用。

二 研究方法

（一）辩证唯物主义和历史唯物主义方法。辩证唯物主义和历史唯物主义是研究社会主义生态文明建设的根本方法。本书以此研究方法作为最基本的研究方法，以揭示中国特色社会主义生态文明建设的基本思路、具体对策和发展趋势。

（二）系统论与整体观研究方法。生态文明建设的价值观研究是一个包括若干子系统及若干因素的系统工程，尽管分解研究对解决生态文明建设中的某些具体问题更有针对性，但若缺乏系统与整体的研究，则会造成顾此失彼的不够全面的结论，最终将不利于整个问题的解决。因此，本书将坚持运用系统论和整体观的研究方法。

（三）文献研究法。文献研究法是本书采用的主要方法。在本书的准备过程中，一方面，对有关生态价值观的国内外文献进行了大量检索和搜集，以便能够较准确地把握目前国内外生态文明发展研究的脉络；另一方面，通过对生态文明保存的各类文件资料，包括政府发布的各地统计数据、各项活动的开展情况等资料的查阅，以便全面把握我国生态文明建设及当代价值观的现状及其存在的问题。

（四）多学科综合研究方法。生态文明建设的价值观转向内容丰富，从理论研究上看，它牵涉经济学、生态学、哲学、政治学、伦理学、社会学等学科。本书采用多学科研究方法从理论与实践相结合的视角来研究这一复杂的问题，使研究的学科交叉性和综合性加大。

（五）实证分析与规范分析相结合的方法。实证分析和规范分析是社会科学研究最常用的方法。本书采用实证分析和规范分析相结合的方法，努力揭示我国生态文明建设中的价值观的真实现状，从中发现存在的问题，试图找到解决问题的出路，并在此基础上进行前瞻性的理论思考。

第四节　主要内容

根据我国现代化建设的实际及人与自然关系呈现出的矛盾，提出"美丽中国"需要全面实现生态文明建设，其制度建设需要价值观的生态化转向，它是生态文明的价值指导思想。对为什么转向、怎样转向的问题从理论依据、具体原则、伦理维度、文化向度等多视角进行阐述，提出适合生态文明建设的科学的价值理念和需要尊崇的伦理原则并指出在实践中遵从的路径和方案。

一　基本框架

"美丽中国"是生态文明建设的价值理想和崇高目标，生态文明建设需要转变工业文明对人与自然关系的界定，以有利于人与自然关系改善为目的，科学合理地认识自然价值、人的价值及二者价值关系的互动，避免陷入各种"中心"与"主义"之争，从中西方的环境思想中汲取科学成分，运用马克思主义的理论思维和生态理念重新审视人类在自然中的地位与作用，确立科学而合理的生态价值理念与伦理原则，将其渗透到政治、经济、社会生活的方方面面。通过阐释自然史与人类史的关系，以自然科学在人文社会科学中的运用及对自然价值的动态理解、说明人与自然之间客观存在的关系范畴。

（一）说明"美丽中国"与生态文明建设的关系。生态文明建设的目标和理想就是"美丽中国"的实现，"美丽中国"的内涵蕴含着多层寓意。"美丽"是美丽之人、美丽之自然、美丽之社会的统称，其核心是和谐，方式是共同进步与发展，内容是"五位一体"的建设。生态文明既是一种文明形态也是区别于工业文明的新的文明理念。生态文明的机制建设、制度建设涉及社会生产与生活的各个方面，二者在目标方面既有重合的地方也有不同的方面。

（二）阐述价值观生态化转向对"美丽中国"建设的必要性。

作为生态文明的深层目标，"美丽中国"的实现需要解决人—社会、人—自然、人—自身的和谐问题，生态文明的全面实施将把人与自然处于自然生态和社会生态两种关系之中，解决冲突与矛盾，理顺人类发展与自然恢复之间的复杂关系。树立什么样的价值理念决定各种关系协调的效果。价值观中生态要素的渗入使其由人类主宰自然向人与自然互助关系转变，即实现价值观的生态化转向，这是生态文明建设的必需也是必然，是"美丽中国"实现的前提与基础。

（三）阐发价值观生态化转向的理论依据和逻辑。以生态学、环境伦理学、生态哲学、马克思主义哲学、价值哲学等学科的知识为理论背景，对适合生态文明建设的科学生态价值观加以提炼和审视，论证价值观生态转向的理论依据，从自然史与人类史的统一、自然科学与社会科学的融合的理论中解读人性与自然性的关系、自然界的内在价值与外在价值、自然与社会的互动机理、人类理性的价值与意义，进而证明人类在自然界中真正的地位与作用、自然在人类存在与发展中的意义与价值，以此确立人类对待自然的态度，即科学的价值观。

（四）阐发价值观生态化转向的实践基础。社会主义生态文明建设的价值观要从价值理念、生态伦理和道德文化三个维度来体现，价值理念是人与自然间的共同体意识，确立人与自然的互助、互利与互惠关系，从而实现人与自然的共赢；生态伦理是以人类整体主义利益为基点，确立人与自然协同进化的环境伦理；道德文化上树立对自然界的敬畏与尊重、人与自然间的"友谊"关系的文化倾向。以生态标准，确立发展基本的底线，这是解决人类发展与自然进化之间矛盾的平衡棒。

二　主体内容

（一）阐发价值观生态化转向的理论依据和逻辑。本书以生态学、环境伦理学、生态哲学、马克思主义哲学、价值哲学、物理学等学科的知识为理论背景，对适合生态文明建设的科学生态价值观加以提炼和审视，论证了价值观生态化转向的理论依据，从自然史与人类史的统一、生态学与社会学的融合、科学的哲学升华证明人类在自然界中的真正地位与作用、自然在人类存在与发展中的意义与价值。本书认为人性的生态转向可以实现自然与社会的高度统一；从复杂系统脆弱性理论中找到自然生态系统和社会生态系统的分离与融合的依据；耗散结构理论中揭示了人与自然之间的真正互动关系；对自然界的内在价值和人的价值从生命和理性的哲学高度来理解。这都实现了理论创新，尤其实现了哲学社会科学与自然科学的融合，从自然科学的物质实在性中反思哲学社会科学中人与自然之间的价值关系，这一思维方式为人与自然之间的应然关系确立科学依据。

（二）阐发价值观生态化转向的实践基础。社会主义生态文明建设的价值观转向要从价值理念、生态伦理和道德文化三个维度来体现并渗透，价值理念应该是对世界自然主体与世界人类主体进行认同，人与自然之间是主体间际关系，因此应该确立互惠互利的价值理念，在价值观上既要有人"在场"，也要有自然"在场"，人与自然之间需要"互助"与"共赢"。渗透到伦理与文化上，要求改变传统的伦理关系，将人与人的伦理关系向自然扩展，形成"人与自然命运共同体"的新型伦理理念，并实现人与自然"协同共进"的伦理目标。道德文化上确立对自然界的敬畏与尊重和对人类主体的新认同，人与自然间形成"友谊文化"的新文化关系。"人与自然命运共同体"的伦理关系、"协同共进"的伦理目标、人与自然间"友谊文化"的新文化关系都是将传统价值观加入自然要素，将人与自然关系实现生态转向，并将新型价值关系渗透到伦理与文化上的表现，这些理念都是对传统人与自然关系的理论创新。

（三）梳理出价值与价值观的关系。理论上的价值与价值观之间具有密切的联系，同时二者在内涵与外延上也有本质区别。由于生活中人们对价值概念的泛化导致了理解上的混乱，有必要对价值与价值观的关系进行澄清，这对价值观理论研究是非常必要的，因为价值是理解价值观的钥匙。价值的概念与本质是价值观研究的逻辑起点，价值概念的科学性决定着价值评价的客观性，价值的本质是价值观研究的基础；将价值判断和价值评价进行区分，价值判断不是价值评价，这也是科学界定价值观的关键，如果不将二者进行区分就会出现价值泛化的现象，另外，对价值判断标准和价值评价标准进行区分，这是价值与价值观联系与区别的关键，也是正确理解价值观及其发生机制的钥匙。

（四）价值观生态化转向的实践路径。从现实生活的视角践行生态价值观，从政治生态化、经济生态化、技术生态化和产业生态化的多重视角阐述价值观生态化转向的方式和现实路径。价值观会渗透到各个领域，单一领域的践行不是生态文明，生态文明建设最终要从理论落实到现实生活中去，在不同领域其践行方式不同，生态文明建设需要全方位、多领域地展现价值观生态化的政治决策路径、经济发展路径、教育疏导路径、技术导向和产业功能路径。

第二章

价值与价值观概述

价值概念的界定是价值观研究的基础，其界定的科学与否不仅关系到价值论理论研究的科学性，还关系到整个价值观研究及其价值观相关辐射研究的导向问题。以往学界对价值概念的界定往往从单一视角来审视，将价值解释为或是一种关系或是一种效用，或是一种意义或是一种主观意识。传统的价值概念的界定由于只体现价值的某一层次从而限制了价值的非人属性的理解，因而使人与自然之间的价值关系被误解，价值观失去了生态的土壤与依据，价值观理论研究陷入"人"的误区，失去了自然向度，因此，有必要对价值与价值观的概念从全面的视角进行解读，从人类绝对主体性的误区中解脱出来，从而还原人与自然之间的真正价值关系。

第一节　价值概念的界定

所谓条件性就是将价值理解为一种动态的过程，过程中的各因素与环节都作为价值产生的必要条件而存在，价值是各种条件综合作用的结果。价值条件论认为，价值不是由单一方面或环节决定的，至少，价值是一种存在形态、两种因素、三个环节、两条标准的统一，这也是价值条件性的构成要件。

一 价值的条件性

价值的产生是有条件的。联系的条件性与多样性决定了价值的条件性与复杂性，所谓条件，是指同特定的事物相联系的、对它的存在和发展发生作用的各要素的总和。唯物辩证法认为，任何事物都处在普遍联系之中，任何事物的联系都是有条件的，总是在一定的条件下才能产生，在一定的条件下才能发展，又在一定的条件下趋于灭亡。斯大林说"一切以条件、地点和时间为转移"①。辩证唯物主义的观点使我们认识到，价值作为关系范畴，也要具有联系的条件性，价值的产生与存在都需要条件，离开条件就谈不上价值。联系还有多样性特征，有直接联系与间接联系、必然与偶然联系、原因与结果联系、内部与外部、本质与非本质等，这决定了价值关系的多样性特征，即直接性与间接性、可能性与现实性、必然性与偶然性、原因与结果的特征等。价值关系的多样性特征决定了价值本身是复杂的，从单一的环节或方面去理解价值都是对其简单化的表现。因此，价值是多种条件共同作用的结果。

（一）关系是价值的存在形态

价值的存在形态是关系态而非具体的物态。辩证唯物主义认为，世界是普遍联系的，联系是物质普遍本性之一，普遍联系的观点包含两重含义：一是指世界上的一切事物、现象、过程都不能孤立地存在，都与周围的其他事物、现象、过程这样或那样的联系着，整个世界就是普遍联系的统一整体；二是指任何事物、现象、过程内部的各个部分、要素、环节、成分又相互联系着、作用着。"当我们深思熟虑地考察自然界或人类历史或我们自己的精神活动的时候，首先呈现在我们眼前的，是一幅由种种联系和相互作用无穷无尽地交织起来的

---

① 《斯大林选集》下卷，人民出版社 1979 年版，第 430 页。

画面。"① 价值作为物质世界的一员，也是以联系的状态存在着，是关系的范畴，关系就是事物之间相互作用、相互联系的状态。"人和满足其需要的外界物的关系是活动的、生成的；价值不是预设的，是在实践中生成、创造出来的。"② 也就是说，价值不是静态的，而是一个动态的过程。价值关系就是价值主体与客体、价值的过程与结果、价值的环节与标准之间相互影响、相互作用、相互制约的状态。"一物和另一物的关系，是二物的关系，不能说它是属于哪一物的。"③ 也就是说，关系态就是价值的存在形态，那种认为价值是属性范畴，事物内部结构、性质的属性决定着价值的观点是错误的，是把价值的存在形态归结于物态的观点。

（二）主体与客体是价值的两个因素

主体因素与客体因素是价值关系中的两个因素。主体和客体是人的实践认识活动中一对不可分割的关系范畴。主体是活动的承担者，客体是活动的对象，主体与客体各自以对方的存在为前提，各自也只有在相互关系中才能获得自己的规定性。价值关系中的主体与客体也是相对应的概念，是对价值关系中价值双方的地位定位。从系统论的观点来看，是不存在绝对的主体与绝对的客体的，因为在这一过程中的主体在另一过程中就可能成为客体，同一对象既可能是主体也可能是客体，这只有在特定的环节中才有意义。那么究竟什么是价值的主体呢？价值的主体就是在价值关系中处于主动地位或者发挥主导作用的关系方。价值的客体就是在价值关系中处于受动地位或者发挥支配作用的关系方。主体和客体是关系的双方，是在关系中存在，同时也随着关系的结束而消亡。作为哲学范畴，"主体"、"客体"在哲学史上曾有过各种不同的含义，如认为只有本体和基质才是主体；或认为

---

① 《马克思恩格斯选集》第 3 卷，人民出版社 1995 年版，第 733 页。

② 杨卫军：《马克思感性的自然概念及当代启示》，《北京工业大学学报》（社会科学版）2011 年第 2 期。

③ 马克思：《剩余价值学说史》第 3 卷，人民出版社 1978 年版，第 154 页。

归根结底自然物质才是最终主体，甚至唯一的主体，人只有无条件地承认外部世界的客观实在性，遵循其中的必然性，才有可能在自己的活动中表现出有限的主体性；或从人的角度理解主体，把主体自我意识和客观现实世界对立起来。①

　　主体定位于人是有历史过程的，人并不是天生主体。据海德格尔考证，"主体"这个词出自古希腊语"根据"，"这个希腊词语指的是眼前现成的东西，它作为基础把一切聚集到自身那里。主体概念的这一形而上学的含义最初并没有任何突出的与人的关系，尤其是，没有任何与自我的关系"②。在古希腊时期，亚里士多德最早使用了主体概念，主体指属性、状态和作用的承担者③，其含义是中心或基础，是地位与作用的意义表示，这时也与人没有任何关系，如果说有关系，也是在此意义范畴内使用，任何实体的物都可以成为基础或中心，当然也包括人，但是，这时人与非人的物在使用上没有区别。人与主体的联系最初源自古希腊文化和希伯来文化的传统，古希腊文化实质是理性文化，它发展为近代的理性主义文化模式，科学理性和技术理性，这种文化标识了人的理性思维特点，人的自觉意识的独立性，人由对自然的附属关系开始趋向意识的独立。希伯来文化主张人是有限的存在物，人生而具有原罪，只有靠上帝的末日审判才能得到拯救，主张人的生命高于一切，他把人的地位提升成为万物金字塔的塔尖，这实质上是将人处于万物以至宇宙的中心的思想，这也是近代人的主体性思想的文化渊源，从人的意识自觉到人类的中心地位思想的萌芽，人类经历了主体性意识的历史进程，至于近代，当工业文明的成果汇集于人类时，人类与自然的关系就发生了变化，由对自然的敬畏转向了对自然的征服，工业文明升级了人类对自然的认识工具和

---

① 《中国大百科全书》第29卷，中国大百科全书出版社2009年版，第574页。
② 《海德格尔选集》下卷，孙周兴译，上海三联书店1996年版，第178页。
③ 《中国大百科全书》哲学卷，中国大百科全书出版社1992年版，第1240页。

改造工具，人成为人与自然关系中的主体，自然成为人类的工具，这是理性主义被无限放大的必然结果。

主体定位于人之后，理论界对主体与主体性的研究都是围绕着人进行的，这给我们造成了错觉，认为主体一定是人，人是主体的唯一承担者，纵观人类主体思想的发展史，人并不天生是主体，主体最初只是地位与作用的意义表示，只是人成为主体之后，人的主体的特殊性掩盖了主体最初的本意，人作为主体的特殊性表现在人区别于非人存在物的特性，有人总结为意识能动性、自由自觉性、创造性等特征，人的这些特征决定了人可以成为认识主体、存在主体与实践主体，但这只是主体形态的一部分，并不是主体的全部，主体的真正含义我们还要回归于对主体的最初界定上，也就是本体论的最原始意义，是地位与作用的象征，当然，地位与作用的衡量离不开关系范畴，地位与作用也只有在关系中才有意义，离开关系就谈不上地位与作用问题，因为只有在关系中才能对地位的高低、作用的大小加以衡量，关系是它的存在形态。价值是关系范畴，价值关系中必然也存在着关系各方的地位与作用问题，以及地位与作用的高低、大小问题，对这一问题的比较研究就是对价值关系的主体与客体的研究，这也才是价值关系中主体与客体的真正意义，价值关系中并不只涉及人的问题，还有很多非人的因素，人只是自然界组成的一部分，价值关系是对自然关系、人类关系以及人与自然关系的价值解读。因此，在价值关系中，只要在关系中居于主导地位、发挥主要作用的关系方就可以成为主体，而与此相对的就可以成为客体。

主体与客体是价值关系必然涉及的两个关系者，价值就是研究二者的关系问题，作为价值关系中承担者的角色，是关系的两个组成部分，是两个物质因素。价值的两个物质因素要经过一系列的组合与相互作用，最终产生有利于主体的结果，这一过程称为价值的环节。价值的产生要经过三个必要的环节，每一个环节都是价值的必要条件。

（三）意义、作用和效果是价值的三个环节

第一，意义是价值关系的基础和第一个环节。

所谓意义就是关系一方对另一方可能产生的作用和影响，客体所具有的属性对于主体的需要来说，可能会产生满足与被满足的关系，这就是发生意义的原因。这里，意义并不等于作用和影响，而是产生作用和影响的可能性。意义不是现实的，是可能的，是没有实现的可能性，意义不一定是价值，但价值一定是意义的。

意义的产生源于客体的属性和主体的需要。属性就是性质、结构、特性的综合，是标志此物之所以是此物的原因，也是此物区别于彼物的标志，它是事物本身所具有的，无论是物质物还是精神物都具有内在的属性，物不同则属性不同。对于需要的理解，理论界近些年也做了大量的探讨，形成了一些共同的意见，需要作为一般范畴，是包括人在内的一切生物有机体所共有的一种特性，这是有机体为了维持正常运转和生存，发展时必须与外部世界进行物质、能量、信息交换而产生的一种摄取状态。尽管学界对需要理解有争论，但用"需要"定义价值，已被很多人认同。有人认为，价值的本质在于主体性和客体性的统一，主体需要和客体属性的统一。也有人认为，价值是对主体需要的满足或肯定，是对主体的生存、发展和完善的肯定。无论怎样解释都是把需要看成价值论的立足点和基本内容之一，作为价值论的中心范畴。

有意义是价值的首要要求。意义是客体的某种属性与主体的某种需要达成了一致或接近一致，如果缺少了这一环节及这一环节的两个方面，价值就是不可能的。主体不具有某种需要，客体也不具有满足这种需要的属性，二者就不可能出现符合于接近的趋势，就是不具有意义关系，即使存在着其他的关系，但只要没有意义关系价值关系也不可能成立，也就是说，意义是价值关系的基础。

第二，作用是价值关系的中介和第二个环节。

这里的作用是作为动词使用的，是"作用于"的意义，是客体作用于主体，并对主体产生了实际影响的过程。作用关系产生于意义关系之后，是将可能性变为现实性的环节，它是连接可能性与现实性的桥梁和中介，恩格斯就曾论述过"如果我们拿两种极不相同的物——例如一块陨石和一个人——来比较，我们由此得到的共同点便很少，至多只有重量和其他一些一般的物体属性是二者所共有的……　但是，介乎这二者之间还有其他自然物和自然过程的一个无限的系列，这些物和过程使我们有可能把从陨石到人的这个系列充实起来，并指出每一个物或过程在自然联系中的地位，从而认识它们。"① 不同的事物通过中介而关联起来，中介可以是自然物也可以是自然过程，我们所说的"作用"就是马克思所说的自然过程中介。它是价值产生的连接条件，缺少此条件，就无法判断价值，哪怕是最简单的价值也无法判断，例如，音乐的价值要看音乐作用于不同的人产生的不同效果，懂音乐、喜欢音乐的人听音乐，音乐能陶冶他的情操，使之产生美的享受，音乐对他有价值；对于一个丧失听力的人来说，他听不到音乐也就感受不到音乐的美妙，音乐对他没有任何作用，当然也就产生不了价值，这里的"听觉"就是将音乐与人联系起来的中介，就是"作用于"的表示，是主客体的作用关系。缺少联系的中介就不可能有价值，作用关系是价值关系的必要条件，没有作用关系也就没有价值关系。

第三，效果是价值关系的验证和第三个环节。

主体和客体经过了意义关系和作用关系之后，客体对主体是否产生价值，要看客体与主体是否符合及符合程度的高低，客体属性符合了主体的某种需要，对主体的存在和发展产生积极的作用，我们就说有价值。符合程度的高低决定了价值量的大小，符合程度越高价值越大，相反则越小。这种符合程度就构成了效果关系。

效果关系产生于事物的因果联系，是由一定原因而引发的结果。唯物辩证法认为，"客观世界到处存在着引起与被引起的关系，我们

---

① 《马克思恩格斯选集》第4卷，人民出版社1995年版，第339—340页。

把引起某一现象的现象叫做原因，把被某种现象所引起的现象叫做结果。原因与结果相互联系，相互运动，没有无因之果，也没有无果之因，因果双方，失去一方，另一方也就不可能存在"。价值关系首先是意义关系，其次是作用关系，意义关系和作用关系是价值关系的原因，效果关系则是作为原因的结果。

效果是对价值过程验证的结果。作用关系发生后，客体会对主体产生实际的影响，这种影响就是效果。客体对主体产生影响，影响引起主体某些方面的变化，变化有积极的变化和消极的变化，积极的变化产生积极的效果，消极的变化产生消极的效果；影响还有一种形式就是没有变化，没有变化是事物没有质的变化但是有量的改变，是变化的一种特殊形式，由于没有质的变化所以看不到变化的效果，我们称之为零效果。零效果也是一种效果，只不过是没有质的变化的效果，这就是我们所说的没有结果，实际上没有结果就是一种结果，因为没有结果也是有原因的，按照唯物辩证法的观点，有因必有果，既然没有结果也是有它的原因的，那么没有结果就是一种结果，只是结果的特殊形式。没有结果就是零效果，它和没有影响是不同的，零效果是作用关系产生后结果的特殊形式，没有影响是指根本就没有发生作用关系，是客体没有作用于主体的结果，因此二者是不同的。主体与客体经过意义关系和作用关系后，依据客体对主体影响后引起变化的状况判断价值，这是对关系运动的价值验证，是价值存在中的结果论据。

从以上的分析中我们可以看出，价值关系由三部分组成，即"意义关系"、"作用关系"、"效果关系"，这三部分都是构成价值关系的条件，是必要的、缺一不可的，同时，三个条件之间的关系不是并列的，而是递进的和因果的。作用是在意义之上的作用，效果是在作用之后的效果，它们既有着顺序上的先后，又有着层次上的分别，因而是递进关系。"意义关系"和"作用关系"作为原因，"效果关系"作为由原因引发的结果，是因果关系。

（四）一般标准和具体标准是价值的两条标准

价值的标准是判断是否存在价值和价值大小的标准，也就是对效果的分类尺度的定性和定量的问题，标准存在着一般标准和具体标准的区分，存在着两种判断尺度。效果关系发生后，根据性质划分，可以分为积极的效果、消极的效果和零效果。效果的分类标准基于主体需要和主体环境基础上，客体引起主体相应的变化程度。存在着四种情况：第一种情况，满足了主体需要和目的并对主体的存在和发展、主体本身存在发展的环境产生积极作用的变化；第二种情况，满足了主体需要和目的但对主体本身的存在和发展、主体存在发展的环境产生消极作用的变化；第三种情况，虽然作用关系产生，但是客体并没有满足主体的需要或目的，因而产生消极的变化；第四种情况，虽然作用关系产生，但是客体并没有满足主体的需要因而没有发生变化。第一种我们称为积极的效果，第二种、第三种我们称为消极的效果，最后一种就是零效果。价值是客体对主体肯定的意思表示，肯定对应着否定，因此我们只能把价值分为"有"和"无"，有积极效果的才有价值，而消极效果或者零效果就是没有价值。积极的效果从量上来看存在着程度的区分，积极的影响程度高则价值量大，相反则价值量小。

价值的两条标准是指客体对个体主体和群体主体及环境的作用效果的不同尺度。个体指生物个体，一个人或一个群体中的特定主体，是组成总体的每一个考察对象，群体则指一定数量的个体结合起来的集合体。客体对群体主体本身及其存在环境产生积极效果的称为价值的一般标准，这是类标准，客体对个体主体本身及存在环境产生积极效果称为具体标准。价值的两条标准是相辅相成的，是一个问题的两条路线，不能用一般标准涵盖具体标准，也不能用具体标准取代一般标准。价值是两条标准的集合。在价值的标准中还涉及积极效果的认定问题，所谓积极的效果，是客体对主体及主体存在环境的肯定，是产生使主体存在并使其美好的效果，体现了主体与客体的和谐，在一定程度上是真、善、美的融合。

可以看出，价值是多种条件综合作用的结果，是由两个因素、三个环节、两条标准多种条件融合后的产物，缺少价值关系的条件就不存在价值。判断价值就要从构成价值关系的条件的整体中去判断，任何割裂其中联系的观点都是片面的。通过价值关系的条件我们来定义价值，简要地说，价值是价值客体对价值主体作用的积极效果，是基于意义和作用之上的效果。

二　价值的条件性是对传统价值概念的创新

价值的条件性将价值的两个因素、三个环节、两条标准分别作为价值的条件加以论证，认为价值是各种条件综合作用产生的客观效果，是对主体肯定并使其美好的效果，将每一组成部分都作为产生价值的必要条件加以论证，弥补了传统价值理论对价值界定上的不足。

（一）弥补了传统价值理论的缺陷

以往人们对价值的界定都是规定在某种结构属性或单一的环节中，结构属性或环节只能成为价值的一种条件，价值是多种条件综合作用的结果，单独的因素或环节不能很好地说明价值的本质，这有其必然的理论缺陷。

"属性说"从客体的结构中界定价值，认为价值并不存在于什么特殊的实体中，而是存在于现存的世界中，它是实物的。"价值是存在的属性，价值这个词如同'颜色'或'形状'这个词一样，是用以表称事物显现的性质的范畴。"① 实物的内在结构和性质决定了它具有价值属性，这种属性不会因为主体的不同而不同，也不会因为环境的变化而变化，因此是绝对客观的；"需要说"则从主体的结构中界定价值，"价值就是愉快和满足"②。"现在，我们能够更加明确地

---

① ［美］刘易斯：《价值和事实》，《当代美国资产阶级哲学资料》（第一辑），中国社科院哲学研究所现代外国哲学组编译，商务印书馆 1978 年版，第 14 页。

② 《美国哲学百科全书》第 8 卷，工具书出版社 1972 年版，第 231 页。

规定，何为自我的存在：它就是价值。"① 认为价值不存在于客体之中，也不存在于客体对主体的关系之中，它存在于主体的兴趣、情感、意向、态度和观念之中，是主体主观情感和意志的表达，主体的感受决定价值的状态，因此它是非客观的；"意义说"从主客体双方关系的角度，从价值环节的意义方面解释价值的发生，认为关系一方为客体，另一方为主体，价值是主体和客体之间的意义关系，是客体对主体所具有的意义。"所有研究价值问题的哲学家，不管怎样都通过'意义'的概念确定价值范畴。"② 价值关系就是意义关系，价值是意义的，在对"意义的意义"解释中认为意义首先作为词语概念的含义来解释，其次是作为作用、价值来解释；③ "效应说"从主客体双方关系的角度，从价值环节的结果方面解释价值，认为价值是客体对主体的效应，而效应则是客体对主体的作用和影响，是作用、功效，客体对主体有效应就有价值，没有效应就没有价值，这种观点进一步对有价值进行分类，认为有价值可以分为有正价值、有负价值，有积极的效应就是正价值、有消极的效用则为负价值。在价值的标准上认为真正的价值是使人类美好，促进人类社会的发展进步。④

从单一结构或环节中界定价值不能说明价值的真正本质，都存在着这样那样不完善的方面。"属性说"从抽象的客体结构中界定价值，把事物本身的内在结构理解成价值的原因，这种观点否认联系的作用，否认价值会因人、因事而异，是价值绝对论；"需要说"把价值归结于人主体结构，人的主观情感和愿望决定了价值，人的主观感受与要求是价值的原因，人的主观感受不同则价值不同。这实际是把价值与评价混同，价值并不等于评价，价值是客观的，而评价是主观

① ［法］萨特：《存在与虚无》，陈宣良等译，生活·读书·新知三联书店 2007 年版，第 132 页。
② ［苏］斯托洛维奇：《审美价值的本质》，凌继尧译，中国社会科学出版社 1984 年版，第 60 页。
③ 袁贵仁：《价值观的理论与实践》，北京师范大学出版社 2006 年版，第 17—18 页。
④ 李承宗：《和谐生态伦理学》，湖南大学出版社 2008 年版，第 76—77 页。

的，评价会因主体的存在状况的不同而不同，主体的状态决定着评价的水平和真实度，价值与评价分属于客观世界和主观世界，虽然它们有着必然的联系，但也具有实质的区别，这种观点虽然肯定了价值会因人而异，但却陷入了诡辩的陷阱，让价值成为扑朔迷离、难以捉摸的东西，是价值的主观论；"意义说"的观点肯定了价值的关系属性，关系一方为客体，另一方为主体，客体具有为主体并被主体选择接纳的特质，否定孤立的事物也存在价值的形而上学的观点。但是把价值理解为意义，把意义解释为作用，那么什么是作用呢？作用是人或物在一定的环境或条件下产生的影响或变化的功能①，这里的作用是作为名词来使用的，强调的是客体的功能，是对主体产生影响变化的功能，这种功能是客体所具有的，那么需要质疑的是，它发生了还是没有发生呢？"意义说"并没有给出明确的答复，如果没有发生就不能看到它是否与主体产生必然的联系，就是一种潜在价值，潜在价值是事物的可能性，可能的并不一定是现实的，如果不具备转化为现实性的必要条件它就是永远的可能，因此，"意义说"也存在一定的理论缺陷；"效应说"主张以客体对主体的作用结果来界定价值，主张用事实说话，即价值存在于实际的效果中。这种结果思维相对于"需要说"、"意义说"等在思维方式上产生了变化，不只针对客体或主体的某一方或侧重某一方，用主客体的作用结果界定价值，从这一点来说，具有一定的科学性。但是，这种观点对价值性质理解中，将有价值分为正负价值，也就是说，既没有积极影响也没有消极影响的、不产生任何效果的才是没有价值，如果按照这种思路进行推理，那么毒品、自然灾害等也对人类有价值，只不过是负的效果，所以具有负价值。显然这不符合常规的理解，有价值本身是肯定的、积极的意思表达，如果将其分为正负性质，就很难与无价值区别，这就如将好的又分成好的和坏的一样是不科学的。这种观点存在着价值的标准上的错误定

---

① 《辞海》上册，上海辞书出版社2006年版，第654页。

位，使得价值与作用、影响等同，看不到它们的本质区别。

实际上，物的属性和人的属性是构成价值的两个因素，是价值关系中属物的因素和属人的因素，意义和效应是价值构成环节中的部分，但并不是全部，价值是各因素、各环节相互作用的统一体，它们相互联系，共同决定价值的产生和存在。

价值条件性将价值的主体解释为关系中的主体，与绝对主体概念相区别。当主体经过历史的过程最终定格到人之后，人们对主体的界定大都是围绕着人进行的，人成了主体的代名词，人与主体自然的合一，人成为了绝对的主体，价值条件论将主体定位在关系的范畴内，认为主体与客体是相对的，也只有在关系的范畴内才有效，没有关系也就没有主体与客体之分，因为它们是关系中不同地位和作用的象征，主体性是产生主体的原因，价值的主体性不是人的本性或人的意识能动性，而是地位、作用不相等同的特性。这也是价值主体与客体的本质特征，这是从本体意义上，也是从最普遍的意义上理解主体与客体。

价值条件性将意义解释为价值的可能性，与现实的价值相区别。很多学者用意义解释价值，认为有意义就是有价值，而对意义的解释也相当含糊，最终只能是意义与价值同义语的反复，不能厘清二者的关系，价值条件论将价值理解为意义但又不仅仅是意义，价值不仅是意义的，还是作用与效果的结合体，是各种条件综合作用的结果，不能只用一种意义条件定义，并且对意义进行解释，认为意义来源于客体的属性和主体的需要，是客体本身的某种特性与主体本身某种需要的相符合，它是价值的可能性而非现实性，成为现实还需"作用关系环节"和"效果关系"结果。

价值条件性将作用关系从价值环节中脱离出来，找到了连接可能性与现实性的中介。意义关系只是价值的可能性，如果要成为现实，需要客体真正地作用于主体，并使主体发生有利于主体的变化，作用关系就是"中介"，是将价值的可能性"意义"变成价值的现实性的必要环节，如果缺少这一环节就无法理解价值，更无法判断价值。

价值条件性将价值进行定性与定量，厘清了许多非价值的概念。有些学者把价值划分为正价值、负价值与零价值，这种划分容易使价值概念复杂化，很难界定有价值与无价值的区别，也很难理解什么是价值。对价值作定性与定量研究，定性研究是将价值分为"有"与"无"，认为应在作用效果的基础上定性，积极的效果是"有价值"，而消极的效果和零效果是"无价值"，对有价值进行定量，认为积极效果大的价值大，相反则价值小。将价值进行定性与定量的研究能够划清与许多非价值概念的界限，避免价值概念的泛化。

（二）对传统价值概念研究方法的创新

价值条件论本质上是对价值关系能动的、全面的反映，是对价值的立体思维建构，这弥补了传统的静态、片面的反映形式和平面思维方式的不足。

价值条件性是对价值关系本质的反映，它反映的不是一般客体，而是客体与主体之间的价值关系，是主体的需要和客体的属性之间满足与被满足的关系。从这个角度来说，价值条件论的反映形式是能动的、全面的，这与机械、片面的反映形式相区别。这实际就是坚持思维与存在关系上的唯物主义的根本原则，思维与存在关系上的唯物主义反映论，在是否要加入主客体的互动关系上，传统的反映论与主张全面的反映论存在着分歧。传统的反映论将反映的重点放在知识和认知的层次，认为对客观对象的主观反映就是对客观事物的认知，认知与知识的对象都是主客体关系中的客体，是对客体的属性、结构等构成及特点的反映，全面的反映论则认为反映的对象不仅是客体，还有相对应的主体及二者之间的动态关系，也就是加入了主体"我"的要素和主客体之间辩证关系的要素。主客体之间的辩证关系在价值关系中表现为主体需要的产生与满足需要的客体属性之间的动态关系，价值条件论是对价值关系中主客体之间关系的全面反映，而非单一、片面的传统反映形式。

从某种单一因素或环节定义价值是传统平面思维方式的特点，价值问题本身的复杂性决定了这种线性思维或平面思维的缺陷，价值问题本身的复杂性要求思维方式要具有多角度、整体性的特征，也就是要以具有动态思维结构的立体思维方式建构和理解价值。立体思维是指对认识的对象从多角度、全方位、多层次进行研究，力图从多维空间中如实地反映对象，又称整体思维或者空间思维，是区别于平面思维的一种科学的思维方式。换句话说，立体思维是要反映认识对象在立体时空中的外在联系和内在结构，并找到外在与内在之间的关系，揭示其存在与变化的规律，以全面、动态的立体形态揭示事物的运动变化的思维方式。这种思维不仅要反映对象的个别，而且还要总结对象的一般，对个别与一般从一个整体和两个层次上加以论证，最终得出科学的结论的过程。立体思维重视思维过程的相互联系和前后相继，对联系网络进行逻辑推理，最终得出全方位、具体而生动的成果。全面性、整体性是它的特征，丰富而具体是它的表现形式，动态的过程则是其存在的环境。立体思维是继点式思维、线式思维、平面思维之后最科学的思维方式，是思维方式发展的最高点。传统的平面思维方式虽然也可以从某种侧面反映出对象的性质与结构，但是它毕竟不具有普遍性特征和动态的过程，这与事物的存在方式与运动规律相左，因此是不科学的。只有当思维上升为立体思维，从认识对象的存在形式、内在与外在联系、运动规律等做全方位的静态与动态的分析，才能真正获得事物的规定性，并得到科学的认识。

价值条件性从价值的二因素、三环节、两标准多角度解读，将每一角度看作组成价值的必要条件，多种条件的综合与融汇促使价值生成，这是一种包含点、线、面的立体思维形式，是将价值产生的过程与结果相区别又相结合的动态思维模式，它区别于传统价值概念从单一的因素或环节理解价值的平面思维方式。价值条件论的立体思维方式是构建价值理解的科学思维方式，因此，也应沿着这一思维方式的合理路径继续对价值的其他问题进行研究。

第二节 价值观的概念、本质及分类

价值观是人类关于价值与价值关系的主观反映，是基于实践基础上的主观认识和表现。当然，价值观并不是人与生俱来的，它是后天环境的产物，人的生存环境和条件、活动的范围和程度决定了价值观的发生。人的自我意识是价值观形成的主体条件，自我意识是人区别于非人存在物的标志之一，它是人类主体意识的重要方面，在自我意识的驱动下，人类的主体意识才得以诞生，人类的生存与发展的意义与目的也得以续存。人类将自我从客观世界中区分出来。

一 价值观的概念

"价值观有广义与狭义之分，广义的价值观与自然观、历史观等相类似，是哲学层次上具有抽象性的思维模式，是理论化、系统化的价值与价值关系，关于价值与价值关系理论的抽象化的概括和总结，是具有世界观意义又与之相区别的理论形式。狭义的价值观是指通常理解的价值观念，也就是在特定的环境中，人们对特定的价值关系的理性分析，往往以信念、信仰的形式表现出来。"① 本书所理解的价值观是广义的价值观，具有特定的理论形式和具体的理论内容，具有独特理论体系的宏观的意识形式。要对它进行全面的认识首先要厘清广义价值观的内涵。价值观是价值意识的中心层次，人们通常所说的价值在社会中具有重要作用，以及"价值冲突"、"价值危机"等，实际上都是指价值观的作用、冲突和危机。价值观，顾名思义，是人的观念和思想，它表示对一切事物的思想、观点和看法，它是人类的价值思维长期沉淀的结果，是主观意识对客观存在的反映与评价。价值观与事实观相对应，事实观是对客观事物的如实反映，不包括具有

---

① 张岱年：《文化与哲学》，教育科学出版社1988年版，第204页。

主体性的评价因素，而价值观则包含了对事物具有的主体意义及产生的主体效应等问题的看法，反映了人在客观事实基础上的主观态度。

二 价值观的本质

价值观在本质上是对价值关系的反映和评价。首先，价值观是对价值关系的反映，价值观作为一种意识活动的结果，反映的不是一般客体，而是客体与主体之间的价值关系。是主体的需要和客体的属性之间满足与被满足的关系，从这个角度来说，价值观意义上的反映论是一种能动的、全面的反映论。与机械的、片面的反映论相区别，马克思说："意识在任何时候都只能是被意识到了的存在。"① 列宁说："意识总是反映存在的，这是整个唯物主义的一般原理。"② 这说明，坚持思维与存在关系上的反映论立场是坚持唯物主义的根本原则，任何时候都不能撇开这一原则去谈唯物论和认识论。那么，在思维与存在关系上的唯物主义反映论，是否要加入主体与客体的关系中，传统的反映论与主张全面的反映论上存在着分歧，传统的反映论将反映的重点放在知识和认知的层次，认为对客观对象主观反映就是对客观事物的认知，认知与知识的对象都是主客体关系中的客体，是对客体的属性、结构等构成及特点的反映，全面的反映论认为反映的对象不仅是客体，还有相对应的主体及二者之间的动态关系，也就是加入了主体"我"的要素，和主客体之间辩证关系要素，主客体之间的辩证关系在价值关系中表现为主体需要的产生与满足需要的客体属性之间的动态关系，对价值关系中主客体之间关系的反映是全面的反映论，而非单一线性的传统反映论。其次，价值观是对价值关系的评价。"评价，是价值意识朝向客体的对象性精神活动，即价值意识在主客

---

① 《马克思恩格斯选集》第2卷，人民出版社1995年版，第72页。
② 《列宁选集》第2卷，人民出版社1995年版，第219页。

体价值关系中的现实表现。"① 评价在我们的生活中广泛存在，它实际表现为人们对价值关系中朝向客体的主体态度。主体需要的不同，对价值客体的态度不同，这决定了主体在观念上的接受与拒绝，最终导致了行为上的接纳与放弃。评价在理论上表现为，价值关系中客体是否能够满足主体的需要和要求，而且这种满足是否能够被主体的意识捕捉。因此，必然会出现两种截然不同的结果：肯定和否定。对能够满足主体的需要和要求，主体也意识到了这种满足，那么主体会做出肯定的评价，相反则是否定的评价。评价需要以具体的形式体现出来，评价的形式是人的活动形式具体化，评价"不只是以抽象思维的形式，而是以多种意识形式：认识（对价值的判断）、情感（对价值的态度和体验）、意志（对价值的自觉的保证）等综合形式表现出来"。"当客体满足主体的需要时，主体便以内部的体验和情感（爱、恨、亲、疏）、外露的表情（喜、怒、哀、乐）和兴奋状态的情绪（兴奋、颓丧、激动、平静）等情感，来表达对价值的评价。"② "评价的形式有四个层次和水平，分别是本能的生理反应形式、心理水平的评价、理论和观念水平的评价、活动和实践水平的评价，从最低级的本能的生理反应形式到较高层次的活动或实践水平的评价，评价经历了无意识到自觉有意识的过程，是一种有层次的、不断深化的动态过程，是各种价值意识形式综合起来、互相过渡的层次整体，并且是这个整体朝向对象的现实活动。"③ 根据对评价的理解，价值观是对价值关系中的主体因素与客体因素不同结合方式的综合反映，客体属性与主体需要和要求相接近，主体会做出积极的反映，这种反映从生理、心理的潜意识形式发展为自觉思考的评价形式即理论和观念水平或活动、实践水平，通过认识、情感、意志等多种具体的形式体现出

---

① 李德顺：《价值论》，中国人民大学出版社 2007 年版，第 223 页。
② 李连科：《关于价值、价值评价与科学认识》，《学习与探索》1985 年第 3 期。
③ 李德顺：《价值论》，中国人民大学出版社 2007 年版，第 225—226 页。

来；相反，当客体属性与主体的需要和要求相背离，主体会做出消极或排斥的反映形式。

三 价值观的分类

现实生活中价值观的类型是多种多样的，可从不同的层次系统分门别类，角度不同，类型也不同。从主体的角度分类，可将价值观分为个体价值观、群体价值观、类价值观；根据价值观对社会产生的影响程度不同，可分为主导价值观和非主导价值观；根据不同的研究领域，可将价值观分为政治价值观、经济价值观、道德价值观、生态价值观、审美价值观、宗教价值观、人生价值观；根据价值观产生的社会效应不同，可分为积极的价值观、消极的价值观；根据价值观的产生时间，可分为传统价值观和现代价值观；等等。无论从何种角度对价值观进行分类，都体现了层次多样、种类繁多的特点，随着研究的逐步深化，价值观的分类标准还将出现更加细致、涉及的空间领域更广的特点，但是无论哪种层次的价值观都改变不了它的本质特征，都改变不了价值观的特定主体性，即价值观不能离开特定的人而存在；改变不了价值观的社会历史性，即价值观与社会一定历史阶段的经济基础的关系；也改变不了价值观是一定主体的倾向性的选择和判断，及这种倾向的一贯性，价值观必将对社会的方方面面产生非同一般的影响。

第三节　价值与价值观的关系

理论上的价值与价值观之间具有密切的联系，同时二者在内涵与外延上也有本质区别。由于生活中人们对价值概念的泛化导致了理解上的混乱，有必要对价值与价值观的关系进行澄清，这对价值观的理论研究是非常必要的，因为价值是理解价值观的钥匙。

一 价值的概念与本质是价值观研究的逻辑起点

理论上的价值是哲学上的一般概念，这与生活中对价值的具体感受不同，二者是一般与特殊、抽象与具体的区别。因此，对价值做一般性的界定是非常必要的，这有利于对生活的价值泛化现象加以更正，也有利于价值观的理论研究和价值观的实践研究。

第一，价值概念的科学性决定着价值评价的客观性。

辩证唯物主义认为，一般从特殊中来，特殊体现着一般。对哲学价值概念的界定要本着从具体到一般再回归具体的路径，也只有符合这一路径的研究才可能获得概念的科学性。但是，长期以来，学术界对价值概念的一般性研究相对匮乏，只是从宏观上抽象概括，或者只从某一种具体学科的价值概念直接推导出哲学价值概念，致使对价值概念的界定混乱，也就出现了价值的乱用即泛化现象，这从很大程度上影响了人们的价值评价即科学合理价值观的形成。

价值的理解要从具体学科的价值概念提升为哲学价值概念，从一般性的论证中科学阐释什么是价值。一般主体与一般客体就是价值关系中主体与客体的一般性，也就是主体与客体的普遍适用性，是对各具体学科主体与客体的特殊性的抽象概括，并具有普遍适用性的一般特征。主体与客体是相对应的概念，是对价值关系中价值双方的地位定位。从系统论的观点来看，是不存在绝对的主体与绝对的客体的，因为在这一过程中的主体在另一过程中就可能成为客体，同一对象既可能是主体也可能是客体，这只有在特定的环节中才有意义。那么究竟什么是价值的主体呢？价值的主体就是在价值关系中处于主动地位或者发挥主导作用的关系方。价值的客体就是在价值关系中处于受动地位或者发挥支配作用的关系方。主体和客体是关系的双方，是在关系中存在，同时也随着关系的结束而消亡。

一般条件是指价值关系形成条件的普遍适用性，也就是说，产生价值的各种条件适用于所有价值现象存在与否的判断。如价值的存在形态是关系态，价值的形成要基于关系这一动态的环境中。辩证唯物主义认为，世界是普遍联系的，联系是物质普遍本性之一，普遍联系的观点包含两重含义：一是指世界上的一切事物、现象、过程都不能孤立地存在，都与周围的其他事物、现象、过程这样或那样地联系着，整个世界就是普遍联系的统一整体；二是指任何事物、现象、过程内部的各个部分、要素、环节、成分又相互联系着、作用着。"当我们深思熟虑地考察自然界或人类历史或我们自己的精神活动的时候，首先呈现在我们眼前的，是一幅由种种联系和相互作用无穷无尽地交织起来的画面。"① 列宁也说过："每个事物（现象、过程等等）是和其他的每个事物联系着的。"② 由此可见，价值作为物质世界的一员，也是以联系的状态存在着，是关系的范畴，那种认为价值是属性范畴，事物内部结构、性质的属性决定着价值的观点是错误的。

价值的一般性研究是价值概念的合理预设，也只有建立在一般性研究基础上的概念阐释才可能是科学的。那种把各个具体学科对价值的界定进行分割、互不联系的做法是错误的；另外，针对生活中无处不在的价值现象进行独立分析、简单套用的做法只能导致价值理解上混乱，不能从具体问题得出一般结论就不可能是科学的分析方法。价值观是对价值关系的客观评价，如果对价值的发生进行不全面的甚至偏执的理解，那么对这种关系的评价也不可能是客观的，因此，价值观研究的客观前提就缺失了。

第二，价值的本质是价值观研究的基础。

价值概念要从哲学上得出一般性解释，需要从不同学科、不同场景中去寻找一般。古今中外，对于价值的一般含义主要集中在"实体说"、"属性说"、"需要说"、"意义说"、"关系说"这几种认识上，而价值概念的一般性探讨对于科学把握价值概念具有重要意义，但

---

① 《马克思恩格斯选集》第 3 卷，人民出版社 1972 年版，第 60 页。
② 《列宁选集》第 2 卷，人民出版社 1972 年版，第 607 页。

是，一般性的价值解释应该是全面的、抽象的和动态的，任何孤立、片面、静止的分析都是错误的，因此要把价值概念的一般与价值的具体问题既相联系也相区别，才有利于全面理解价值。

首先，价值不能与使用价值相等同。在日常生活中，某物对人有用就认定某物具有价值，日常生活中的价值实质是物对人的使用价值，描述的是物的属性对人的意义。有使用价值的东西不一定有价值，物可以被不同的人使用，其产生的效应是不同的，如一本好书，它是具有使用价值的，但是对于一个不识字的人来说它的使用价值就不能转化为价值，也就是说，书中的文字不能带给不识字的人积极影响。目前，学术界将物的使用价值对应着"正价值"、"负价值"和"零价值"，由于主体的不同，客体作用于主体产生的效果也不同。

其次，价值不能与实体和属性相一致。我国古籍中对"价"的解释有两方面意义，一是与物相联系，表述为物质、物品、金钱等，二是认为"价"就是"名声"、"地位"；而"值"是"持"的意思，"价值"就是相当意。① 马克思对价值也从词源上进行过考证，"物的 Wert 事实上是它自己的 Virtus"②，Virtus 在拉丁文中是力量、优点、优秀品质的意思。马克思认为价值与物的属性有关，但是它不能都等同于实体或物的属性，"一物的价值，实际就是它所有的 Virtus；它的交换价值却完全和它的物质性质相独立"③。物质性包括物质实体和物质属性，马克思认为价值来源于物质实体的某种属性，但是它们不相等同，交换价值是与物相互比较的共同基础而言的，交换价值是经济学中价值的表现形式，如果说从具体抽象出一般，这个一般首先是由物的交换衍生出来的人与物之间的主客关系，其次是主客关联后客体对主体产生了不同的效应，这种效应分为正效应、负效应和零效

① 段玉裁：《说文解字注》，上海古籍出版社 1988 年版，第 382 页。
② 《马克思恩格斯全集》第 26 卷，人民出版社 1974 年版，第 327 页。
③ 《马克思恩格斯全集》第 47 卷，人民出版社 1979 年版，第 38 页。

应，分别对应着正价值、负价值和零价值。

最后，价值不能只趋向于人及人的需求。在价值的发生机制中，需要、需求是价值发生的条件之一，没有需要或者需求不可能产生价值关系中的主体，价值关系的主体就是在价值关系处于主动地位的一方。也就是说，需要、需求是价值关系中主体产生的原因，这是价值产生的条件之一，条件之二就是客体属性的存在，客体本身所具有的某种属性是使用价值产生的原因，当使用价值可以满足需要或需求，价值关系中的客体就产生了，客体是价值关系的受动方。价值发生中主客体是在联系中发生也在联系中消亡，联系的动力来源于需要、需求，特定需要、需求的消失意味着联系基础的消失，其主客关系将不复存在，因此说，价值活动中的主客关系是特定的。

"价值关系的主体具有特定的理论定位。在价值关系中，只要在关系中居于主导地位、发挥主要作用的关系方就可以成为主体，而与此相对的称之为客体。价值关系中，人只是构成价值主体的一部分，但并不是全部。"① 主体是人的定位是历史的产物，据海德格尔考证，"主体"这个词出自古希腊语"根据"，"亚里士多德最早使用了主体概念，主体，指属性、状态和作用的承担者，其含义是中心或基础，是地位与作用的意义表示，这时也与人没有任何关系"②。主体是人的定位是近代的产物，是理性主义将人在宇宙的作用放大的结果。因此，在价值关系中，特定主客体关系并非只是人与物的关系或者是人与自然的关系，还包括自然界生物之间由需要所产生的主客关系。需求是人成为主体的动力，而需要则是自然生物成为价值关系主体的内在动力。

在价值关系中，认为人是价值的源泉、意义的世界只属于人的

---

① 卢艳芹、李静雅：《价值关系的主体与主体性》，《湖南社会科学》2012年第6期。
② 同上。

观点是不全面的。在价值发生机制中，需要是所有生命形式共有的，任何生命的产生、存在与繁衍都要有生命要素，如动物的生存与繁衍需要食物、植物的存活需要光和水等，其需要都可以构成价值关系的主动方即主体形成的原因，在这对关系中的客体在另一对关系中还可以成为主体，自然界中所有生物都存在着互相取用的价值关系。有学者认为自然界的生物之间的关系只是一种作用关系而非价值关系，其判断的依据是生物之间的作用关系是没有"意义"的，"意义"只有人类才可能体验。"意义"实质就是客体对主体的作用，其作用结果无非分为积极、消极、无这三类，其对应的是正价值、负价值、零价值。"意义"是客观存在的，不是由人的感受所决定的，如果说只有人类能够感受得到的才是有意义的，那只能是主观唯心主义。

综上所述，对价值的研究要摆脱各种片面的认识及价值只趋向于人的束缚，从本质上找到价值发生的一般，这个一般是价值世界的共性，也是物质世界的规律。对价值本质的认知不仅是物质世界"是什么"的问题，还关系到物质世界"应该怎样"的问题，如果对物质世界的认知错误，那么建立在"是"上的"应当"也不可能是合理的，这就像近代将价值世界定位于人之后，人之外的一切事物都为人的价值服务一样，人成为物质世界的主宰，人之外都是工具，直接导致了人与自然关系的决裂，当然，人也在这种不客观的自我认知中付出了惨重的代价。

二 价值判断不是价值评价

事物之间的关系形式有很多种，价值关系是众多事物关系的一种，价值关系描述的是主体需要与客体属性之间的关系，客体的某种属性满足了主体的某种需要，引起主体的某种反应并对主体产生了一定的影响。价值关系发生在物质世界，众多物种之间都存在着价值关系，价值关系并非人类所属。人类可以对事物之间的关系作出价值判断和评价，判断事物关系是否属于价值关系，并形成有利于"我"的价值评价进而形成价值观。

第一，价值判断反映主观与客观是否一致或接近。

价值判断是对事物关系是否属于价值关系的认定。首先，价值关系是一种事实关系，将价值关系从事实关系中分离出来的观点是错误的。价值关系是一种客观存在的关系状态，它不依人类意识而存在。人类对事物的价值关系的认识只有不断深化但不能依主观而随意改变，因为价值关系反映了客体对主体的需要是否满足、满足程度及满足的效应。是否满足是判断是否存在价值关系的标准，满足程度是判断价值大小的标准，满足效应是判断价值正负的标准。价值关系中的主体与客体是以是否处于主动的积极地位为分界的，需要是主体的依据，事物属性与主体需要的关系是客体形成的依据，而二者的结合则是形成价值关系的依据。价值关系反映物质世界生物要素与非生物要素之间的动态联系，并非人类世界专属。其次，对价值关系判断的实质是主观与客观是否相一致或者相接近。在本体论视域下，物质决定意识，意识反映物质，二者相一致或者相接近就是真理，真理就是意识对物质世界的正确反映。价值关系是一种事实关系，是对客观事实关系进行判断，判断其关系的类别及性质，判断是否是特殊的价值主客关系，是否发生了价值关系，这就是价值判断。价值判断实质是价值认识，是主观对客观的认知，其认知可分为正确和错误两种，正确的认知就是真理，错误的认知就是谬误，因此，价值判断是一种事实判断。

第二，价值评价的稳定结果是价值观。

价值是一个宏观的词汇，包含了庞大的信息量，因此，有必要将价值从内涵上进行微观分析，有利于将理论上的价值与生活中的价值区分，回归价值的真正本意，澄清生活中的价值乱象。从认识论上价值可以分为价值判断和价值评价，二者共同之处都是认识的产物，是人脑机能，要经过人脑器官反映、组织、加工等程序，因此都是意识的产物。但是，二者具有实质区别，价值评价基于价值事实，是对客观事实的反映，其判断标准是是否真实，而价值评价是对价值事实"为我"评价，是基于价值判断基础上对价值过程的预设与实践，其评价标准是是否合理。价值评价具有明显的主体特征，其主体需要、利益、兴趣、愿望、追求等都决定着价值评价的走向，"主体的需要在一定程度上也是客观的，必须以人的生理条件为限度，以社会历史条件为基础，超出人的生理条件和社会历史条件的需要都是没有意义的，也是无法实现的。即使在各种内外在条件许可的范围内，人的需要也有高低层次之别，同时还有自然需要、社会需要，个体需要、整体需要，精神需要、物质需要等不同的区分，阶级、阶层、社会地位、修养水平不同的人其需要自然也会有所差异"①。价值评价会随着主体的变化而变化，具有属人性和为我性。另外，价值评价并不是主体人的随意臆想，它要基于客观事实，并在此基础上形成真实的价值判断，才可能得出合理的价值评价，错误的价值判断不可能得出合理的价值评价，因此说，价值判断是价值评价的基础。

那么，究竟什么是价值评价呢？价值评价是评价主体对价值事实的判断、分析与预设，形成有利于评价主体的观点和看法，其稳定的结果就是价值观。价值评价有瞬时评价和稳定评价，瞬时评价是价值观念，稳定评价是价值观。稳定评价是对瞬时评价的验证与总结，一旦形成很难改变，会通过评价主体的语言、行为表现出来。

第三，价值判断标准不是价值评价标准。

人类对价值关系的认识包括两部分内容，即价值判断和价值评价，学术界并没有将二者进行区分，而是将其包含在了价值标准的整体认定当中。将价值判断与价值评价不进行区分导致价值与价值观的关系不明确，价值与价值观混淆不清，因而出现价值与价值观都依人而存在错误观点。

---

① 罗国杰：《马克思主义价值观研究》，人民出版社 2013 年版，第 12 页。

价值描述的是客观事实，是客观物质世界的一部分，是客体对主体的作用与效果，价值量的大小由主体需要程度和客体满足程度决定。人类世界和非人类世界都存在价值关系，价值关系实质是能量的转化和流动问题，因此不是人类世界专属。对物质世界价值关系的认识才是人类世界的专属，认识分为判断与评价，判断分对与错，评价分好与坏，这就是二者的区别。价值判断的标准是主观是否与客观相符合，一致或接近一致就是正确的判断，否则就是谬误；评价的标准是是否有利，有利的才可能是好的。价值评价具有明显的主体特征，与主体的需要密切相关，这也是价值评价"为我"的验证，因此说人类世界的价值观具有为人类生存和发展的目的性特征。价值评价不能脱离正确的价值判断，"价值评价还是前瞻性判断与后继性判断的统一，主体既可以在建立价值关系的实践活动展开之前，在观念中对客体满足主体需要的属性及其程度作出预见性判断，也可以在实践活动展开之后，对所取得的成果与自身的期望和需要作出对比，进行总结性价值评判"①。价值评价要在客观的价值关系认知的基础上对过去、现在、未来形成合理评价，以有利于我的导向为原则，形成科学的价值观。

价值评价的科学性就是价值观的科学性。科学性与否取决于三个方面：其一，人类主体需要的合理性问题，人类主体需要是否是真的需要，要以社会历史发展的现状为前提，合理判断社会的生产力发展水平与生产关系的现实，以人的生存为基点，发展为目标确定需要的标准。其二，人类对客观事物的认知问题，是否掌握了客体的属性、功能，以及客体事物之间的内在关联，客体事物及事物关系与主体"我"的真正关联。其三，科学的价值评价是真、善、美的统一。真就是客体世界的客观认知；善就是既利他也利我；美就是主客体关系的和谐而给主体带来情感上的愉悦。"人民群众是人类历史的创造者，

_____

① 罗国杰：《马克思主义价值观研究》，人民出版社 2013 年版，第 28 页。

是社会历史的主体，他们的需要直接代表着人类社会延续和进步的需要，体现着人类社会发展的要求。个体主体的需要与群体主体的需要只有与人民群众的需要相一致，才可以称得上是合理需要，也只有以此为基础的价值评价，才是科学的价值评价。"①

———————————

① 罗国杰：《马克思主义价值观研究》，人民出版社2013年版，第30页。

第三章

"美丽中国"与生态文明的价值观

美丽中国是生态文明建设的宏伟目标，是从审美意义上对建设什么样的中国、怎样建设中国的回应。基于资源与环境、人与自然关系的矛盾状态，美丽中国给予了崭新的发展路径与价值原则。美丽中国内含了美的意义与本质，既突出变美的过程又强调美丽的结果，从价值形态来说，是人对生存与发展的自然环境与社会环境的美好向往，实现了人类中心主义向生态整体主义的价值观转变。从美的关系本质来说，美丽中国源于审美需求基础上的审美主体与审美客体的互动，其主体是从关注物质需求的人变为具有审美需求的人，其客体是人、自然与社会。美丽中国是先进文化的表征、物质文明与精神文明的共建，社会各领域发展都需要以和谐与协同的价值理念为导向，而这正是生态文化的主体内容。

第一节 "美丽中国"的哲学内涵和主体内容

"美丽中国"是我党在十八大提出的生态文明建设的宏伟目标，生态文明建设是解决我国当前发展瓶颈的路径。在资源与环境、人与自然陷入危机与矛盾的今天，寻求可持续发展与人们生活质量的提升俨然成为国家发展的战略问题。"美丽中国"是生态文明建设的价值目标，也是实现中国梦的组成部分，同时也是对"建设什么样的中国、怎样建设中国"这一具体问题的回应。"必须树立尊重自然、顺应自然、保护自然的生态文明理念,把生态文明建设放在突出地位,融入经济建设、政治建设、文化建设、社会建设各方面和全过程,努力建设美丽中国,实现中华民族永续发展。"① 这意味着美丽中国不仅内含了生态文明建设的核心价值理念,更蕴意着新时期应该塑造与弘扬的伦理与文化。美丽中国蕴意着一种新的价值形态与伦理道德,不仅具有审美的意义更是先进文化的表征。

一 "美丽中国"的哲学内涵

(一)"美丽中国"的价值形态

第一,美是一种价值。对于美的研究,用先验哲学的方法去探究美的本质是西方美学家遵循的普遍原则,从公元前 4 世纪最早论美的文章《大希庇阿斯》开始,柏拉图、亚里士多德、普洛丁,到中世纪的奥古斯丁和阿奎那,再到文艺复兴后期的思想家康德和黑格尔的美学思想。虽然不同时期对美的本质的结论不同,但都将绝对的美、最高的美作为研究的主体,如柏拉图"理式"就是绝对的美,"从一个美的形体到两个美的形体,再到整体的美的形体;从美的行为到美的观念;从美的观念而达到美的绝对观念;终于认识到什么是美的本质"②。普洛丁则将"理式"发展为"太一",将其定位于最高意义的美。奥古斯丁把美分为"无限美"和"有限美",直到中世纪时期,康德将美的定义进行扩展,将感性与理性综合为"美是理念的感性显现",进而论证了美学的研究对象确立了美学学科。康德将实践理性与纯粹理性进行区分,并将判断力分为"审美判断"、"审目判断",这将美的分析上升到主体意识层次,对单纯的概念界定美来说无疑是一大进步,这也对后来的美学思想研究产生了重要影响。西方美学思

① 胡锦涛:《坚定不移沿着中国特色社会主义道路前进 为全面建成小康社会而奋斗——在中国共产党第十八次全国代表大会上的报告》,人民出版社 2012 年版,第 39 页。

② The Dialogues of Plato, The Benjamin Jowett Translation (Encyclopedia Britannica Inc, Chicago, 1952), p. 67.

想中对美的界定从一般的绝对美的形而上开始向形而下转变，将哲学与美学分离的同时陷入完全割裂的状态。

肯定地说，美并不是客体对象本身具有的属性，客体对象的物理、化学、生物等属性是物体本身所具有的也是一成不变的。首先，美的对象会随着时代的发展而变化，但是美的产生却必须依赖于一定的对象，这需要物从一般对象转变为审美对象，进入人类的审美范畴，如古代对金属的审美到现代对景物的审美一样，只有在历史范畴内进入到审美对象的物才可能是美的。其次，美与不美的标准一定与审美主体有关，从人到具有审美的人是一个历史过程，也就是说，人的社会地位、文化程度、阶级属性、价值意识等都决定着人是否具有审美能力，有什么样的审美需求和具有何种审美层次。最后，美的产生关键在于审美主体与审美对象之间的互动。审美主体的产生与审美对象的存在只能是构成美的可能性条件，将美由可能变为现实还要依赖于审美对象的某种属性满足审美主体的某种需求，在二者相互作用下刺激了审美主体的感官反应和心理反应，从而产生了主体下的美。"美"实质上就是审美对象满足审美主体的某种审美需求而产生的一种审美感觉。这也从价值视角证明了美的发生必然是一种价值过程。价值就是主客体相互作用对主体产生的影响，审美主体与审美客体之间的交流正是价值产生的过程，而审美感觉的产生就是相互作用后对主体的影响或者说是正价值，审美需求也是价值需求中的一种。因此说，美的产生是一种价值活动，更确切地说，是建立在审美主客体活动上的价值活动。价值的产生是一种广义表达，而美则是价值形态中的具体审美形态，二者是一般与特殊的关系。因此说"美从根本上说，也是客体对象上体现出来的被主体活动所制约的一种价值"[1]。

第二，"美丽中国"的生态价值形态。党的十八大提出了"美丽中国"建设的宏伟目标，并纳入国家整体发展布局当中，体现了人们

---

① 赵铮郦：《主体美学》，浙江大学出版社2004年版，第25页。

对美好生活形态和生活方式的向往。"美丽中国"作为生态文明建设的理想愿景，是建立在一定物质文明、社会发展进步的基础上人们对精神文化家园的美好追求，是美的价值形态，是幸福生活的实现路径。

"美丽中国"的愿景主体是人，受益者同样是人，但是要想实现中国之美的愿望，需要以整体的视野去审视人与自然、人与社会、人与人的关系，这里共同进步是目标、和谐是路径、协同是手段。"美丽中国"的物质形态是社会主义中国的生产力发展现状，改革开放带来了生产力的迅速释放，土地、森林、矿产、海洋等各种资源以前所未有的速度进行开发与利用，物质生产的能力与物质生活水平的提高呈正相关关系，人们以物质欲的满足而欣喜。三十多年足以使资源与环境、物质享受与精神追求之间的隐性矛盾显现，粗放型的发展模式必然是不可持续的，资源的急剧减少使人与自然关系恶化进而导致人与人关系紧张，生态系统的破坏导致了人们幸福指数的降低，因此说，建立在单纯追求物质丰富基础上的幸福生活同样是不可持续的。幸福是物质生产的丰富与精神生活愉悦的统一，美丽中国建设就是将物质生活之美与精神生活实现了统一，从而将美的形式与内容实现了统一，成就幸福的理想状态。

"美丽中国"以美的视角去审视中国整体发展和人们的生产生活，即是让中国变得物质富饶、环境优美、人与自然和谐、人与人和善，实质是富强、民主、文明的价值导向，"美丽中国"既突出变美的过程又强调美丽的结果。从价值形态来说，是人对生存与发展的自然环境与社会环境的美好向往，也就是人、自然、社会之间的协同与和谐，实现了人类中心主义向生态整体主义的价值观转变。生态整体主义是以人类赖以生存的生态系统的整体平衡与稳定为目标，以生态整体的繁荣为最高价值导向的价值理念与伦理原则，生态整体主义确认了自然生态系统与社会生态系统的区别与联系、自然界本身内在价值与人的价值之间的关系，并以辩证的思维审视人、自然生物及其环境之间互融互生、互通有无的关系内涵，生态繁荣的整体视域虽然是生态整体主义的价值理念，但是从整体与部分的关系来说，整体的繁荣必然是建立在部分之间的协同以及部分的繁荣基础之上，反过来还对部分的持续繁荣起促进作用。如此说来，生态整体主义是建立在生态科学基础上的生态价值理念，是科学的世界观和价值观，它并不回答究竟是以人为价值目标还是以生物生态为价值目标的价值或伦理问题，也不应以此对其否定或抨击。

(二)"美丽中国"的关系本质

第一，"美"是一种关系。美的本质研究是美学研究的核心问题，关于美是客观的还是主观的、是对象属性还是主体意识、是属于本体论问题还是意识论问题等都是学术界争论的焦点。马克思主义美学将美的本质界定为主体的社会关系范畴，认为美的产生是社会关系的产物，并反映了一定的社会关系。"人的审美活动，从形式上看，是人的审美感觉与审美对象之间的交流，然而在这种审美关系的背后却隐藏着人的全部生活活动和全部社会生活，隐藏着人、社会、自然三者之间的全部关系。"① 也就是说，美首先是一种关系，这种关系内含着主体与客体之间的作用与活动，或者简单来说就是主客关系，但是由美而产生的主客关系是众多主客关系中特殊的一对，即审美关系。人与自然存在着主客关系（改造与被改造、利用与被利用等），人与社会同样也存在着主客关系（政治、经济、文化、道德、宗教关系等）主客关系实质就是对象关系，是主体意志在客体上的表达以及客体对主体的回应。审美关系作为关系范畴之一是审美客体满足审美主体的需要从而使审美主体产生身心愉悦的感官反应。审美主体以一种需求的形式向客体传递信息，从而将一般客体变成审美客体进而形成的主客互动关系。

审美关系是特殊的主客关系，其特殊性表现在审美主体的特殊性

---

① 赵铮椰：《主体美学》，浙江大学出版社 2004 年版，第 17 页。

与审美客体的特殊性。审美主体与一般主体不同，主体可以是人也可以是非人存在物，无论是利益主体还是价值主体都证明了主体非人属性的扩展。审美主体却只能限定在人类的范畴，而且并不能说人就是审美主体，审美主体是历史地产生的，是由一般的人变为审美的人的历史过程，随着人类适应自然与改造自然的进程，人由单纯的主体变为具有审美能力的审美主体。审美主体产生后，客体在审美主体的主导下由一般的客观存在物变为具有美感的存在物，其转变的根本原因就是主体下审美需求的产生。一般客观存在物具有的某种自然属性，其一旦满足了审美主体某种审美需求就成为了审美客体。审美客体与一般客体的区别在于审美主体主导下的客体，或者说是满足审美需求的客体，因为审美需求与一般需求有着本质区别，一般需求的满足是为了有机体的生存和发展，而审美需求则是引起的某种精神愉悦和快感，这种刺激性的感官反应能够起到精神上的或愉悦或舒缓的效果，即产生审美价值。

第二，"美丽中国"的审美关系本质。"美丽中国"的内涵包括两部分内容：一是对象范畴，即让谁变美丽的问题；二是关于美丽的意义即美丽是什么的问题。关于美丽的对象笼统地说针对中国，这是广义具有指向意义代名词，其内含了中国地域范围内的人、社会与自然三部分内容，所以说广义上的美丽中国就是美丽的人、美丽的社会与美丽的自然的统称。关于美丽的意义要从两个方面解释，一方面强调变美的过程，另一方面强调变美的结果，美丽是过程与结果的结合，是从审美意义上审视中国的人、社会与自然。

"美丽中国"的主体是人，只不过是从关注物质需求的人变为具有审美需求的人，也是对中国整体的发展具有审美需求。审美需求的产生是社会生活的产物，随着生产力的进步与物质产品的积累而逐渐形成的，这与我国改革开放四十多年生产力的快速增长与物质产品的不断丰富相关联。人们在满足了基本的生活需求之外开始以整体的视野思考人的价值、自然的价值及社会的发展趋势，虽然"美丽中国"

的提出源于政治理想和政治抱负，但是反映了民众的愿望，来源于民众对中国发展的和自身生活的审美需求。"美丽中国"的客体是人、自然与社会，人作为审美意义上的客体是指人自身素养的提升，这包括文化、行为、言表、政治觉悟等方面，其中"善"是灵魂与红线，仪表是表征，文化是核心。审美意义上的自然是人工自然与自在自然的统称，自在自然是指生态环境的系统性、整体性与平衡性，生态的自然是人赖以生存与发展的自然环境也是大环境，自然界生态的完整与生物多样性是生态系统得以维续的基础，生态系统的繁荣是审美意义上的最高价值。人工自然作为人类意志的产物，更多的是着眼于人类利益的选择，在直接的利益驱使下容易使人工自然与自在自然发生冲突，因此其审美意义要体现二者的和谐性与共融性。审美意义上的社会是人与人的和谐共处，真诚相待，是公正、公平与正义的结合，同时也是"大家"与"小家"的互融互通。客体的人、自然与社会在"美丽中国"的视域下成为审美意义的客体，它是中国人民在长期的生产实践与物质积累的过程中从自发到自觉的必然过程，也是生态文明建设过程中审美意义上的价值导向。

（三）"美丽中国"的文化属性

第一，"美"是一种文化。文化有广义与狭义之分，广义的文化是指人类创造的一切物质产品和精神产品的总和。狭义的文化则限定在意识形态范畴是精神产品与精神现象的总称。文化在古语中具有教化、教行之意。"美"从本质上说是审美客体满足审美主体的审美需求而引起主体感官愉悦的反应。能够引起主体感官愉悦的现象一定是物质产品对人某方面需求的满足或是某种社会文明现象给予的感观直觉。从广义的文化来理解美一定基于一定的器物，从狭义的文化视角来理解美是一种文明，是一种伦理的社会现象。因此说，美与不美一定与人类文化有关。另外，美不仅是人类文化的表现，美也能使文化具有更高的文明形式，从而导引社会文明的不断进步，这就是美的教化与教行之意。美的事物和美的现象本是文明的体现，它能熏陶社会环境使之更为进步，并使之更有益于人的全面发展。

第二，"美丽中国"的生态文化属性。"生态文化有广义和狭义之区别。广义的生态文化是一种生态价值观，或者说是一种生态文明观，它反映了人类新的生存方式，即人与自然和谐的生存方式。狭义的生态文化是一种文化现象，即以生态价值观为指导的社会意识形式。"① 生态文化是文化的表现形式之一，它包含了多层次的内容，涉及伦理、价值观、科技、教育、艺术、美学等范畴，其特征是生态学和谐共生的物质关系在文化上的体现。

"美丽中国"倡导新的生产生活方式，不仅是一种社会理念，也是哲学价值观，它的确立要求从人与自然和谐的视角审视发展的目的与方式，从更深层次上提升人类的生存质量。人与自然和谐与协同共进作为美丽中国建设核心价值理念，体现为文化上的意识形式是人与自然协同共进的价值观、人与自然友谊关系的伦理、生态技术主导发展的科技、人与自然主体间性的教育、体现自然之美与人文和谐之美的艺术、人与自然共同体视域下的美学理念。无论哪个领域都需要以和谐与协同的价值理念为导向，而这正是生态文化的主体内容。美丽中国是物质文明与精神文明的共建，是置于一定器物形式的意识提升，实质是文化的进步和对文明的逾越。

二 "美丽中国"的主体内容

美丽中国主体内容包括两个方面：一是优美生态；二是美好社会生活。美丽中国是优美生态与美好社会生活的统一。

（一）优美生态是美丽中国建设的主要目标

人离不开生态环境和自然资源的支撑，人只有合理地利用自然资源，建构和谐的人与自然关系，才能实现人的存续。人与自然是生命共同体，自然环境的变化深刻制约着人的发展，优美的生态环境对人

---

① 陈寿朋、杨立新：《论生态文化及其价值观基础》，《道德与文明》2005 年第 2 期。

的发展有促进作用。美丽中国就是把实现优美的生态环境作为基本目标之一,优美的生态环境是美丽中国的基本内涵。

美丽中国的基本前提是优美的生态环境。对于人而言,最直接的美的感受是自然环境的美,即生态美。生态美既有天然的自然美,也有人工的自然美。美丽中国建设既要复归天然自然的美,也要生成美的人化自然,实现优美的生态环境。

优美的自然生态环境是人可以直观感受的现实自然。它既指天然存在的优美的自然风光,如峻山好水等怡人美景,这些是天然自然美;也体现在人工创造的优美环境,如城市里郁郁葱葱的绿植,点缀其间的人工山湖等,这些是人工自然美。优美的生态环境也是人们对美好生活的最基本的需求。马克思指出,"因此第一个需要确定的具体事实就是这些个人的肉体组织,以及受肉体组织制约的他们与自然界的关系。"① 无论人类发展达到怎样的高度,人依然需要依靠自然环境而生活,构建和谐的人与自然关系始终是人享受生活的基本前提。正是因为有了优美的生态环境,人们才能拥有健康的身体、良好的情绪,才能以正常的心态去开展其他的建设,构建社会关系,努力推进更美好的生活。

(二)美好的社会生活是美丽中国建设的价值理想

构建美好的社会生活是美丽中国的又一基本内容。人们的美好社会生活需要是广泛多样的,包括美好的物质、精神和关系需要等,美好的社会生活是系统、富裕的生活。

美好社会生活是系统的美好生活。人们对美丽中国抱有很高的期待,希望美好社会生活是多样的、丰富的、和谐的。人们需要高质量的物质、精神产品,需要和谐的社会生活和公平正义的制度环境。这就要求我们把美丽中国看作系统地提升我国整体发展质量的伟大工程,不应把美丽中国的内涵局限于环境保护和优美的生态环境层面。

---

① 《马克思恩格斯全集》第1卷,人民出版社1972年版,第24页。

因此，为了实现美好的社会生活，就要坚持把绿色发展理念融入经济、政治、文化、社会建设的各方面和全过程，形成高水平的绿色生产能力，构建高质量的绿色生活，提升人与自然和谐共存的能力。同时，任何生产方式的转变都需要制度配套，美丽中国将促进我国的上层建筑发生深刻改变，制度设计更加完善和科学，制度执行更加有效，制度监督愈加透明，公共服务的供给趋向公平协调。美丽中国内含着绿色文化，在绿色文化的熏陶滋养下，人们的价值观念和言语行为更加符合人、自然、社会和谐共生的要求，社会消费方式逐步绿色化，人与社会关系更加和谐。可见，美丽中国蕴含着系统的美好社会生活，这进一步提升了人们生活的幸福感。

美好社会生活是富裕的生活。人们生活的富裕应表现为两方面。一是充裕，选择多样性和均衡共享性是充裕的主要内容。物品和服务被充分供给是实现充裕的前提，这就需要有完整的产业链体系做支撑，同时具备先进的治理体系，提供优质的公共服务，充分供给人们的社会需求。更重要的是，这种充分供给应是均衡和共享的。我国的不均衡供给问题依然突出，主要体现在经济发展的区域不均衡、文化发展的城乡不均衡、公共服务不均衡问题等，这导致人们的生活充裕程度不一，质量参差。美好的社会生活一定是均衡的美好，这就需要贯彻协调发展理念，建设均衡充裕的生活。均衡是共享的基础，协调发展也是为了人们共享发展成果，共享充裕的生活。实现均衡共享生活的关键还在于发展，习近平在十九大报告中指出，"发展是解决我国一切问题的基础和关键"，美丽中国建设一定要坚持贯彻五大发展理念，坚持科学发展，壮大我国的经济实力和综合国力，为实现均衡共享的生活奠定物质、技术基础，才能构建充裕的社会生活。二是质优。人们期盼的是优质的美好生活。第一，物品方面。人们渴望能够购买到优质的商品，提升生活品质。第二，精神文化需求方面。人们希望能够欣赏高水平的精神文化作品，提高审美能力，提升文化修养。第三，服务方面。人们向往更高质量的服务，既包括有偿服务，也包括公共服务。人们对有偿服务的要求体现了目前我国服务产业的发展水平还不足以满足人们的美好生活需求，需要发展服务业，尤其是优质的服务业。人们对公共服务的要求，则意味着我们需要推进国家治理能力体系现代化，不断满足人们日益增长的公共服务需要。人们对优质物品和服务的需要反映了我国开放发展的必要性，只有在不断竞争中才能获得成长和发展，取长补短，不断吸收他人的闪光智慧，为我所用，供给优质产品和服务，建构能够满足人民日益增长的美好生活需求的富裕生活。

第二节 "美丽中国"与生态文明的内在关联

党的十八大把生态文明建设与经济、政治、文化、社会建设列为"五位一体"建设的总体布局具有重大意义，这不仅预示着新时代文明形式的转变，更是对建设什么样的中国的总体回应。十八大报告指出："要把生态文明建设放在突出地位，融入经济建设、政治建设、文化建设、社会建设各方面和全过程，努力建设美丽中国，实现中华民族的永续发展。"中华民族的永续发展需要生态文明承载文明转向，实现美丽中国的理想愿景。

一 美丽中国是生态文明建设的理想愿景

（一）生态文明建设的背景与意义

文明是人类社会进步的标志，文明反映了人与自然之间的物质变换关系，因此说，人类文明史反映的是人与自然关系的历史。原始文明时期，人对自然完全依附，人类作为自然生态系统中的微小成员，与其他物种一样由自然规律支配，自然界给予每个物种充分的能量补给；农业文明时期，人类对自然界的依附性减弱，但是自然界还与人类存在较为良好的互动关系，人与自然之间的能量守恒依然存在；工业文明时期，科学技术迅速发展，随之而来的是人以技术为依托对自然界大力开采与利用,人类创造了工业文明的巨大物质财富。物质财富的原初材料来源于自然界,物质财富的不断增加意味着自然界的资源在不断减少,自然资源不仅是人类生存的资料,它同样是自然界中万千物种的生存资源,而人类却自私地破坏了生命系统的平衡状态,陷自然生态系统以危机状态,最后的结果是人类生存资源的急剧短缺和环境生态的严重破坏。人类的发展陷入了困境,促使人类开始反思以往的发展方式,对工业文明的反思与生态文明的期待成为当今时代发展的主题。生态文明也就是在这样的大环境下应运而生的。"近代以来人类文明的实践进一步昭示,生态文明是对现有文明的超越,是人与自然、人与人、人与社会和谐共生、全面持续发展的文化伦理形态,是人类文明发展理念、发展道路和发展模式的重大进步。"① 生态文明建设事关人类永续发展和生存质量的提升,因此,生态文明不仅是一种文明形式的转换,更是人类生存与发展的必然选择。

首先,生态文明建设与科学发展观的内在要求相一致。

科学发展观中蕴含着丰富的生态文明思想,科学发展观全面、协调、可持续的思想内容中具有对人、自然、社会三者关系的认识,并蕴含着处理人与自然关系的基本原则与实践方式。

科学发展观中的全面发展论是指社会主义物质文明、精神文明、政治文明、生态文明四位一体的全面发展,为了实现全面发展就要进行经济建设、政治建设、生态建设和社会建设。生态文明是社会其他文明成果的体现。物质文明是基础,没有一定的物质文明,其他的社会文明就失去了存在的物质条件,因此不可能实现;政治文明是保障,政治文明为物质文明及其他文明提供政策的支撑和约束;精神文明是其他文明形式的助推器,它对文明形式起着标志的作用,它能够归结整理出社会状态的整体特征并以精神的形式体现出来,而且,能

---

① 范恒山、陶良虎等:《美丽中国:生态文明建设的理论与实践》,人民出版社 2014年版,第 2 页。

够反作用于其他文明形式,对其他文明形式的发展起着促进作用;生态文明是其他文明成果的体现,随着社会物质财富的不断积累,与之相对应的政治、精神形式也要做出相应的调整以适应并约束人们行为的无序化,从而促进社会的有序化。在这个过程中由于物质文明形式的价值观与精神文明形式的价值观出现条件上的缺失,必然导致政治文明的价值观与之不协调,最后导致的结果就是人类主体行为缺乏限制,出现了对自然资源的掠夺和对环境的巨大破坏,导致生态危机爆发。科学发展观证实了这一问题,从反思人类的行为出发,认为单纯的物质文明、精神文明、政治文明已经不能解决环境问题的出现,生态文明因此获得肯定并成为全面发展的必要组成,生态文明要求在人类的发展中,要首先合理地处理人类不断增长的物质需要与自然资源有限供给之间的矛盾,倡导生产方式、生活方式的生态化目标,实现生态良好的价值目标,为其他文明形式的发展提供可持续的基础,以实现人类与自然的共同进化。科学发展观将生态文明与其他文明形式并列为四个文明"全面发展"论,是对马克思主义发展理论的新贡献。

科学发展观中的和谐发展论指出,科学发展观的理论核心主要有两条思路:一条是主张人与自然之间的和谐发展,人类行为要与自然生态系统的稳态相协调,寻求人与自然之间的平衡,努力实现人与自然的协同进化。另一条则是通过多种途径努力实现人与人之间的协调。人与自然的关系实质反映了人与人之间的关系,其解决的路径也要在人类社会的范围内通过协调人与人之间的关系来实现,例如,可以通过各种舆论载体的引导,促使人类价值观念的更新,并进而达到伦理进化的目的;通过对人类意识的感召与呼唤促使其觉悟的提高与更高伦理层次上的觉醒,达到保护自然的目的;通过法制等制度性的约束去组织与合理调适人类的活动与行为,达到人与人之间关系和谐的目的。

人与自然的和谐关系可以分为两种:一种是原生自然生态系统的

和谐，即没有人类参与的原生自然，它可以通过自己的内在调节规律自发地实现自身的平衡。另一种是人工生态系统的和谐，即通过人类的行为对自然进行积极的调节与干预，创造出一个适合人类生存和发展的人工生态系统并维持平衡，进而实现人与自然的和谐，这也是科学发展观所蕴含的生态伦理意蕴，科学发展观的"和谐发展论"继承了马克思主义人与自然"和解"的生态思想，并把"和解"的路径放在人类社会的范畴中，通过人与人的"和解"最终实现人与自然的"和解"，这在理论上不仅是对马克主义理论的继承，还是创新。人类的需求是有限定的，因此人类的行为也要有所限制，不能妄自尊大、为所欲为，与"人类中心主义"的生态价值观相区别，这是"以人为本"的发展思想的合理解释，也是科学发展观的又一理论创新。科学发展观中人与自然关系的"和谐发展论"具有生态价值观的合理内涵，是对当代生态伦理思想的补充与超越。

科学发展观中的"可持续发展论"主张环境保护与经济增长同步，将环境的价值纳入物质财富的价值中。作为发展中国家的中国，我国要实现人民群众的利益必须注重物质财富的增长，但是这种增长必须考虑生态环境的可承受能力，主张在维持生态良好的条件下实现物质财富的增长，这是可持续发展的前提。科学发展观将"可持续发展"的理论纳入其中，吸收其合理内核，主张在注重经济发展的同时保护生态环境，从而实现人类发展的可持续。经济的增长、环境的保护与人类的全面发展具有内在的必然联系，没有经济的增长人们的物质需求就无法保障，没有对环境的保护物质财富的增长就是一时之事，因此说环境保护是基础和根本，是实现人的自由而全面发展的根本，也是人类可持续发展的根基。

其次，生态文明建设是实现中国梦的重要步骤。

十八大之后，习近平总书记在参加国家博物馆时指出："实现中华民族的伟大复兴，就是中国民族近代以来最伟大的梦想"，"中国梦"的本质就是实现中华民族的伟大复兴，是国家富强民主、人民幸福安康的美好生活形态。国家的富强与人民的幸福都要以生态文明建设为基础，生态文明包含两部分内容，即自然生态和社会生态。自然生态文明的体现是通过人类的技术利用生态改造实现山川秀美、空气清新、人工污染源消除的状态；社会生态文明就是通过政治、经济、文化体制的改革与新生态的塑造，让人与人在信任与合作中走向和谐。无论是自然生态的美好还是社会生态的和谐都是实现"中国梦"的重要步骤，没有美丽的自然生态就不可能有人民生活的幸福安康，没有人与人的和谐状态人民群众的团结基础就会丧失，没有团结一致的精神也就不可能实现中华民族的伟大复兴。

（二）生态文明建设的目标与理想

对于生态文明的内涵与目标，潘家华教授在生态文明的《科学内涵与战略意义》一文中指出："生态文明的核心问题是人与自然的关系问题，其基本内涵体现在以下几个方面：一是在价值观上，强调人与自然平等、和谐，超越了人类中心主义观念，人要理性、公正地对待自然；二是在生产方式和消费方式上，摈弃了低效粗放掠夺自然的生产方式和奢华浪费的生活方式，以生态理性为前提，以高效低耗循环科技为手段，以高校资源利用和最低环境影响的方式从事生产，以绿色、节约、健康的方式进行生活，建立人与自然和谐共进的经济发展方式、生活方式、制度与文化体系；三是在最终目标上，追求人文全面发展、经济社会持续繁荣、生态环境良好，人与自然、人与人、人与社会和谐发展的理想境界。"① 从中可以看出，生态文明建设的核心问题就是解决人、自然、社会之间的矛盾关系问题，由工业文明时期的对立关系转变为和谐关系，这也是生态文明建设的核心价值导向。生态文明建设的和谐关系包括两个方面，即人与自然的和谐及人与人的和谐，通过价值观重塑、政治经济制度变革、文化升级使传统的工业文明发生生态化转向，转向生态文明的新时代，使工业文明下

① 谢振华、冯之俊：《生态文明与生态自觉》，浙江教育出版社2013年版，第61页。

的人与自然、人与人的紧张关系向生态文明的和谐关系转变。可以说，"和谐"是生态文明的主题也是目标，要实现和谐的目标需要在发展方式上实现转变、价值观上实现变革，由此引起生产方式与生活方式的绿色化转向，这是实现和谐目标的层次性目标。可以说，和谐目标的实现需要政治、经济、文化、社会等多领域、深层次的变革，变革的方向是生态的、和谐的，每一次转变都会距离理想更进一步，每一次转变也都是实现理想道路上的短期目标，制定目标、实现转变理想才可能实现。

（三）"美丽中国"与生态文明建设的契合

"美丽中国是时代之美、社会之美、生活之美、百姓之美、环境之美的总和。要实现美丽中国的建设目标，经济持续健康发展是重要前提，人民民主不断扩大是根本要求，文化软实力日益增强是强大支撑，和谐社会人人共享是基本特征，生态环境优美宜居是显著标志。"① 美丽中国的核心内容是"美"，是美丽的人、美丽的自然、美丽的社会的总称，其美的外延是多层次的。

生态文明与美丽中国有很多契合之处。首先，没有生态文明就没有美丽中国。生态文明需要转变人与自然、人与人的关系，由矛盾转向和谐，实现人的文明提升和自然的生态发展。如果没有生态文明建设，人类生存的自然环境和社会环境都处于紧张与危机状态，就不可能有"美"的存在。其次，美的产生需要有审美能力的人和审美需求两个条件才可能产生，审美能力需要人的文化与文明层次的提高才可能获得，而生态文明就是人类文明形式的提升；审美需求在一定的物质财富增长并对其深刻认知的基础上才可能产生，其实质是对精神家园的追求。生态文明实现的是人类经济的长久繁荣和发展的可持续性，也就是尝试解决物质财富的新型增长模

---

① 范恒山、陶良虎等：《美丽中国：生态文明建设的理论与实践》，人民出版社 2014 年版，第 20 页。

式，目的是解决长久繁荣的问题，而人对物质财富的深刻认知包括对财富的意义、财富满足的维度、财富与人的本质关系等方面的认识，只有在财富获得一定满足的基础上，通过对财富的深刻认知才能进一步提升人类对财富的限度及人的本质的认知，建立起满足感的精神价值，满足感的精神价值是人类审美需求产生的来源。满足感的精神价值不仅是审美需求的来源，同时也是对人类审美能力的培育。欲望不是需要，需要是合理的，而欲望却是永远也满足不了的，它是超越了需要的合理范畴的。如果人类不能对财富形成合理认知就可能会造成欲望的泛滥而无节制，而欲望正是挫败幸福的钥匙，因为幸福感需要以满足为基础，欲望的出现与泛滥必定挫败幸福。也就是说，人的幸福感来源于一定物质财富的积累并在此基础上形成满足感，满足感的出现促使人类以审视的眼光去思考人与自然、人与人关系，审美的人和审美需求才得以出现。

生态文明以和谐为建设目标，它是美的根基。首先，和谐本身就是美。和谐是"真"与"善"的融合，假、恶、丑的环境不可能产生美，而"真"与"善"的结合本身就是"美"，因此说，和谐本身就是一种美。其次，生态文明以新的生产与生活方式去改变人与自然的关系，把人的发展与自然的修复相结合，获取人与自然的协同，这正是美的自然环境与美的社会环境产生的过程。最后，生态文明对人类文明的提升是人的幸福感产生的路径。生态文明以新的文化对人进行影响与塑造，人的理性得以展现，理性之美是人幸福感的条件。生态文明建设的过程就是人的理性提升、财富持续积累、生态环境与社会环境改善的过程，而这也是人美、自然美、社会美诞生的过程。

二 美丽中国是对人类生态文明思想精髓的汲取与创新

生态思想既包含了世界观也包含着价值观，是对人与自然的关系的整体认知的理论体系。"生态思想是世界观的表现形式，属于哲学范畴，它是建立在对生态系统结构的认识基础上的对人与环境外部关系的考察和整体把握。"① 人类的生态思想是在文明的进程中形成的，文明的进步促进生态思想的历史演进。美丽中国就是汲取了人类文明进步思想的精髓，是对生态文明思想的升华。

虽然生态文明的概念是工业文明后期提出的，但是作为一种思想与文明的形式是历史积淀的产物，中国当代的生态文明思想是在继承与总结、抛弃与超越中逐渐形成的，中国古代的生态文明思想、西方生态文明思想与马克思主义生态文明思想都服务于中国特色的社会主义生态文明建设。

（一）中国古代生态文明思想的精髓：天人合一

"天人合一"的思想是古代儒家思想的重要组成部分，它描述了"天"与"人"的关系，而"天"的意义之一就是"自然"。"儒家把天地的自然演化当成一个生生不息的自然过程。它认为，天道刚健流行，是原始的创造力之源，统摄万物，维持整个世界的正常秩序。人是自然界生生不息的产物，是自然有机整体的一部分。人与万物都源于天地，它们之间存在着息息相通的有机联系。"② 天地万物的本源是道，所谓"道生一，一生二，二生三，三生万物"③，老子说："故道大、天大、地大、人亦大。域中有四大，而人居其一焉，人法地，地法天，天法道，道法自然。"④ 儒家思想从整体中把握人与自然的关系，"道"既在万物之先也在万物之中，宇宙万物是一个有秩序的系统，人作为其中的组成部分参与了宇宙万物的生成，人要尊重其自然的生成与演化规律，同时人与天共同生成，互不妨碍，以促宇宙万物之生长。

---

① 刘增蕙：《马克思主义生态思想及实践研究》，北京师范大学出版社 2010 年版，第 2 页。

② 董根洪：《"十一观论"——儒家大生态主义的生态思想体系》，《浙江学刊》2011 年第 6 期。

③ 毛丽娅：《道德经的生态思想及其当代审视》，《求索》2008 年第 3 期。

④ 老子：《道德经》第二十五章。

儒家思想的"天人合一"即认为人来源于自然但是又不能超越自然，在自然之中而不是自然之上，实际上是对当代人类中心主义的一种否认。人应该以平等的态度对待自然，自然界才可能不断繁荣，人类也才可能生生不息。

（二）西方生态文明思想的核心：道德向自然的扩展

西方的生态文明思想经历过几个过程，从机械的生态模式到浪漫主义生态学的诞生再到生态伦理学的构建，经历了牛顿力学时期的自然主义、工业革命时期的对自然界的文学思考、对人类中心主义的批判及对自然界伦理关怀等几个阶段。西方的生态理论中具有颠覆传统伦理学意义的就是对自然界的伦理关怀，从动物权理论、生物中心主义、生态中心主义的理论流派中都将伦理的对象扩展到了自然界，这在传统伦理学中是未曾涉及的。彼得·辛格的《动物解放论》认为动物具有感受能力，存在内在价值，不应该承受痛苦，人类应该对动物加以保护，不能侵害它们的利益。生物中心主义认为："道德哲学不能仅仅关注动物权利问题，自然群落——生态系统或大自然——也应该得到伦理关怀。"① 美国的环境主义者利奥波德和环境伦理学家罗尔斯顿对西方的环境伦理学发展产生了重要影响，一个倡导对大地的关怀、对自然的尊重，一个则肯定自然界内在价值并将其进行划分，认定自然生态系统的价值性，人类对大自然完整与稳定具有维护的义务。

对人与自然关系的伦理扩展是人与自然关系的深层次认识。人在自然生态系统中具有怎样的地位、发挥怎样的作用，对这一问题的认知虽然各流派观点不同，但是都肯定了自然界的价值性与人的系统要素身份，在道德责任上人类有义务履行对自然的保护与关爱，这是维持整个生命系统存在与发展所必须做的。

---

① 杨通进：《动物权力论与生物中心论——西方环境伦理学的两大流派》，《自然辩证法研究》1993年第8期。

（三）"美丽中国"是马克思主义生态文明思想的时代创新

马克思主义生态文明思想是在马克思主义经典作家的生态思想的基础上，当代马克思主义者对中国古代生态文明思想与西方生态文明思想的汲取借鉴、批判继承、创新发展而来的。马克思、恩格斯的著作中有大量的关于生态的观点与表述，其生态思想具有辩证唯物主义与历史唯物主义的特征。在他们看来，"客体主体化"与"主体客体化"的过程是辩证统一的，也就是说，人的生产实践活动是与自然进行良性互动的过程。同时，人与自然之间的关系是自然对人的制约性与人对自然的主观能动性与创造性的统一。人的不合理的实践行为是自然环境污染与破坏的直接根源，这不仅仅伤害到自然界的其他生物的存在，更威胁到人类存在与发展的可持续性，影响到人的本质真正实现。马克思、恩格斯在研究人与自然环境的关系时，运用了自然辩证法的方法。马克思、恩格斯认为，人对自然的改造是实现自身内在价值的前提和基础，对自然规律的认识与尊重是为了使人类拥有更多的自由，从而体现出人的独立存在的意义和价值。人是人与自然关系中的核心，自然是人类生存的基础，没有人的核心地位人的实践活动会失去方向，没有对自然的尊重人就会失去存在的土壤，因而，二者具有不可分割的统一关系。"马克思、恩格斯的生态思想为后来的马克思主义者所进一步继承和发展。在苏俄马克思主义者中，普列汉诺夫、列宁、布哈林等对生态问题给予了关注，他们的著述，进一步丰富了马克思主义生态思想。"① 马克思主义生态思想经过几代人的努力已经日臻完善，中国的马克思主义生态思想主要由以下几个方面构成，即毛泽东提出的"绿化祖国"的思想主张，邓小平提出的保护环境的方针策略，江泽民提出的可持续发展战略，胡锦涛提出的科学

---

① 范恒山、陶良虎等：《美丽中国：生态文明建设的理论与实践》，人民出版社2014年版，第40页。

发展观,习近平提出的建设"美丽中国"战略构想。①

以习近平为核心的新一代领导集体提出了"美丽中国"的战略构想,这是中国的社会主义建设现实要求。一方面,中国进入发展瓶颈期,改革开放四十多年使生产力迅速释放,物质产品极大丰富,人民的生活水平得到了相当大的提高,改革带来了一系列正效应也带来了一系列负效应,生态环境每况愈下已经直接威胁到了人们的生产生活,使人民的幸福指数降低,同时发展问题也遇到了瓶颈。因此,反思以往的发展方式、对待自然的态度、人的存在等问题就成了当今面临的重要问题,美丽中国是在适应时代发展、认真思考发展与环境的关系的背景下提出的战略设想。另一方面,美丽中国的战略构想需要文明形式的提升才能得以实现。要想实现中国之美,需要将自然之美、社会之美、人之美进行统一,工业文明将发展置于环境之上不可能实现人类美的设想,因此,需要实现文明形式的提升,走向生态文明的新时代。生态文明从认识论上树立尊重自然、顺应自然、保护自然的生态文明理念,这是实现美丽中国,实现中国民族永续发展的前提;生态文明从价值观上实现了人类中心主义和自然中心主义的统一,人类中心主义将人置于自然之上,认为自然界是人类目的的工具,人是自然的主宰,因此疯狂地掠夺自然资源而毫无忏悔之意。自然中心主义则走向反面,认为人是自然界的成员,与自然平起平坐,强调自然与人的相互统一性而忽略了人的主观能动性。人类中心主义与自然中心主义作为价值理念都不能从根本上解决自然的繁荣与人的发展问题,无法调和二者的矛盾。马克思主义生态文明的价值观主张生产力的发展与自然生态的保护二者缺一不可,统筹二者关系,实现人与自然的协调发展是根本价值取向。可以说,马克思主义生态文明的价值观体现"以人为本"的价值原则并尊重人的生存发展规律,

① 杜秀娟:《马克思主义生态哲学思想历史发展研究》,北京师范大学出版社2011年版,第156—157页。

认为自然是人之母，自然界是人类生生不息的母体，因此要保护它，人与自然二者要统一、和谐而发展，生态文明价值观的转变是解决人的发展与自然的繁荣的钥匙。

生态文明为社会主义的和谐发展、全面发展提供了新的导向与路径，也只有在生态文明的指引下和谐社会建设才能实现、自然生态繁荣才能持续、人的全面发展才能成为可能，生态文明建设是美丽中国实现的现实基础。

第三节　生态文明的价值观趋向

人类社会的历史就是一部文明史，它记载了人类实践的各种足迹，人类在经历了原始文明、农业文明与传统工业文明之后，实践能力已经达到了前所未有的水平，巨大的物质财富已经为人类的生存与发展提供了重要的支撑。但是任何事物都有它的两面性，以往人类社会的文明史却对自然界构成了巨大的伤害。科学技术的迅猛发展与无限制的利用、粗放式的生产方式等挑战着自然可承受能力的极限，因此，生态文明需要一种新的价值取向，克服传统价值观的弊端，塑造人与自然和谐共处的新方式。

一　传统文明的价值观缺陷

（一）人与自然对象性关系判断的失和

人与自然的对象性关系是人与自然互为对象、各自表现和确证对方的存在、对方的本质力量的一种客观必然的关系。这种关系并非在任何时候都是对称的、均衡的和互适的。在社会发展的不同时期，人所发挥的能动性不同，人与自然互动方式和深度不同，因而人与自然对象性关系的结构和状态也不同，这种结构和状态的表现形式就是生态。生态的平衡、生态的破坏和生态的危机都根源于人与自然对象性关系的结构和状态。人与自然对象性关系结构和状态平衡，人与自然协调发展，则生态良好，环境友好，产业健康发展。传统价值观缺陷的根源在于人与自然的对象性关系判断的失和。

第一，原始互适的人与自然对象性关系。原始社会时期，人的能动性囿于对自然的浅显认知而发挥有限。人的主体性被淹没在对大自然的顶礼膜拜之中。那时的"主体概念最初并没有任何突出的与人的关系，尤其是，没有任何的与自我的关系"①。人的主体性尚未觉醒，人的能动性完全服从于自然的规定性。人的主体性主要建立在对自然物的直接获取上，如采摘野果、捕获猎物。

进入农业经济时代，人对自然作用处于手工技艺的浅表阶段，即使是工艺精湛的、风格典雅的人工物，也不过是物质形式的改变，通过手工劳动实现，一切展现的都是能直观感觉到的自然的规定性。尤其是人对自然的膜拜限制了人的能动性意志，人服从于自然的规定，无法做出革命性的开发利用自然的行为，人的能动性发展缓慢，人与自然只是浅层次的交互。自然作为人的对象所适应的是人原始朴素的以直观感受为认知源泉的能动性，社会性尚不突出，自然的神化色彩浓重，人与自然是原始的互动互适的对象性关系，原始社会和农耕时期的人与自然的关系结构和状态稳定，生态是平衡的。

第二，能动性扩张的人与自然对象性关系。人的能动性扩张是以主体不断作用于自然客体为前提的。在主体性确立的过程中，主体总会给自然客体规定主体所能掌控的等级秩序。人的主体性意识觉醒是一个漫长的历史过程，只有"到了近代，一般主体才转化为'自我意识'或自我，特指人的'主体'"②。"思维着、认识着的'自我'成了一般主体。它不但能自我为自己奠基，自己成为自己的根据……而且还能为其他存在者的存在奠基，成为它们的存在依据，把其他存

---

① 《海德格尔选集》下卷，孙周兴译，上海三联书店1996年版，第897页。
② ［德］海德格尔：《林中路》，孙周兴译，上海译文出版社2004年版，第231页。

在聚集于自身。"① 客体自然从一个直观的、实在的自然成为了一个知识化的自然,并以此作为人的主体性建立的依据。自然的知识化意味着近代科学的开端,从此,人的能动性有了科学知识的支撑而开始爆发。

(二)人与自然对象性关系评价的失续

科技发展提升了人生产"为我之物"的能力。"为我之物"的生产需要掌握更多自然规定性,来更广泛更深层次地开发利用自然。科学革命和技术革命使人对自然的认知和变革能力达到了从未有的高度,有能力创造更多的"为我之物"。机器的出现是人的能动性的突出体现,它使社会进入了以人的主观意志为中心的工业时代,更多的"为我之物"被创造出来。

第一,工业扩展了人的能动性也致使人自我迷失。工业巩固了知识化的自然科学和自然作为人的客体的地位。自然以知识化的方式成为生产"为我之物"的依据。人的能动性扩张带来了工业大发展,大量的新物品被生产出来,人的需要也前所未有地迸发。而工业实现了这种需要的满足,并运用技术创新又开发出新的产品,新产品又刺激着新需求的产生,如此循环往复,人的需要不断呈现出多样性,新兴产业相继出现。一方面,工业不断满足人的日益增长的需要;另一方面,工业发展和物质财富的增加强化了人的物欲,而对物的追求又刺激了产业的进一步发展,使自然之物不断地转化为"为我之物"。

社会化大生产进一步彰显了人的能动性。产业与科学、技术相比具有更突出的社会性,工业对自然利用的规模和变革的强度成指数级增长,产生广泛而深刻的社会影响。科学社会学家默顿指出"产业并不等同于科学与技术,它比二者具有更深刻的内涵"②。产业使"为

---

① 刘森林:《追寻主体》,社会科学文献出版社 2008 年版,第 7 页。
② [美]默顿:《十七世纪的英国科学、技术与社会》,范岱年等译,四川人民出版社1986 年版,第 2 页。

我之物"升华为"为社会之物"和"为发展之物",发展需要又催生了更多更强的生产"为我之物"的社会组织,使人逐渐走向掌控自然之路。人与自然结构和状态偏离平衡,生态朝着人与自然对立的方向行进。

第二,产业丰富了物质生活也加剧了人与自然的对立。产业创造了我们所生活的世界,"我们的生活世界也就是一个产业的世界"①。在社会化大生产条件下,自然资源的耗费成倍地增长,起初没有人去质疑这种耗费是否会产生不良后果。随着自然资源的不断开发,产业对自然资源的耗费突破了自然的承受能力,生态问题日益显现。尤其在全球化生产模式下,产业的跨国发展加剧了资源短缺,造成了全球性自然资源的匮乏。环境问题的出现警示我们,自然不仅仅是"作为人类活动要素的自然",更是"作为人类活动环境的自然"。② 产业发展逐渐超出了自然的承受能力,于是生态环境危机凸显。人凭着自己的能动性创新了产业,反过来产业的发展对人的生存构成了威胁。

生态危机的实质是人与自然对象性关系的失和。工业的快速发展不断提升人的能动性,日益兴起的高新技术产业不断刷新人的能动性的高度,人与自然的关系伴随着庞大的产业而日益走向对立。自然无法消解在产品生产、消费过程中所产生的大量废弃物,环境污染日趋严重,生态系统的平衡被逐渐打破。自然以自己的方式否定人的能动性。随着人化自然的增加,环境不断恶化,人的生存面临威胁,人与自然和谐的对象性关系渐行渐远。

人与自然对象性关系的失和和失续是人与自然对象性关系的异化。马克思从现实的人而不是抽象的人,从现实的自然界而不是抽象的自然界出发,来阐释人与自然之间的对象性关系。在人以自然为对

---

① 曾国屏:《唯物史观视野中的产业哲学》,《哲学研究》2006 年第 8 期。

② 孙正聿:《马克思主义基础理论研究》(上),北京师范大学出版社 2011 年版,第317—326 页。

象的生产中,人作用于自然的作品也是可以感受的,人正是通过对象化的作品才能直观自身,只有在改造自然界的生产中,人才表现为现实的人,自然才是现实的对象。可见,人与自然是彼此的对象性存在,没有自然对人的本质的确证,人就是无。人与自然之间的内在的联系就是现实的对象性关系。但一旦把对象自然作为知识化的抽象自然,不关心自然现实的承受能力,就脱离了对象性关系的现实性,这样的自然与人所生成的关系就是异化了的对象性关系,所展开的人与自然对象性活动及其产物,其发展也将不可持续。

二 传统文明价值观缺陷导致的后果

(一) 生态危机的发生

"生态危机是专门用来表明人类活动与自然关系的概念,主要指由于人类不合理的活动,导致基本生态过程即生态结构与功能的破坏和生命维持系统的瓦解,从而危害人类存在的现象。"[1] 生态危机的出现表明维持生命生存与繁衍的生命支持系统面临崩溃的风险,表现在内生循环系统的瘫痪和外生能量流动的障碍。内生循环系统是人口、资源与环境之间的协调关系,外生能量流动是自然界生物环境之间的互生关系。

人口、资源与环境的关系是生态系统维持平衡与稳定的关键。人类的生存与发展需要从自然界摄取各种资源,而人类又是能动性的生物,其能动性表现在不断地通过实践满足需求也不断地创造需求,需求似乎对于人类来说没有止境。因此说,人口的数量、资源的摄取方式与程度、对环境的认识之间构成了人生存的主要关系。而技术作为三者关系的中介更加剧了这种关系的复杂程度。"人类对自然环境的影响程度和强度主要取决于其技术和规模。技术进步与人类社会的发展关系密切,从某种意义上说,标志着人类社会生产力的发展。技术

---

① 余谋昌:《当代社会与环境科学》,辽宁人民出版社1986年版,第213页。

越是进步，人类改造、加工自然环境的能力就越强。"[1] 在学术界，对于三者关系问题的认识有四种理论。代表人物分别是古典经济学家和自然科学家、新古典经济学家、理论家和分析家。各理论学派观点的争论集中于资源环境问题形成的原因和人口因素在其中的地位与作用。从下表中可以更直观地看出理论观点的不同。

理论	代表者	根源	直接原因	结果	人口作用
I	古典经济学家或自然科学家	高速人口增长	资源利用	环境退化	独立作用
II	新古典经济学家	经济失效	市场	环境退化	中性作用
III	理论家	不平等和贫困政策	政治结构	环境退化	共同作用
IV	分析家	不平等和贫困政策	社会结构	环境退化	加剧作用

资料来源：C. L. Jolly，1994，"Four Theories of Populatian Change and the Environment"，Populatian and Develoment，No. 1.（"人口变化与环境的四种理论"，人口与发展，第 1 期。）

四种理论都分析了人口、资源与环境之间的内在关系，只是侧重点不同，三者关系的复杂性毋庸置疑，这可能包含了所有学派的分析因素，对它们关系的深入研究也将深化人与自然关系的认识。

人口、资源与环境的关系与生态系统的整体平衡、稳定与发展之间存在着关联。首先，人的生存需要生存资料，而资料来源于自然界，因此，一定人口规模决定了从自然界中摄取多少生存资料，人口的数量与生存资料的数量成正比，意味着自然界要不断地满足人的需要。其次，人的发展也需要自然界的各种资源，资源可以分为自然资源与社会资源，它是人力、物力、财力的总称，是一切物质要素的总和。自然资源同样来源于自然界，也归属于自然界，而人类只是摄取。因此，对自然资源的摄取方式与程度决定了对自然界的破坏程

---

① 朱国宏：《通向可持续发展的道路——中国人口、资源与环境的协调发展研究》，复旦大学出版社 1998 年版，第 24 页。

度。最后，人类对环境问题的认识也对自然界产生了重要影响。环境一般特指人类生存的环境，包括自然环境与社会环境，人与自然环境的关系就是人类如何对待自然的问题。如果人类完全从利己的角度去考虑环境的存在，而认识不到环境的公共性，那就意味着对自然的伤害。所谓环境的公共性就是自然环境是针对所有生物而言的共有性，把自然环境归属于人的认识是错误的。由此可见，人口、资源、环境问题与自然界的生态系统是否能够有序、稳态有着密切关系。三者关系如果处理不好，导致的结果就是人口膨胀、资源枯竭和环境恶化，这也就意味着自然生态系统能量流动和转化遇到了巨大的障碍，生态系统的稳定性不复存在而随时面临着崩溃风险，生态危机全面爆发。

生态危机的当代特征是全球性。历史上，也曾出现过各种生态问题，由于人类对生态的损害导致了一些文明的消失，但是，当今的生态危机与历史上曾经出现过的生态问题不同，当代生态危机破坏强度大、危害程度深。从生态危机的波及范围来看，生态危机已经由古文明时期的区域现象发展为全球现象，生态危机已经具有全球性特征，"所谓生态危机的全球特征，不仅是指它的发生在空间范围上具有广泛性，还指它造成的灾难不是一个民族的灾难，一个国家的灾难，而是整个人类的灾难。"① 人类以地域为界限将自然进行人为分割，而生态系统作为生物与环境内在互生关系的体系是不可分割的有机整体，生态系统是全球生态系统，不会因为人为的地域分割而独立，而生态危机一旦发生就会对世界造成损害。

（二）人性危机的显现

生态危机的发生是人类对人与自然关系的价值判断和价值评价发生错误的结果。对人与自然之间的辩证关系应该进行正确判断，二者是既对立又统一的关系，只看到其中一个方面关系的判断都是错误

---

① 刘湘溶：《人与自然之间的道德话语》，湖南师范大学出版社 2004 年版，第 38—39 页。

的。现代性的危机就是夸大人与自然之间生存竞争关系，将人置于主宰者的角色，将人与自然关系设定为主奴关系的结果。

探讨现代性问题就要涉及对人类现代文化进行反思。有人认为文化危机是现代性弊端的原因，阿尔贝特·施韦泽认为"我们的文化正处于严重危机之中"①。而危机表现在"它的物质发展过分地超过了它的精神发展"②。他认为，文化不是对物质的无限追求，而是对人的完善的理想，尤其是对生命的敬畏。对生命的敬畏是对人性善的发扬，而善正是人之为人的根本。卢风教授也对文化危机进行过阐述："人总有对无限性的追求，人之对无限性的追求既可以指向精神，也可以指向物质。无数人之追求无限性的合力若指向精神世界，那便没有什么大危险，若指向物质世界，便会造成一个物欲横流的世界。而人类之物欲横流可能会把地球糟蹋得不可居住。"③ 人类文化如果指向物质将使文化失去灵魂，失去文化的特质，最终失去的是人对自身本质的不认同，使人不能称其为人，这就是人对自身本质的丧失。

人本质问题的主要方面是人性问题。对人与自然关系的错误认识造成严重的生态危机和文化危机，而系列危机的直接指向是人性危机。人是什么？人该怎样认识自己，这涉及对人性的思考，人性是人类价值观产生的基础。"人性作为意义和价值的基础，对人类世界的存在、人们的社会生活、人本身的创造发展有着广泛影响。"④ 如果人将自己的生存设定为物质性的存在而不去追求精神价值，那么人的生存实践就基本被设定在了"恶"的道路上，物质欲望的满足需要不断的摄取，而精神价值追求奉献的"大爱"精神。马克思认为，

① ［美］艾伦·杜宁：《多少算够——消费社会与地球未来》，毕聿译，吉林人民出版社1997年版，第11页。
② ［法］阿尔贝特·史怀泽：《敬畏生命》，陈泽环译，上海社会科学院出版社1992年版，第43页。
③ 卢风：《享乐与生存——现代人的生活方式与环境保护》，广东教育出版社2000年版，第216页。
④ 葛晨虹：《人性论》，中国青年出版社2001年版，第3页。

人是对象性的存在物。人的本质也是对象的存在者,并通过对象性存在物表现出来,人的对象是自然,所以人通过自然确证自己的存在、表现自己的本质。因此说,自然界的今天就是人类本质对象化的产物。生态危机的现实告诉我们人是不友善的,人的不友善表现在将人与自然关系设定为主奴关系,人是居高的统治者,自然是被人奴役的对象,只有为人类服务的价值,这种不友善就是一种恶,是对人本质的歪曲,这种不友善也是单纯物质追求的结果。人类应本着真、善、美的标准去认识人与自然的关系,但生态危机的事实证明,标准并没有被真正确证,似乎对待自然正在走向相反的一方。曹孟勤对人性与自然的关系进行过较为深刻的阐述:"自然界是人的作品和人的现实,自然界之真即是人性之真,自然界之善就是人性之善,自然界之美即是人性之美;同样道理,自然界之假即是人性之假,自然界之恶即是人性之恶,自然界之丑亦是人性之丑。生态危机的发生表明自然界在人类的宰割下已经成为一种假的自然界(真实的自然界是和谐平衡的自然界),一种恶的自然界,一种丑的自然界,那么从自然界这一假恶丑之镜中,只能映照出人性之假、人性之恶和人性之丑。"从自然界的现实反映出人性的真假善恶正是人对象化的显现,自然界爆发的生态危机正是人性危机的显现。

第四章

价值观生态化转向的必要性

　　价值观作为人类对于价值及价值关系的主观反映，是在实践基础上形成的人们的主观意识和表现。价值观是在实践活动中所形成的，并非人类先天存在的。价值观是理论化、系统化的价值与价值关系。价值观一经形成就会对人们的实践活动形成指导。价值观的形成是与人们生存所依赖的经济基础和所代表的阶级地位密切相关的。因此，在不同历史时期，人们的价值观取向有所不同。而不同价值观的形成，又会对人们的实践行为产生不同的导向作用。自工业革命以来，人们受传统价值观的影响，在改变自然的实践中不约而同地运用传统发展观指导社会实践，这种片面追求发展、忽视生态环境的传统发展观，最终导致了全球性生态危机的爆发，也因此引发了人们的反思。人们开始寻求解决生态危机的途径，追寻发生危机的根源，从而引发了对现有价值观是否科学合理的深思。也因此开启了价值观生态化转向之路。

第一节　价值观生态化转向是人类文明发展的必然

　　人类作为一种智慧生物，在漫长的发展进化过程中，利用大自然得天独厚的自然资源和生态环境，创造了璀璨的人类文明。人类文明经过了古代、近代、现代的发展历程，在这一漫长的发展过程中，人类的价值取向也随着历史的变迁和人类文明的发展进步在不断改变。美丽中国与生态文明的提出，也是顺应人类文明发展历程所提出的发展目标，而这一目标的实现，必须要有与之相适应的价值观的指导，因此，价值观的生态化转向已是必然之势。

一 价值观是人类文明演进的价值取向

价值观既是一种价值观念，必是作为主体的人基于客体的认识而形成的价值认识，人类文明演进的历程是漫长的，在这一演进过程中，人们基于不同社会地位和所依赖的不同经济环境，形成不同的价值取向。

（一）原始蒙昧时期的价值取向

原始文明是人类文明之始，在这一文明时期，由于生产力水平低下，人们对于自然的认知度有限，表现为完全的依赖自然、顺应自然。人们并没有改造自然、征服自然的能力和观念，而是依赖自然所提供的一切现有条件进行生产活动，生产的目的也仅是生存。因此，这一时期，人与自然的关系表现为人对自然的敬畏和崇拜。而这种关系又恰如其分地体现了原始文明时期的人类最早的生态价值取向——敬畏自然、崇拜自然、顺应自然。尽管这种价值取向表现出一定的盲目性和幼稚性，但是却直观地反映了人与自然间的"亲密关系"，原始文明时期的生态价值取向虽然有生产力低下的因素在内，但是不可否认这种敬畏自然、崇拜自然的价值理念对于自然生态的保护具有积极意义。

（二）农业文明及其价值取向

随着人类文明的发展和进步，在经过了原始蒙昧时期的崇拜自然、顺应自然之后，随着生产力的发展与进步，人类开始步入农业文明时期。在这一时期，人类认知能力有了一定提升，对于自然的态度因而也发生了变化。由最初的敬畏自然、崇拜自然、顺应自然转变为适应自然、利用自然。

与农业文明相比而言，农业文明是超越原始文明之上的更为高级的文明形态。与以原始狩猎、采集为生的原始文明不同，农业文明主要转变为农业和种植业。其文化模式亦演变为自然主义与经验主义相结合的模式。因而，人们在凭借已有经验和常识进行生产活动的过程中，一方面想要改造自然，另一方面又依赖于自然，从而形成了既依赖自然又试图改造自然的趋向。

这一时期，虽然人们具有了利用自然条件改造自然的意识，但由于历史局限性的制约，人们对于自然的改造仍然是有限的。一方面，人们对于自然规律的认知和理解有一定的局限性，人们的生产活动仍然是在自然规律约束下进行的，人类仍然无法摆脱自然的控制，因此，人类的活动都是在遵循自然规律的基础上进行的。这也决定了这一时期人类对于自然的态度仍然是以敬畏为主。

在农业文明阶段，由于生产工具的改进和人类自身能力的提升，人们想要运用自然条件改造自然的欲望也在不断膨胀，为了获取更多的生产生活资料，人们进行了大规模的毁林、毁草等活动，对局部地区的生态环境造成了危害。曾经辉煌一时的文明古国——古埃及、古巴比伦及古印度的消失，就是因生态破坏而导致的结果。农业文明时期，其主要生产方式是以自给自足的自然经济为基础，人们改造自然的能力虽然有所提升，但是也仍在自然规律制约之下，虽然人们不合理的生产活动导致了部分地区生态问题的发生，但是也并未形成对大自然整体性、毁灭性的破坏。

（三）工业文明及其价值取向

农业文明在经历了适应自然、利用自然后，人类步入了改造自然、征服自然的工业文明时代。18世纪工业革命的发生，促进了生产力的极大发展和生产工具的极大改进，也在很大程度上改变了人们的生产生活方式，进而也促使人们价值取向的转向。

1. 工业文明的特征

第一，突出人的主体地位。与原始文明和农业文明不同，工业文明更多地强调人类的主导性作用。在人与自然关系的认识上,这一时期人们一改以往对于自然的敬畏、崇拜心理,代之以支配自然、征服自然的控制与欲望的心理。人们理所应当地将自己置于自然之上,以自然的主人自居。这一转变导致的变化是:一方面,由于人们无穷的欲望,以及对于物质产品的追逐,人类开启了滥用、滥采自然资源的模式,人们的过度、无度开发,最终导致自然资源的耗竭和短缺。另一方面,人类在开发自然、利用自然创造物质财富的同时,未能考虑生态因素,任意地将工业生产的排放物、废弃物丢弃到自然环境中,对自然生态环境造成了污染和破坏。

第二,以实现物质财富的极大丰富和利润最大化为目标。工业革命推动了人类文明进步的步伐,也使得工业成为工业文明时期的主导产业,这也决定了其主导文化模式必然是以追求高效率和利润最大化为目标,以科学、技术、知识、信息等为主要内涵的理性主义文化模式。这一时期,凭借不断发展的科技知识和科学技术,人类一次又一次地试图征服自然,创造巨大的物质财富。事实上,人类在创造物质财富、征服自然的过程中,虽然取得了前所未有的成功,但是也同样付出了沉重的代价——牺牲了人类赖以生存和发展的自然生态环境。从而在享受物质成果的同时接受了由于自身过度行为造成的恶果。虽然,相对于农业文明而言工业文明体现了历史的进步,但是我们也该看到,工业文明的进步是以牺牲资源环境为代价并且引发了生态危机,因此这也成为自然和人类的悲哀。

2. 工业文明的价值取向及其批判

工业文明一个核心目标就是利益最大化的实现。利益目标和欲望的驱使使人类的价值观发生了变化,科技进步使生产工具的先进性体现出来,从而增加了人们改造自然的便利性和开发能力。在人类意识中,逐渐地将自己与自然对立开来,俨然以自然的主人身份自居,形成了以改造和征服自然为主的价值观。

第一,主宰自然、征服自然的自然观。一方面,这一时期随着人类自主意识的增强，以人类中心主义为主导的价值观逐渐成为人们行为的指导，这种建立在主客二元论基础上的价值趋向，直接引导着人们的价值意识和行为方向走入肆意践踏自然的极端。它以人类的终极利益作为出发点和落脚点，为了维护自身利益，人们一改之前敬畏自然的心理而代之以粗暴改造自然的态度和行为。另一方面，科学技术的迅速发展，促使人们形成了机械自然观，这种自然观将自然生态这一整体人为地割裂，将生态系统看作机器，人们在实现自我利益时，可以将其任意分割、拆卸，忽视了生态系统的整体性、联系性而强化了其个体性和局部性。同时利益的至高无上使得人们具有了利己主义的倾向，人们在获取资源的时候更多地强调对资源的利用和占有，而不考虑资源的可承受度和循环利用，直接导致了自然生态系统及自然资源的破坏和短缺。

第二，过度享乐的消费观。工业时代人类利益的至上性和利益享受的无限性，使得人们的享乐主义倾向滋生并延续。虽然享受行为并非工业文明的特有行为，但是却在这一时期被无限放大，甚至超越了自然的局限，人类也在享受之路上渐行渐远，由此形成了以过度消费、极端消费为主的过度消费观，这种忽视自然规律的消费观念和消费行为致使人类对自然资源的肆意开发和利用，而导致的生态问题频生和生态危机的爆发。

（四）生态文明的到来及其价值趋向

工业文明的毁灭性破坏让人类感受到了自身破坏性行为的直接后果，也因此引发了人们对于价值思想的反思与重构，与生态文明相伴随的生态价值观应运而生。

1. 价值观的生态转向

在工业文明与生态危机夹缝中挣扎的人们在体验了自然的报复后，开始对自身的行为和价值取向进行反思，由此引发了传统价值观与新型价值观的较量，伴随着对自然生态的呼唤，生态文明建设诞生了，成为继工业文明之后的新型文明形态，而一直相随的价值观也突破了传统自然观和价值观的桎梏而走向生态化。

第一,对传统自然观的批判和生态自然观的形成。在对待人与自然的关系上,传统自然观将二者关系割裂,将二者设定为主宰与被主宰、征服与被征服的关系,这种自然观导致了人们在改造自然过程中罔顾自然利益和生态利益,自然观的片面性导致人类行为的极端性,诱发了生态危机。人们在寻求解决生态危机方法的过程中,对这种主张主客二分的自然观进行了批判,而开始寻求生态路径。就像英国科学家老塞尔所指出的:"需要一种新的世界观———一种整体论、不滥用自然资源的、在生态学上合理的、长期的、综合的、爱好和平的、人道的、合作的世界观。"① 因而生态的自然观的形成已是时代的必然。

生态自然观是建立在马克思主义自然观基础上,从生态的整体性视域出发,以生态学为主要研究方法,对人与自然、社会间的关系进行辩证的分析和论证。客观分析了人、自然、社会间的关联,对人与自然的实践关系进行了剖析,并将社会实践看作人与自然发生关系的载体,以寻求人与自然的和谐作为终极目标。这种自然观较传统自然观有很大的进步性,他将人与自然的关系置于一个全新视角,实现了自然观的生态转向。

第二,对传统价值观的批判与超越。一直以来,在工业文明视野下,人们将人的利益置于其他利益之上,一切活动都以人的存在与需要作为尺度,只承认人的价值而否认了自然万物的价值。这就使得人类以自然主宰者自居,无止境地向自然攫取资源,从而走向生态危机的深渊。这一现实迫使人们不得不对自身的行为和价值思想进行审视。对传统价值观的超越就是在这一反思过程中实现的,生态价值观建立在系统论、生态学理论基础上,将生态系统作为一个整体,人作为整体系统中的一部分对于其他自然万物都负有责任,因而人在向自

---

① [英]拉塞尔:《觉醒的地球》,王国政等译,东方出版社1991年版,第20页。

然获取的同时要适时地回馈自然、善待自然，只有这样才可能实现人与自然的和谐共生。

价值观是具有导向性的，不同价值观对人们行为的导向性是不同的，就如传统价值观指导下的人类实践最终使人类尝到了苦果，而科学的生态价值观必然将人类带入一个新的时代。

2. 生态文明的特征

生态文明是指："人类在社会历史发展过程中继工业文明之后所创造的旨在实现人与自然和谐相处，人口、经济、社会与资源、环境、生态协调可持续发展的一种新的文明形态。"① 作为以寻求人与自然和谐为宗旨的文明形态，以可持续发展为终极旨归，因而具有其独有的特征。

第一，辩证性。生态文明的辩证性是指生态文明对工业文明的辩证否定和继承扬弃。与工业文明相较而言，生态文明繁荣价值指向有鲜明的亲生态倾向，生态文明之前的各种文明形态下虽然也有不同程度的亲生态性，但却是建立在经验基础上的人为剥离人与自然关系的低级亲生态性，而生态文明扬弃了传统农业文明与工业文明劣性而主张回归自然，主张实现人与自然的和谐发展，是对传统文明的辩证扬弃。

第二，和谐性。实现人与自然的和谐相处和可持续发展是生态文明建设的终极目标和核心。生态文明批判了人与自然的二元对立观而重塑人与自然的关系，将自然看作与人具有同等地位的存在，人在实现自身利益的同时，不应当以损害自然利益为代价。生态文明主张尊重自然、顺应自然，这并不是消极服从自然，而是强调在认识和尊重自然的基础上，实现人与自然的共存共荣、和谐共生。

3. 生态文明的价值旨归：人与自然和谐共生的生态价值观

生态价值观的核心价值与生态文明的和谐性指向不谋而合，均以

---

① 黎祖交等：《生态文明建设读本》，中国林业出版社 2014 年版，第 64 页。

实现人与自然的和谐共生为目标。生态价值观是对传统价值观的批判与超越，传统价值观单纯地以人的利益的实现作为出发点和落脚点，将自然看作单纯客体，否认其内在价值，确立了人是自然唯一主体的思想，造成了自然生态问题的产生。而生态价值观则恰恰是呼吁自然的回归，肯定了自然的内在价值，追求人与自然的和谐发展。

生态价值观立足于生态整体性和系统论，它从生态系统出发，将人视为自然生态系统的一部分，人作为生态主体的一部分不仅对社会、他人有责任，同时应当对自然界的一切存在物尤其是赖以生存的生态环境承担责任，即人类应当善待他人、善待生命、善待环境。只有这样，才能实现人与自然的和谐共生。在生态文明视野下，生态价值观的确立又会推动生态文明的建设，二者相互促进发展。人们只有以生态价值观为价值准则指导实践行为，才能真正完成生态文明的最终建构。

二 价值观生态化是人类文明与进步的伦理支撑

生态文明的构建需要科学价值观的指导，价值观的生态转向是"美丽中国"视域下建构人与自然和谐关系的必然选择，同时也是对传统伦理视野下人与自然关系的审视与重构。

（一）传统价值视野下的人与自然的伦理关系

人与自然的伦理关系，经历了从原始文明时期的和谐到工业文明时期的对立的发展历程。原始文明时期，由于历史局限性的制约，人类对于自然的认知和改造能力是有限的，处于懵懂和敬畏阶段，人类的生活方式也比较原始和贴近自然，主要依靠自然提供的原始资料生存和发展。这种依存于自然的生活状态使得人们与自然的关系比较和谐，这种和谐是在社会历史条件下的人与自然间的自然和谐过程，这一时期，生产力发展水平低，生产工具相对简单，人们对自然的可控力较弱，因而对于自然并没有太大的伤害，自然的自我愈合和自我恢复能力能够得到有效发挥，从而实现了人与自然的简单和谐。铁器时代的到来开启了人类历史的新纪元——农业文明，生产力的进步促进生产工具的变革，人们的生产生活方式有了改变，人类在自主能动地改造自然的过程中对自然造成了一定的伤害，而恩格斯也这样警告人类："不要过分陶醉于我们对自然界的胜利，对于每一次这样的胜利，自然界都报复了我们。"这一时期，自然生态系统在人类不断地开采和欲望中受到了伤害，初步引发了新问题——生态问题。但是，虽然生态问题开始进入人们的视野，但值得我们庆幸的是，这一问题还没有发展到很严重的状态。人类能动性的发挥还是在自然规律制约下进行的，因而，人与自然的关系仍然保持着基本的平衡与和谐，同时和谐中也萌发了对立的因子。

工业文明的到来彻底打破了人与自然的平衡，人与自然的关系开始从原始的自然和谐和农业文明时期的基本和谐走向对立。在科技革命的推动下，自然界在人类面前失去了曾经的神秘，人类对自然的控制欲极度上涨，"知识就是力量"成为人们的信条，知识成为人类主宰和改造自然的必备因素。人类的地位也直线上升，从原始时期的奴役于自然一跃成为凌驾于自然之上的"神"的存在，随意地按照主观意志去征服自然。与此相对的人与自然的关系在这一时期也体现为以人类中心主义为核心的伦理道德关系。

人类中心主义的诞生是与近代科技和哲学的发展相伴随的，它以理性和科学为支撑，在理性主义及人定胜天理念下发展成人主宰自然的思想与实践，它是一个囊括了所有建立在以人为中心基础上的包括科技与哲学在内的知识和技术体系，也包括了所有人参与在内的生产和生活方式。也就是说，人类中心主义的核心理念其实就是坚信人类利益，一切实践活动均以人作为核心主体，认为人的利益高于一切。人的利益不仅仅是一切实践活动的出发点和落脚点，更是衡量尺度。在这种一切以人的利益至上的思想理念为主宰的时代，人们开启了对自然的征服之旅，以至于人类疯狂的滥采滥伐自然资源的行为终究使人类尝到了自然的报复恶果，人类面临着前所未有的困境和瓶颈。大自然对人类的报复也终将使人们开始反思自身的行为，开始质疑这种人类利益至上的价值理念的科学性，也因此开始了生态价值理论之旅。

（二）生态价值视野下的自然内在价值

生态价值观作为一种科学价值观，是在人类批判人类中心主义价值伦理过程中所提出的伦理价值观。生态价值视野下人与自然间的伦理关系已经打破了人类中心主义视野下的一切以人的利益为中心的瓶颈，而转向寻求实现人与自然和谐发展的伦理追寻。

传统环境伦理将自然排除在道德关系之外，在这一视野下的道德关系仅仅是规范人类行为的规范，对于人与自然的道德关系并无涉及。现代环境伦理一改常态，将自然纳入道德视野，主张人与自然和谐相处的道德情怀。现代环境伦理对道德的范畴进行了重新定义，使人类对自然界赋予了责任和义务，这与之前的环境伦理相比是一个进步。在之前，人类并未意识到自身对于自然万物也应承担责任和义务，而一味地向自然界索取，最终使人与自然走向对立。现代环境伦理开辟了道德生态转向的进程，最显著的表现就是将道德的对象范围跨越人类界限而拓展到自然万物，对自然的道德义务亦成为道德意识的一部分。这就形成了人类对待自然的自律意识，必然在实践中走向生态化，承担起对自然的义务与责任。

道德的生态转向必然涉及自然价值问题，在价值内涵上，以前突出强调自然对人的价值，而事实上，自然价值包含了内在价值和外在价值的统一。外在价值也是工具价值，主要指自然物对人的需要满足的关系，即客体满足主体需要的价值。自然界外在价值是建立在人的评价的基础上的，而自然界本身也具有价值，即内在价值，它是指自然界具有满足其自身生命延续和发展的价值。它的这种价值是不以人类的主观意愿为转移的，是客观存在的、其本身所固有的价值。对自然内在价值的确认，打破了以人为中心主体的价值视域，拓展了价值的视野。对自然内在价值的确证，使自然界重获其伦理视野的尊严，也使得人类能够客观地认识自然万物包括生命体与非生命体对于人类生存与发展以及自然生态和谐发展的重要性，转变人类对待自然的态度和方式，促使人类主动承担起维护自然生态平衡与和谐的责任和义务，保证人与自然和谐伦理关系的形成和延续。

第二节　价值观生态化转向是社会主义 生态文明建设的前提

在批判工业文明的声音中对生态文明的呼吁应运而生，生态文明抛弃了工业文明时期对人类中心主体的坚持，而高呼人与自然的和谐发展。这不仅是人类文明进步的表现，也是人类价值观的全新转型，这是实现人类终极目标的必然选择。

一　价值观的生态化转向是生态文明建设主体内容之一

生态文明作为人类反思工业文明的产物，呼吁一种新型的人与自然的关系，生态文明的构建需要一种科学价值观的指导，即实现价值观的生态转向。生态价值观主张人与自然的终极和谐统一，其核心价值理念与生态文明建设不谋而合。生态文明的构建首先需要良好的生态环境，和谐生态环境的构建需要和谐生态思想的指导，绿色生态实践也呼吁着生态的价值理论，生态文明的构建必然要求价值观的生态转向。

（一）和谐生态环境的构建需要价值观的生态转向

生态系统作为生物体与非生物体的统一体，其构成要素之间是相互联系、相互制约的辩证统一关系，人作为统一体的构成要素，其生命的延续与发展离不开优良自然生态环境提供的养分，在工业文明时代，由于人类的人为作用所导致的生态危机使人类尝到了自身行为的苦果，生态环境的恶化使人类赖以生存的周边环境质量直线下滑，人与自然的矛盾恶化。生态危机犹如人类发展进程中的卡夫丁峡谷，如何跨越这一障碍，重新使人类拥有优越的自然生态环境，是人类目前及未来探索的目标。

生态文明的提出及构建为人类未来发展提供了新视野、新目标，为人类实现全面而自由的发展提供了新的契机。生态文明的建设一个首要的任务就是还原自然生态环境，没有和谐良好的生态环境为依托，生态文明建设只能是一纸空谈。和谐的生态环境必然成为生态文明建设的题中应有之义。和谐生态环境内含了可持续发展理念，可持续发展实现的前提和基础是人与自然的关系的和谐发展，这一目标的实现要求树立科学的价值理念——生态文明理念。一直以来，科学理念的缺失也是造成经济、社会发展失衡及人与自然关系恶化的因素之一。因而，在生态文明视域下构建良好和谐的生态环境，必然要实现价值理念的生态转向。

（二）和谐的生态思想的确立是建设生态文明的理论指向

生态思想是指"在处理人与自然的关系时表现出的精神状态和心理特征，是人们的世界观、价值观发生变革的体现"①。生态思想是建立在人与自然平等关系基础上的科学理念，它崇尚人与自然的和谐关系，关注整体自然生态及人与自然的平等，取代了人定胜天、人是自然主人的价值思想。

生态思想为生态文明建设实践提供动力支持，"其重要性主要体现在对解决生态环境问题的指导上，他为社会和生态之间的伦理呼唤提供了理论前提"②。生态问题的解决需要价值观的科学导向，和谐生态思想的确立有助于人类绿色生态责任意识的提升。依据历史唯物主义原理，社会存在决定社会意识，社会意识对社会存在具有能动反作用。目前，自然生态环境的破坏、人与自然关系的恶化，这种社会

---

① 李龙强：《生态文明建设的理论与实践创新研究》，中国社会科学出版社 2015 年版，第 98 页。

② 同上书，第 101 页。

现实的存在以及问题的解决需要一种科学生态观的指导，和谐生态思想作为崇尚人与自然和谐的价值理念对于生态文明的建设具有重要指导意义。和谐生态思想是人类社会实践的产物，扩展了人类道德的范围。在传统道德定义中，人是道德调节的主体，自然作为客体而存在，这种不平等的道德地位，导致人类在疯狂征服自然、满足自身利益要求中使自然受到践踏。自然道德范围的扩展，使人们对于自然的关怀以及对生存环境的关爱意识有了新的认识。这必然有助于培育人们保护生态、共建生态文明的责任意识。和谐生态的责任意识，是以整体性思维为指导，在正确认识和把握人与自然、社会之间内在联系和整体统一的基础上形成的具有可持续性的价值意识。这种责任意识要求人类在关注自身利益要求的同时也要密切关注自然利益与价值，在整体视角上关注生态安全。生态文明建设不仅需要总体规划和实践，同样也需要社会成员和谐生态思想的形成与生态责任意识的提升和确立，生态责任意识的确立会促进和谐生态思想的确立，生态思想的确立作为生态文明建设的组成部分，必然有助力于生态文明的构建。

（三）生态化生产呼吁生态的价值导向

生态化生产是对工业文明高消耗、高污染、不可持续生产方式的辩证的扬弃，与这种不可持续的、非生态型的生产方式相比，生态化生产的视角更为广阔，它在关注经济效益的同时更加注重生态效益，这种生态的生产要求构成生产的诸环节和要素都具有生态性，因而生态性也成为生态化生产的显著特征。承载在绿色要求的生态生产同时也具有了可持续发展、协调发展的特征。这与生态文明的具体要求是一致的。

与传统生产模式相比，生态化生产首先要求从事生产的劳动者具备生态知识和生态意识，以便于在从事生产活动中时刻具备绿色导向。其次，生产过程中所使用的资源也应具有生态性，绿色资源能源的利用是绿色产品的基础。同时，生产工具也应当生态化，绿色生产工具是生态化生产的重要手段。在劳动者、劳动对象、劳动工具都具备生态属性的基础上，三者的有效结合和协调发展才能最终实现生产的生态化。这种以崇尚生态、倡导绿色生产的生产过程必然体现人与自然的和谐和统一。

生态化的生产不仅是推动社会生态发展、可持续发展的动力，也体现了价值导向的生态化。生态生产辩证地扬弃了人类中心主义以人的需求为前提和基础的道德价值范畴，站在整体性、生态性的基础上，将人与自然看作一个统一体，承认自然相对于人的平等地位，明确了自然内在价值的存在及其价值，强调不仅自然对人具有价值，而且人对自然界同样负有义务和责任，扩展了道德的视野和范畴。生态系统作为人与自然的统一体，是生产力发展的前提和基础，生态文明视野下的生态化生产必须以尊重自然内在价值和保护生态为前提，作为生产主体的劳动者，在生产过程中应该将人所特有的"善"的本性充分地发扬光大，要学会善待自然，与自然和谐相处，担负起对自然的义务。总之，在生态化生产的要求下，生态文明建设必然要求生产的生态化，生态化的生产又必然需要生态化的价值导向予以指导，彼此间相辅相成。

二 价值观的生态化转向决定生态文明建设的进程

自人类走向文明以来，文明社会的进程就伴随着五种文明的发展，即每一文明社会都是物质文明、精神文明、政治文明、社会文明以及生态文明的集合体，这是人类文明发展进步的必然走向。不同的是，每一文明社会中文明内容的侧重点不同，这是与社会历史发展条件相适应的。在人类文明的漫长发展历史中，尽管不同文明内容相互交织，但是，似乎物质文明却是不同文明阶段人类不断追求的内容，一直都处在较之于其他文明比较突出的地位。随着人类社会历史进程的发展，随着人类物质需要的不断满足，其他文明内容逐步成为人类更深层次的追求，特别是人类不断追逐自身利益而罔顾自然利益的后

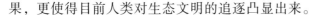

果，更使得目前人类对生态文明的追逐凸显出来。

（一）生态文明在社会主义文明体系中的核心地位

在人类文明社会中，物质文明、精神文明、政治文明、社会文明、生态文明共同构成了人类文明结构体系，结构体系的组成要素都不同程度地影响着整体文明结构体系以及人类文明社会的发展进步。在整个文明结构体系中，生态文明与其他四个文明共同构成一个相互联系、共同促进的整体。

生态文明是崇尚人与自然和谐发展的文明形态，而人与自然关系的和谐是人类社会得以延续和发展的基础。也就是说，物质文明、精神文明、政治文明、社会文明的发展必须有生态文明的基础支撑，没有良好的生态环境，维系人类发展进步的基础就失去了根基，因而也就无法实现其他文明的发展。尽管在农业文明、工业文明的时期，生态文明并未成为人们关注的重点，但是也不能排除其存在和必然性，当生态危机爆发之时，生态文明就凸显在人类视野中，这是一个长期积累的过程，而非凭空产生。同时，生态文明与其他文明是相互渗透的，生态文明寓于其他文明形态中。因此，这五种文明形式是一个辩证统一体。"生态文明既渗透在物质文明、精神文明、政治文明、社会文明之中，并通过这四者来体现；又与物质文明、精神文明、政治文明、社会文明相对立，具有独特的本质属性和发展规律。"[①] 因此，良好的生态基础，是实现人与自然、人与人、人与社会和谐发展的基础，生态文明也必然成为其他文明得以维系和发展的基础和核心，生态文明所构建的生态环境、所确立的生态理念与生态伦理为其他文明的建设与发展提供生态支撑；其他文明为生态文明的发展提供物质基础、精神动力、制度保证和良好社会环境，五大文明相互联系，共同促进，一起支撑着社会主

---

① 李龙强：《生态文明建设的理论与实践创新研究》，中国社会科学出版社 2015 年版，第 145 页。

义文明体系整体的发展与进步。

（二）生态价值观对生态文明建设的价值指导

生态价值观是与传统价值观相区别的价值观，它具备了一般价值观的功能和作用，具有对实践的价值引领和方法论导向作用。

1. 生态价值观为生态文明提供价值导向

首先，生态价值观关注自然内在价值，自然在具有工具价值的同时也具有自身的内在价值，就如马克思所说，这决定了自然与人类的平等性，人类应该关注自然价值，合理确定对待自然的态度，寻求实现人与自然的共存共荣。站在自然内在价值的立场，突出了人类善待自然、爱护自然的价值理念。这种生态价值观为生态文明建设提供了价值引领和价值导向，使得生态文明有了理论依据。

其次，生态价值观关注代际平等，强调可持续发展。实现可持续发展的一个首要关注的问题就是代际平等。代际平等强调的是人类在享用大自然提供的自然资源时不仅应当关注自身发展，也要关注子孙后代的延续发展。既要关注眼前利益，又要有长期打算，立足于当代，放眼于后代，站在时间和空间的角度寻求人类整体利益的发展与延续。生态价值观视域下的代际平等不仅关注所有国家与民族的后代在共享自然资源和保护自然环境上的平等，也关注人的生存权和发展权，当代人的生存与发展不能以剥夺后代人的繁衍与发展为代价。生态文明的构建必须以代际平等的价值观为指导，特别是对于正处于社会转型关键时期的中国来讲，确立科学的价值观更是重中之重，确立以代际平等为基础的生态价值观对于实现可持续发展具有重要指导作用。因此，在构建生态文明的实践中，必须首先确立生态领域的科学价值观，并在这一科学价值观的指导下努力实现其他领域价值观的生态化转向，从而实现各个领域的全面和谐发展。

2. 生态价值观对生态文明的方法论指导

首先，与传统价值观相比，生态价值观要求人与自然的和谐共生，双向互动。传统价值观将自然剥离于道德范畴，单方面地强调人的价值，强调人的主体性，从而使人的行为对自然造成了危害。实际上，这种单方面向自然无条件索取、占有自然的关系完全是对人与自然本来关系的曲解，人与自然本就是双向互动，和谐共生的，而长期以来在传统价值观的指导下，人的行为造成了自然的对立，使人与自然间产生了危机，完全偏离了人与自然原本关系的轨道。生态价值观的提出，使人与自然关系回归了原有方向，更多地关注自然内在价值，强调人应当将自然置于同自身平等的地位去发展人与自然的关系，实现人与自然的双向互换，在关注自身利益发展的同时关注自然利益的修复和补偿，这对于生态文明的建设具有导向作用。

其次，生态价值观要求确立科学的技术发展观。科技的发展与进步，推动了人类社会发展进步的历史步伐，给人类带来了前所未有的福利，但是也伴随着危机的发生。人类借助科技的力量，虽然使人类的生产生活环境发生了巨大的改变，但是这种无限度的开发利用方式造成了生态危机的爆发。这一后果的发生并非科技本身的错误，而是不合理科技价值观指导下的后果。生态价值观认为，虽然价值是标志主客体关系的范畴，客体满足主体需要产生了价值关系，但是不能将主体唯一确定为人类，客观自然物也具有价值，价值关系本应是主客体间的双向互动关系，这就同传统的狭隘科技观相区别，在生态文明建设视野下，科技作用的发挥，也应当在科学价值观指导下进行，确立生态的科技观，重塑主客体价值关系，使主客体之间相互转换，协调发展，就能够使科技的正价值得到充分发扬，从而有效推动社会各领域的建设。

总体而言，在实现美丽中国、构建生态文明的过程中离不开科学价值观的指导，生态价值观的核心价值旨归与美丽中国的价值指向不谋而合，实现价值观的生态转向，以生态的价值观引领社会各领域改革与建设，已经是大势所趋，价值观的生态转向是建设美丽中国的必然走向。

第五章

价值观生态化转向的理论依据与逻辑

价值观由传统向现代的转变需要理论支撑，由自然"不在场"向自然"在场"的转变不仅仅需要人类的智慧和勇气，更需要以科学而严谨的态度去对待自然界内在规律和人类发展规律。否定自然与人类互动关系的价值观必定会造成一系列的生态恶果，而纠正错误理念首先要找到人类与自然界的真正关系以及关系下的客观状态。从人类与自然界的历史发展中证明二者的关系机理，从而科学地审视人的客观存在和自然的客观存在，这不仅是证实当前价值观存在谬误的原因也是解决价值观生态化转向的理论依据。

第一节　自然史与人类文明史的统一

自然界创造了人类文明，自从人类文明出现以后自然史就与人类文明史合二为一了。人与自然之间是既对立又统一的关系，塑造了人性与自然性之间的辩证联系，由于自然界是人类世界的始基，所以自然性要求人性最终要面向自然、回归自然，因此，人性的生态转向就成为必然。

一　人与自然的对立统一

（一）人与自然的基本含义

什么是人、什么是自然，对于这个问题的回答决定着人与自然本质关系的认识。人是与自然相对应的概念，也就是说，二者是对立统一的一对范畴。人具有自然属性和社会属性双重属性，从生物特性来说人是动物界的高等生命，从猿类进化而来的高级灵长类动物，具有所有动物的基本特征，如生存需要、自我保护能力、繁育后代的机能等，这是人成为社会性动物的基本前提，它来源于自然界的供给而产生、依赖于自然界补给而存在。人源于自然而存在的基本特性就是人的自然属性，自然属性是动物的基本属性。所谓社会性，是指人作为社会成员区别于动物的能力与特性，如自觉能动性或意识能动性。社会性是建立在劳动基础上的生产关系范畴，是人与人交往而形成的人的类本质关系，社会性是人区别于动物的本质特征。

关于人的自然属性的认识，马克思曾指出：人不仅是自然存在物，而且是属人的自然存在物，也就是说，是为自身而存在的存在物，因而是类存在物。这里强调了人的自然属性的特殊性，自然性具有类本质特征，就是说人的自然性与社会性是合二为一的，自然性是包含了社会性的自然性，社会性也是自然性之下的社会性，因此，单纯讲人的一个方面的属性而看不到二者的交叉与融合是不客观的。这就把人的自然性与一般动物的自然性区分开来，"人的自然性的最深根源在于他的动物性的躯体结构。但是，人的自然性不同于其他动物的自然性。任何个体的人，从他一开始降生到社会之中，他的自然性的内容满足方式和满足程度都受到社会关系的决定和制约。"① 人的自然性已经打上了类本质的烙印，社会关系之下的自然性是人与一般动物本能的自然性的区别。

人的自然属性和社会属性是人类的不可分割的两个属性，二者统一于人的现实存在，因此，任何机械的、物理的解读都是错误的，人是自然有机体下的社会存在物，是被社会改造过的高等动物，具有自

---

① 傅华：《生态伦理学探究》，华夏出版社2002年版，第72页。

然性和社会性双重特征。

自然可以分为原初自然和人工自然两部分，根据学术界的一般解释，原初自然是人类未曾涉及的自然，无论是认知还是实践都未曾涉足，而人工自然就是已经或正在为人类所认知、所改变的那部分自然。马克思把自然作了原始自然和人工自然的区分，其划分的依据是实践，人类实践的自然是人化自然，也就是自然的人化部分，并指出真正的原始自然已经所剩无几。这就是说，人类实践的对象"自然"已经遍布人类的脚印，真正意义上的自然已经少之可怜，人类实践的力量已经在科技的支撑下越来越强大。

自然就其属性来说也具有自然属性和社会属性。原初自然具有单纯的自然属性，而人工自然由于已经具有人类意识的足迹所以具有了社会属性，但是人工自然作为自然的实践部分同样具有自然的原始属性即自然属性，也就是说，人工自然具有双重属性。"第一自然里有机械运动、物理运动、化学运动、生命运动等等，在第二自然里也有相应的机械人工过程、物理人工过程、化学人工过程、生命人工过程。"这里所说的第一自然和第二自然就是原初自然和人工自然，原初自然的属性在人工自然中同样发挥作用，但是，在人工自然中社会属性往往被人类更加重视，有时甚至会忽视或否认自然属性的客观存在，这对于人类社会的长远发展是不利的。

自然的两大部分划分依据是人，更确切地说是人的实践活动，而人本身又是自然的产物，因此说，所谓的原初自然和人工自然的划分并非绝对。划分的目的是使人类更客观、更真实地认识自己，客观评价人类的地位和作用，在人工自然里人类究竟如何认识自然和利用自然并为人类的长久生存和发展服务。因为人工自然本身就是人本质力量的对象化，是人本质的体现，没有原初自然就不可能有人本质的确证，没有人工自然单纯讲原初自然也是没有意义的。马克思曾说过，"离开人而被抽象地孤立地理解的，被固定与人分离的自然界对人来说也是无"①。

（二）人与自然之间的统一关系

人来源于自然且与自然休戚与共。首先，人是自然长期进化的产物。人是由宇宙中原始分子原子经过组合、分化、反应而逐渐演化而来的，经历了由环境中的无机物—有机物—原始生命形式—高级生命形式演变的过程。从单细胞生命到多细胞生命，从低等生命形式到高级生命形式其中包括物理的、化学的、生物的反应形式，因此，人体的构成要素来源于宇宙世界，是自然界赋予了人类物质的生命形式，这已经被科学所证明。其次，社会是自然界的一部分。马克思曾说过，"历史本身是自然史的即自然界成为人这一过程的一个现实部分"。人类社会发展的历史就是自然史的一部分，因为人类的物质生成和人智力水平的提高都是自然进化的产物，劳动在从猿到人的转变中发挥了重要的作用，但是劳动也是在自然的发展中逐渐形成的，并且劳动的对象也是自然界的物质。人类社会形成之后，在社会有机体内部有特殊的运行规律，社会运行规律不能否认自然界的规律，二者同时在社会中显现，同时，社会运行规律还受到自然规律的制约，社会的运行与发展以遵照自然规律为前提，自然界与社会之间进行物质、能量的交换，因此否认自然规律的客观作用而强调社会规律对社会的正常发展是不利的。最后，人与自然是物质世界不可分割的两部分。物质世界被人类的实践活动一分为二，但是物质世界本身就是整体的、不可分割的，整体性及整体的运行与循环规律支撑着物质世界的存在，因此，人与自然的分割只是人的意识认知产物，或者是为了整体下部分的更好运行与发展而暂时做出的假设，实质上物质世界本身就是不可分割的统一整体。在物质世界中存在的人与自然关系是相对关系，而这对关系会直接影响着物质世界的长久存在。人与自然关系和谐对物质世界的发展起到促进作用，反之则是阻碍作用。

---

① 《马克思恩格斯全集》第42卷，人民出版社1979年版，第128页。

（三）人与自然之间的对立关系

人从自然界分化出来意味着人与自然的对立关系的开始。首先，人的类本质特征决定了自然界工具价值的永恒性。人类作为一个群体具有群体的"类"本性，即维护"类"存在与发展的"为我性"，所以人类的任何实践活动都具有"类"的存在与发展的目的性，自然界作为人类存在与发展的物质基础必然具有为人类服务的工具价值，而工具价值的存在必然导致人类主体地位的提升，也意味着人与自然对立关系的存在。其次，人与自然作为关系范畴是对象性的存在，人相对于自然而存在，自然相对于人类而存在，自然是人类认识、实践和实验的对象，是被认识、被实践、被实验的对象，处于被动地位的客体性存在。人与自然主客关系的发生就是人与自然对立关系的表现。最后，人类的意识能动性为人与自然对立关系的产生创造了可能。人类具有认识主客体事物的能力，并且具有明确的目的性，能够发挥聪明才智改造客观事物的形态满足自己的需求，人类的意识能动性是高等智慧生命的特征，也为人类开发与利用自然界创造了可能性条件。由于人类的需求具有无限性和多样性，因此，人类在不断地创造条件改变自然界物质的形态以满足人类生存与发展的需求，人与自然的对立性由此突显出来。

二　人性与自然性的关系

（一）人性是价值评判的标准和道德规范的原因

人性是人是其所是的规定性，是人区别于一般动物的本质属性。自古以来，对人性的追寻就伴随着人类文明的进程。不同历史阶段对人本质属性的认识不同，西方文化中的自然主义、德性主义、快乐主义、理性主义、情感主义、功利主义、自由主义等都是人类对自身本质认识的阶段反映。由于"人是什么"是对人类自我的认识，属于意识论层次受限于人类基本物质实践，具有阶段性和复杂性的特征，因此成为人类意识层次似乎难以琢磨的东西，学术界曾一度对之放弃，认为"人的本质"就是没有任何意义的假命题。但是，放弃对人性问题的研究并不意味着人性的不存在，价值判断实质是对"善"、"恶"的表达，而"善"、"恶"的依据则是人的本性、人的本质，离开人性论的假设，价值判断就是无源之水，因此说，人性问题并不会因为人类认识不认识、如何认识而决定存在与否，只有正视它并深入对人本质的研究才能去科学地引导价值判断。"人性是确立价值观念的基石和进行道德评价的基本参考系统。"[①] 也就是说，人性决定了价值判断的基本准则和评判标准，没有对人性的定义就失去了人发生行为的是非判断，当然也就使社会失去规则从而陷入混乱状态。

人性问题不仅是价值评判的标准还是道德规范的原因。西方的伦理学派由于对人性的不同看法形成了感性主义和理性主义伦理学派，感性主义认为人的主观需要、欲望是道德的来源与道德规范的依据，理性主义则认为客观精神是伦理的依据。无论是感性主义还是理性主义都从人的自我规定来验证人的行为是否合理，从而取得行为正当性。这就如同人为什么活着决定了人如何活着一样，人存在的目的、意义决定了人以怎样的方式存在，从而决定以怎样的态度对待人、社会与自然。人的自我确证是人伦理的"原问题"具有先在性，符合人性的行为就是善的行为，这是从人的内在向外在的延伸。

（二）自然性是自然界的本质及其运动变化的原因

自然性的概念如人性一样，也是对事物本质的界定，自然性是自然是其所是的规定性，是自然的本性。工业文明时代的自然界一直被当作人类生存和发展的原料来源地和垃圾存储地，自然界只是和人类相区别又被人类无限利用的物质场所，具有使用价值。其使用价值的多少取决于人类对其认识程度和开发程度，自然界始终处于被认识、

---

① 曹孟勤：《人性与自然——生态伦理哲学基础反思》，南京师范大学出版社 2004 年版，第 50 页。

被开发、被利用的境地，没有人会去思考自然界的本性与目的等问题，或者认为脱离开人的本性去认识自然界的本性是没有任何意义的。

自然界的本性问题是在近代人类主体性思维的支配下才逐渐失去的。将自然界物质化是现代性造成的，在最初的人与自然的关系中，自然是被崇拜的对象，人类对自然的神奇魔力及自然界的强大的生命力有着强烈的敬畏之心，对自然界的创造性给予充分的肯定，对自然的解释也是从本性上去确证的。亚里士多德在《形而上学》一书中对自然的含义进行了阐述，分别从七个方面赋予自然以真正意义：起源或诞生、事物所由生长的东西即它们的种子、事物运动变化的源泉、构成事物的基质、事物的本质或形式、一般的本质或形式、万物变化的渊源。① 亚里士多德将自然理解为事物内部运动的根据和原因、是其所是的依据，这里的自然等同于事物的本质和规律。海德格尔则把自然直接演化为"事物内在的本性"，这也是本质与规律的原型。柯林伍德则指出："在现代欧洲语言中，'自然'一词总的说来是更经常地在集合的意义上用于自然事物的总和或聚集。当然，这还不是这个词常常用于现代语言的唯一意义，还有另外一个意义，我们认为是它的原义，严格地说是它的准确意义，即当它指的不是一个集合而是一种原则时，它是本源。"② 虽然对自然的解释上存在不同的侧重点，但是不可否的是都没有将自然物质化，也没有将其与人类的存在相对立。随着现代性的进展，自然逐渐脱离的原初的本性与本源意义向与人类相对立的物质形式扩展。

伴随着上帝对自然的支配及上帝之死，自然界逐渐从完整的整体被肢解、分离，物化为一个被人认识、受人支配、为人服务的物质世

---

① [古希腊]亚里士多德：《形而上学》，吴寿彭译，商务印书馆1959年版，第87—89页。

② [英]柯林伍德：《自然的观念》，吴国盛等译，华夏出版社1999年版，第47页。

界。基督教的出现打破了人类对自然的原初认识与天然依存，世界万物都是上帝的手笔，自然界也不例外，上帝同样创造了自然。在上帝之死后，人类取代了上帝的角色成为制造与控制万物的绝对主体，自然界成了人类生存和发展的工具，演化为人类的对立面，而现代物理学与科技理性主义则起到了推波助澜的作用，自然被机械化、肢解与分化最终成为人类的对立面。

自然界本性或本质究竟是什么，这要从自然界的目的性中才能得到阐释。学术界曾一度否认自然界存在目的性，认为自然只不过是为人类服务的，本身不存在目的与价值。其实，关于自然目的性的表述是一种拟人的描述，其实质是对自然规律以及规律运行下的具体呈现的描述。自然规律即是自然内在的不受人类支配的内部运动，规律只能被人类认识和遵从，不能违反和控制，自然界的内部运动是自然规律形成的原因，自然界内部运动的结果是生命的存在与繁衍。

（三）自然性与人性之间的对立统一关系

自然界在自有规律的支配下运动、变化和发展，其运动和变化的历程是长期的、复杂的，其结果是促使万物生长与繁衍，其最终走向是系统结构的生成并向更高级的结构演进。生态系统的结构稳态与结构失衡始终存在于自然界的内部演化过程中。当系统结构处于稳态时，万物相生相促一片繁荣；当系统结构失衡时，万物相生相克枯萎凋零。但是自然界总是能够从失序走向有序，因为自然界遵循着"熵变"的运动定律。在一个开放的系统结构中，自然界总是能够做出内部的调整，能动地调节物物相克的连接点，理顺关系、调解矛盾使事物的发展转向新的稳态与平衡，这个过程虽然是曲折的，但是前景却是向上的、发展的。生态结构的愈发复杂、新生物种的不断出现、自然界的发展史就是最好的证明。自然界运动、变化、发展的过程就是自然性展示的过程，"万物之生、万物之长、万物之繁荣"既是生态系统演化的结果也是自然性的内涵，自然界的本质与万物的生生不息存在必然的关联。

然而，人类的出现及人类社会脱离自然而自成体系之后，自然界与人类之间开始分化。从人与自然的浑然一体到相依相偎，再到矛盾对立，经历了原始文明、农业文明、工业文明的时代历程。人类社会在工业文明的背景下成为可以掌控自然的万能者，对自然界的物质掠夺暴露了人类对待自然界的本性：摧残与掠夺。导致人性向恶从根源上来说归结为两个因素：其一，人类社会成为一个单独封闭的系统没有向自然界开放。人类社会既然是物质世界的组成部分就不可能脱离自然而自成体系，因为在物质交换、能量流动环节中社会必定参与其中，而物质世界却是统一的，因此人类参与到其中是必然的。但是，人类却将自然界列为资源的掠夺地和垃圾的排放地，没有向自然界注入"负熵流"，既孤立了自己又排斥了自然。其二，人类的利己主义成为了主流价值观。长远利益的获得从根本上来说要建立在"利他"基础上，只有"利他"才能达到"利己"，而在现实生活中，短期利益、眼前利益是人类利益获得的主要理念并成为主流的价值理念，因而，自然界自然而然地就成为被利用的对象以满足人类生存与发展的需要。而失去了"利他"的基础，"利己"最终也不能实现，人类的子孙后代正在遭受严重的生存危机。

自然的本性是创造万物生长，自然当然也创造了人类的生存与繁衍，因此，自然的创造性理应成为人类感恩的对象，这也是人性与自然性之间的对接。如果这种对接成功就符合事物的本源与伦理向度，物质世界就发展顺利、欣欣向荣；反之，如果"自然的善"对接"人类的恶"，倒行逆施，自然界就会萎靡消沉，人类社会也会退化消极。

三　人性的生态转向：自然与社会的高度统一

人与自然危机的实质是人性危机，古今中外对人性的解读都没能克服单一片面的人的属性论，将人存在的某一方面的属性界定为人性，没有关注到外界环境对人性生成的重要作用。人性生态化将人性理解为人现实存在性，它由四种属性构成即自然性、社会性、实践性、价值性，四种属性之间紧密相连、环环相扣。四种属性同时受到外界自然环境与社会环境的影响与制约，人类需要从社会内部构建"善"与"大爱"的制度、文化与道德，将自然的繁荣作为社会发展的一部分，达到人类社会与自然交流无障碍，才能将自己真正融入到自然中去，实现人与自然的高度统一。

在工业文明的自然观中，人与自然的关系分裂为人的绝对主体与自然的绝对客体，主客二分并绝对化使自然界与人类社会的关系发生了实质的变化，由原始文明时期的"浑然一体"、人类对自然的崇敬变为人类对自然的占有。主客二分并不可怕，但将主体与客体绝对化，看不到其中联系的一面，这将危及社会的存在与自然的繁荣。"关系"作为主体与客体的土壤包含了事物的两个方面，强调其中任何一个面而忽视另一面终将造成人与自然价值认识上的偏颇，从而造成人类在实践活动中的重大失误。自然与社会既相互区别又紧密联系，两种关系缺一不可，在这种关系中，人类能够在认识活动中掌握主动，将人的本性与自然的目的紧密结合，在社会的价值体系和人与自然的伦理关系上实现人性的生态化，以解决人性危机，实现人与自然的本质统一与和谐共进，真正实现人与自然的和解。

（一）人性危机及其后果

人性问题是一个古老而又复杂的问题，古今中外众多学者与思想家都对它进行过思考与阐述。如古希腊人性论注重人的"外"与"内"的辩证关系，"外"即人生存的外部环境，"内"即人的需求与欲望。古希腊人的"小宇宙"与"大宇宙"的秩序和谐就与人的"内"与"外"的相对应，它们是派生与生成的关系，二者具有统一性。"小宇宙"的理性与欲望的和谐根源于外部"大宇宙"的各种事物与现象之间的和谐。再如源于中国周代的"天人合一"思想，经过孔子、孟子等儒家思想的积淀发展到宋明理学时期已逐渐成熟，"天人一物"、"物我齐一"的思想包含着天道与人道的关系，实质是人性与自然的关系，或者说是人的"内"与"外"的关系。此时的人与自然是合二为一的，其基础是人的德性外化，"真人"、"圣人"就是具备这种德性之人，外部自然则是人性的根源。

古代混沌的自然观使人对自身的认识更多的是趋向自然，自然性就是人的本性。然而，基督教神学思想打破了这种原始的和谐，人性被赋予了神的力量，人性被神性代替，人性缺失了"自我"，走向了一个极端，认为一切应听从上帝的指令。这种禁欲主义违背了人的本性，是对人之为人的误解。而近代的西方启蒙思想家力图对此纠正，将人从上帝的枷锁中解放出来。笛卡尔的"我思故我在"确立了主客二分的思维模式，从而将人与自然界相区别并将二者逐渐分离。康德的"人为自然立法"、黑格尔的"绝对精神"理念确定了人在自然界中的主体地位进而发展为绝对主体理念，此时对人性的理解中已将自然从人的存在中逐渐抛除，人的自身欲求被奉为人性之本，追求所谓人的绝对自由，人只向自身生成。现代人本主义则纠正了理性主义对人的解读，但却走向了另一个极端，它将感性生活赋予人，人性表现为人的生命意志和强力意志。生命意志是由人的需要和欲望构成，强力意志则是对生命的扩展、支配、创造与超越。人本主义从人的内部去发现人的本质，"人"被完全地大写化了，自然的力量完全退出了人的本质规定当中。可以说，人性论的思想史经历了从"上帝之死"、"人之死"到"自然之死"，自然的意义被逐渐从大到小最终趋于无。人的本性从外转为内，"人的全部本质就是意志，人自己就只是这意志所显现的现象"[①]，人的完整存在就此消失，"一般认为，人在这个世界上主要有四种基本存在形式：人面对自身而存在、人面对

---

① ［德］叔本华：《作为意志和表象的世界》，石冲白译，商务印书馆 1982 年版，第 396 页。

社会而存在、人面对精神而存在、人面对自然界而存在"①，可以说，对不完整的人进行人性上的抽象是极其危险的，因为，人性不仅仅是哲学问题，当哲学思想上升为价值观层面，它会在人的实践活动中发挥不可估量的效应，价值观科学合理对实践活动发挥正效应，反之则是负效应。

人本主义对近代工业文明和资本主义的发展影响深刻，它由哲学思想上升为哲学价值观，进而形成经济价值观、政治价值观、文化价值观、人生价值观并产生多米诺效应。由于人的完整性缺失，在人性的构成中缺失了自然界对人类的制约作用，由此产生了三种负面后果：一是人类主体作用被扩大化，自然界成为被人奴役的对象，自然界的价值就是人的价值；二是人的主体欲望被无限释放，欲望的满足被视为价值的实现；三是人类作为"经济共同体"意识强化，"道德共同体"意识淡漠。三种后果的发生都导致了同一个结果，就是对自然资源的无限索取而毫无忏悔之意。这与资源的有限性产生了实质的冲突，直接导致的结果就是生态危机的全面发生和人类责任意识的淡化。当今社会环境危机，如空气污染、水污染、土壤污染、资源短缺、生物多样性减少等问题的集中突发，甚至人与人关系的紧张，如信任危机、道德危机的出现等都与人性问题直接相关。应该说，人与自然关系、人与人关系的危机实质是人性危机，人性危机直接造成了一系列的生态问题和社会问题。要解决一系列复杂问题的关键是抓住根本，找到人性设计中的缺陷，从哲学角度恢复价值观的合理性，弥合现有创伤，搭建人与自然协调统一的理论平台与和谐基础，避免陷入只有愿望而不能实现的空想状态。

（二）人性危机的实质

当代人性危机的实质是人性中自然价值意识的缺陷以及生态学

---

① 曹孟勤：《人性与自然：生态伦理哲学基础的反思》，南京师范大学出版社 2004 年版，第 193 页。

思维的缺失。当人性意识中缺少对自然价值及人类主体的合理认知和科学建构，就会将自然从人性中抹杀，将自然看成是为人所用的工具，从而不能摆正人的真正位置，导致的结果是人性只是对人而言的，自然被完全排除。人与自然之间究竟是如何互动的及在互动过程中各自的地位和作用是怎样的？这可以从生态哲学的核心理念中去寻找答案，生态哲学的内核就是自然界内在价值问题，"系统价值不是仅仅浓缩于个体，而是弥漫于整个生态系统，它应包括工具价值和内在价值。整个生态系统好比一张生命之网，它由工具价值、内在价值以及系统价值共同编织而成，工具价值是那网中之线，内在价值是那网上之结，系统价值是网上的最高价值"①。自然界本身具有内在价值，它并不只是为人而设计的，这种价值罗尔斯顿曾做出过划分与论证，他认为自然界具有 14 种价值，而"内在价值"是"自生"的，并不是外界赋予的。罗尔斯顿的《哲学走向荒野》是将整个人类文化与哲学回归自然的经典著作，他也是绿色革命的开启者之一。不仅是环境哲学，生态学的出现也是对这一问题有力的论证，只是人们并没有将其与人的关系相结合。生态学本身就是以生物体及其生存环境之间的关系为研究对象的，生物体在生态学中就是主体，它是环境的主体，这就说明自然界中的生物与环境之间是不可分割的整体，它们相互联系而共生，相互制约而进化。"自然界中的物体——不论是死的物体或活的物体——的相互作用中既包含和谐，也包含冲突，既包含斗争，也包含合作。"② 也就是说，要"以系统的观点看待自然，就是要看到自然现象之间的相互联系、相互作用，树立自然的系统性、整体性、有机性、复杂性意识，把自然看成是一个生态共同体，在这个共同体中自然因素

---

① 张敏、肖爱民：《生态—整体论与自然价值论伦理学的建构》，《长白学刊》2009年第 3 期。

② 《马克思恩格斯全集》第 34 卷，人民出版社 1972 年版，第 161 页。

相互联系、相互适应"①。

　　生态学和生态哲学都证明了自然内在价值的存在及人与自然之间相互联系而共生的关系。环境伦理学在此基础上要求人要对自然负责及自然在人类世界中的权利问题。澳大利亚的哲学家帕斯莫尔发表的《人对自然的责任》一书提出人类要重新考虑人和周围自然世界的关系，担负起保护自然的责任，因为人本身具有管理自然和保护自然的责任，他将人对自然的责任规定为人本身所具有的。辛格的"动物权利论"也明确地表示动物存在权利的问题，动物、植物和大自然的权利问题也是环境伦理学一直都在讨论的问题，这是因为，"相对于树木、野草和荒野来说，动物，特别是高等动物具有感觉和一定的意识能力，与人具有相似性"。他们主张生态公平，即自然界中的所有生物都有生存的权利，人类的生存不能成为剥夺其他生命生存权的借口。因此主张建立生命共同体（动物、植物、非生命）和道德共同体（现在、过去、未来的人）。

　　生态学、生态哲学和环境伦理学的学科内容都在证明：人是主体、自然生物也可以是主体，主体在环境中存在着平等的主体间性。它们是平等的，也只有平等才可能和谐，只有平等才可能共生。这要求在人的本质属性问题上要将人与自然的平等关系纳入其中，将人与自然的和谐共生纳入其中，实现生态转向，从而将人从传统人性桎梏中解救出来，走向全面的人。

　　（三）解决人性危机的路径

　　要找到解决人性危机的路径首先要研究人性的内涵及构成。哲学思维形式"人性论"从古论今，从古希腊哲学家思维逻辑、古代中国的儒家思想典籍的阐释、现代的人本主义到历史唯物主义的社会关系论，人性论从理性抽象走向感性生活。无论是神学人性论、自然人

————————
① 刘增惠：《马克思主义生态思想及实践研究》，北京师范大学出版社2010年版，第68—69页。

性论、理性人性论都把人理解为抽象化的人，人的一成不变的属性就是人的本质。社会人性论则弥补了人性在感性生活中的不足，将人理解为动态的、变化过程中的关系存在物。无论是狄德罗的社会环境决定论还是斯宾塞的"利己"与"利他"的论证都将人放在一定的社会关系中，这为人性的研究提供了新的视野。马克思对人的本质给予科学的社会解释："人的本质并不是单个人所固有的抽象物。在其现实性上，它是一切社会关系的总和。"① 马克思把人性理解为现实的、历史的、具体的，离开现实的生产关系人就不能成其为人，实践是马克思给予人的最真实一面。马克思在科学阐释人的社会属性的同时认识到自然界对人的属性的制约。"自然界，就它自身不是人的身体而言，是人的无机的身体。"② 这是对人与自然的微观解释，作为人的组成部分即人存在的必要要素，离开它人类将不复存在。虽然都是从社会视角关注人与自然界关系，但是马克思视角与其他社会人性论存在本质区别，马克思的人与自然是历史和辩证的而非单纯的理论抽象，这也是为什么其人与自然界本质统一的思想为当今的环境思想研究奠定了理论基础。实现人与自然的统一是我国学界普遍认可的解决自然危机的有效路径，但是在如何统一的问题上却观点不一。主要分为三种：统一于人的人类中心主义；统一于自然的生态中心主义；统一于人性的自然向度。无论何种统一都没能解决谁是主体、谁是中心的争论，反而造成人与物目的论上的困境。因此，亟待解决的问题是人与自然统一的路径与方式。

所谓"人性"（Humanity）是人区别于其他一切物，即人之为人的本质规定性，又称人的本性，是对一切人所共同具有的特性、属性的根本概括。③ 人性是个哲学上的抽象问题，但它来源于人的特性、

---

① 《马克思恩格斯选集》第 1 卷，人民出版社 1995 年版，第 60 页。
② 马克思：《1844 年经济学哲学手稿》，人民出版社 2000 年版，第 56 页。
③ 中国大百科全书总编委会：《中国大百科全书》第 2 卷，中国大百科全书出版社 2009 年版，第 417 页。

本性、属性等现实存在，而人的现实存在又是具有现实基础并不断变化的。因此，现代人性论都不主张对人性做封闭式解释，无论是现代的"类哲学"人性论还是"伦理人性论"都否认对人性做永恒界定。正如舍乐所言"人的本质之一正是不可定义性"①，对人性定义的开放式思维并不意味着消解人性，而是以一种新的解释思维去看待事物，"因为对人性只能达到某种历史条件下的合理性了解，而那种超越历史的无条件性证明是永远无法企及的"②。因此，在相对性视域下，人性的生成是历史的、发展的，这就是人的现实存在。人的现实存在构成了人性的基础，那么人究竟是怎样存在着的呢？对于这个问题可以用人类的起源与演变发展的历史来解释。自然界先于人类而存在，人类是自然界长期发展的产物，自从有了人类，自然界便被纳入人类改造的范畴。从自然到人，经历了自然生成的过程，人与自然界的化学元素息息相关；从人到人类社会，经历了社会化的过程，社会与人的实践息息相关；从人类社会到社会的高级联合体③，经历了群体组织对个体的改造与个体的自身修炼，这与人对世界本质与生存价值的认识息息相关。在这当中，生产力与生产关系的辩证关系推动着人类社会从低级到高级的演进，生产力越先进，要求人与人社会关系联系度越高，社会需要不断地将改革制度与改造人相结合，达到适应新的生产力的目的。在历史的演变与发展过程中，人的存在首先表现为人与其他生命体相同属性即自然性，其次是社会性、实践性、价值性。自然性是人作为动物的本性，是由生存与繁衍目的所决定的行为或心理的总和；社会性是使动物成为人的关键一环，是由复杂的社会关系网络构成的社会环境对人属性的影响；实践性是人从自然界中独立出来，经自在发展为自觉的过程，表现为对自然的改造和对社会的

---

① 刘小枫选编：《舍勒选集》下卷，上海三联书店1999年版，第1297页。
② 沈亚生、扬琦：《我国当代人性论研究的回顾与思考》，《清华大学学报》2014年第1期。
③ 高级联合体指社会的高级形态，共产主义社会是最高级的社会联合体。

改造；价值性是使物质世界与非物质世界更完善的美好目的性，包括自身世界价值的实现与外部世界价值的实现，外部世界又包含自然与社会。人的价值实现通过制订规划，不断地实践、体验，再实践、再体验，从而满足预设目标并使世界变美好的过程，自律与创造是实现美好目标的手段。

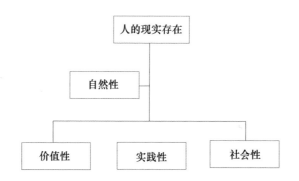

首先，自然性作为人的首要属性，不仅意味着人来源于自然，从属于动物，因此受自然规律的制约，还表明人具有与其他生命体共有的特征，人是生态系统的组成成员，具有一般性。社会性、实践性和价值性是在自然性之上逐渐形成与发展起来的，它表明人脱离自然界，与自然界相抗争主体化的过程，人具有了与其他生命体不同的属性，这是人的特殊性，人的现实存在不仅是四个属性的集合更是一般性与特殊性的显现。其次，人的现实存在不是单个人的而是"类"的存在，它是个人共同性的表征，它也会随着时间的推移而产生变化，也会随着时间的推移而逐渐显现。如果说古人类的存在主要表现为生存的自然性，那么随着时间的推移现代人的存在更多的是生存之上的价值。人的现实存在的四个方面也是当代人性生成的全部要素，因为这里已经包含了人面向自然、面向社会、面向自己的全部内容，面向自然的自然性、面向社会的社会性和实践性、面向自己的价值性。

人的现实存在就是自然性、社会性、实践性、价值性的统一，不能以社会性去否定自然性，也不能以实践性来替代价值性。自然性表明人与自然的关系，社会性和实践性表明人与社会的关系，价值性表明人与自己的关系。它包括了人的全部内容。自然性是人现实存在的基础和物质前提，这就如同人只有活着才能谈发展，社会性和实践性都是在自然性的基础之上逐渐形成的，价值性又是在人的社会性和实践性发展到一定程度时才形成的。当然，不同的历史时期由于实践的自然基础不同其价值性也不同，这取决于人对自然、社会和自身的认知程度。人既是自然存在物也是社会存在物，既是实践存在物也是价值存在物，同时具备存在的四种属性才能称其为真正的人。以人的现实存在为基础，再将其上升为哲学思维，以抽象的形式进行概括与升华才可能得出正确的人性解释。以往对人性的界定中只关注人现实存在某一方面，因此不能全面理解人的意义，只能称其为不完整的人，将不完整的人的意义上升为价值观，指导人类实践活动可想而知的实践后果。因此，以人的现实存在为基础，将人的全面属性梳理出来，并将其关系理顺，这是解决人性危机的有效路径。这里要纠正的是人性问题虽然经过哲学思维具有抽象意义，但是其基础却是感性生活中现实的人，因此并非形而上学意义上的人性论。

（四）人性生态转向的过程

"生态思维"一词是当今学界使用频率较高的一个概念。生态就是指生物在一定的自然环境下生存和发展的状态，以及它们之间和它与环境之间环环相扣的关系，"生态思维"其实质是"对事物关系的把握，它揭示了事物之间保持着相互依赖、相互促进的关系，超越了机械论而转向整体性、系统性、动态性的世界观，已成为一种理念、思维方式和方法论体系"①。生态思维就是利用生态学原理或生态方

---

① 彭福扬、邱跃华：《生态化理念与高等教育生态化发展》，高等教育出版社2011年版，第14—18页。

法对事物的内部关系进行研究的一种方式，它反映的是事物在其存在的各个水平上的相互关系及其与外部环境的平衡与均衡关系。人性以生态思维的视域来研究，就是将人性生成的内部条件即人的现实存在所表现的特性、属性内部拟化为要素构成，要素之间是相生相克、环环相扣的关系。人性生成的内部条件又与外部环境之间相互影响、相互制约、相互生成，内部条件与外部环境共同决定人性的生成过程。

人的现实存在形成了人的自然性、社会性、实践性、价值性，各种属性之间是相生相克的关系。首先，自然性是社会性、实践性形成的原因。人为了生物有机体存活的自然需要，要从自然界中摄取物质与能量，当单一的个体无法完成时，迫使人与人形成关联度较高的各种社会关系，并通过劳动实践不断满足生存本能，从而达到生存的目的。其次，社会性、实践性是自然性、价值性变化的动因。随着人与人社会关系复杂程度的加深，直接影响着人们改造物质世界的实践能力，实践活动随之发生变化，从对自然依赖→技术的依赖→限定的人与完整自然的结合①，这期间，经历了人类实践从体力到智力的多次升级。社会性同时还影响着人类对自身存在价值的思考与反思，人为什么存在、怎样存在的价值认识会随之更加客观与合理。这又为人生存的内在需要扩展空间，影响自然性的再次生成。最后，价值性作为人类属性的关键环节，对自我与环境认识程度的高低决定着自然性、社会性、实践性的空间与趋势。如对自我需求或自然事物认知上的错误，会直接作用于实践活动，导致对自然资源的掠夺式利用，人的自律意识减弱。可见，人现实存在的属性之间相互影响与制约，以生态学思维来看就是相生相克、环环相扣的关系，同时，一荣俱荣、一损俱损（见下图）。

---

① 限定的人是指对人本质力量实现限定的人，完整的自然是实现人与自然本质统一的自然。

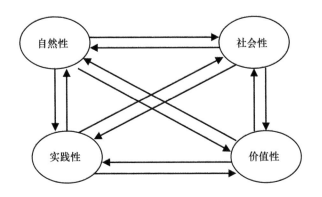

四者关系虽然环环相扣、紧密相连，但也存在着层次与结构，从低到高依次为自然性→社会性→实践性→价值性。自然性是人现实存在的首要条件与基础，因此是低级层次的现实存在。价值性则是人的最高目的与追求，它是人脱离动物界的本质体现，因此是最高层次的存在形式。人就是在动物界的原始欲求与人类世界的价值追求中不断趋于真、善、美，将其有机统一的过程就是人本质实现的过程。

人存在的属性构成了人性生成的内部基础，另外，外部环境也是至关重要的因素。外部环境是指人存在的外部条件，包括自然环境和社会环境。自然环境是指由自然界中的生物、非生物及其形成的食物链与生态网络构成的生态自然，自然环境会随着地质运动、生物活动及人类活动等因素而变化。社会环境是指由人构成的"类"世界交织体。社会环境由各种关系态组成，按内部构成不同分为组织关系、机构关系、阶层关系、群体关系、个人关系等；生产力是社会关系形成的基础，制度是社会关系运行的纽带，道德与文化是社会关系的助力。社会环境就是在生产力、制度、道德、文化的共同作用下形成的人与人的总体关系，社会环境会随着经济基础的变化而变化。自然环境同样具有关系态特征，按物质的价值层次来分，可以分为人与生命体的关系、生命体与非生命体的关系、人与非生命体的关系。

自然环境与社会环境共同构成人的外部世界，它包含了两种关系即人与自然的关系和人与社会的关系，自然环境与社会环境都表明：

人是主体，环境是客体，主体具有目的需要与能动特质，客体具有满足主体需要和被实践的关系态，同时还预示着人依赖自然而又超脱自然、存在于社会又不被社会束缚。这与人存在的属性不同，人的四种属性是在两种环境的影响下形成的固化特质，它是人本质的条件构成，不存在谁是主体谁是客体的问题，其自然性是人与其他生命体的共同特性，其社会性是与其他生命体的不同特性，这与自然环境、社会环境中的自然与社会相区别。自然环境与社会环境包含了人与自然的关系、人与社会的关系，人是自然与社会连接的纽带，人同时处于自然环境和社会环境之中，并受之影响，因此，自然关系中的人就具有了社会关系的特性，任何人都无法剥离人的社会环境特性，除非人是一般的生物而不是自然界的高等生物，社会环境特性可以说是人与动物的本质区别。因此，自然环境是包含了人类社会的自然，人类社会关系也不能离开自然。"人就是自然，自然就是人；有人就有自然，有自然就有人。人是自然中的人，自然是人中的自然；世界存在于人之中，人也存在于世界之中，根本不能将人超拔于自然之外，而使人成为自然之上或自然之下的存在。"① （见下图）

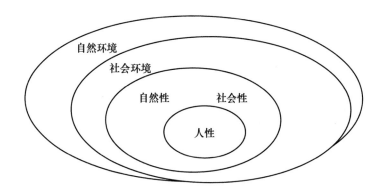

---

① 曹孟勤：《人性与自然：生态伦理哲学基础的反思》，南京师范大学出版社 2004 年版，第 14 页。

　　自然环境和社会环境共同影响着人性的生成。因为，人同时处于自然和社会两种状态之中，人的四种属性的形成会受到两种环境的影响，社会环境积极进步，自然环境和谐共荣，人属性的形成就会具有积极意义，进而影响人性的进步。人性非抽象物，而是由各种社会关系形成的社会环境影响下的本质发挥，它是运动的。社会环境发生变化人性的形成与发挥则发生变化。同时，人性还受自然环境的影响与制约，自然环境的稳态与繁荣会拓展人的价值认识，约束人的实践活动，从而对"人"是什么、应该做什么形成合理的价值判断，真正实现人的本质。"社会是人同自然界的完成了的本质的统一，是自然界的真正复活，是人的实现了的自然主义和自然界实现了的人道主义。"① 狄德罗则认为："社会环境对人的操行具有决定性的影响，社会环境良好，可以使人为善，社会环境恶劣，也可以驱人作恶。"② 虽然不能简单说社会环境对人具有决定作用，但是社会环境的善恶对人的心智确实起到或弘扬或腐化的效应，而且这种效应会随着时间的长短而逐渐显现。基于此，在对人性生成的内在机理认识的基础上，塑造积极和谐的外部环境成为影响人性生成的重要步骤。人性生成的内在机理就是人的现实存在的生成过程与运动机制，它是针对具体而现实的人或人类而言，是人面向自身而存在；环境则是包含着人的要素与非人的要素结合体，是人面向外界而存在。

　　外部环境的生态化是指将社会环境置于自然环境之中，以自然生态的整体视角规定社会的发展限度，以自然规律为轴心、自然目的性为方向的社会运行方式。已知的自然界的内部规律如生物进化论、能量守恒和转化定律、生态平衡规律、热力学第二定律等都对人类社会内部运行产生影响。人类社会是大自然发展的产物，理应是大自然整体中的部分，因此社会系统的运行不能违背自然的基本规律。大自然

---

① 马克思：《1844 年经济学哲学手稿》，人民出版社 2000 年版，第 83 页。
② 葛力：《十八世纪法国哲学》，社会科学文献出版社 1991 年版，第 452 页。

以繁荣为目的，创造了日益繁多的生物物种与复杂的生态系统，并要求系统的稳态与欣欣向荣。"系统内部所增加的熵不会是负的，系统与外界的交换所引起的熵可正可负，当负熵流的绝对值与系统增加的熵量相等时，系统总熵变等于零，系统稳定在原状态上；当负熵流的绝对值大于系统增加的熵量，系统总熵变小于零，系统的熵逐渐减少，就有可能形成稳定有序的耗散结构。"① 熵增规律指出孤立系统总是趋向于熵增，最终达到熵的最大状态，也就是系统的最混乱无序状态。但是，对开放系统而言，由于它可以将内部能量交换产生的熵增通过向环境释放热量的方式转移，所以开放系统有可能趋向熵减而达到有序状态。"社会和生物的结构的一个共同特性是它们产生于开放系统，而且这种组织只有与周围环境的介质进行物质和能量的交换才能维持生命力。生命力就是动力。"② 人类社会只不过是大系统下的小系统，整体中的部分，如果将人类社会作为相对独立的一个封闭系统，那么系统就会趋于熵增，达到最大值时会趋于崩溃。因此，人类社会必须将自己向外开放，向自然开放，向自然界转移熵增才可能保持人类的存续，否则社会将消失，人也将灭亡。这要求人不仅是社会中的人也是自然界中的人，要维持大系统与小系统能量的有序流动，保持通道畅通。表现在实践上就是要将自然界的繁荣与稳定纳入人类社会发展的目的中，努力使社会系统良性运行，通过组织关系、机构关系、阶层关系、群体关系、个人关系趋于良性发展，塑造"大爱"与"善"的制度与文化、道德与追求。并和自然界有效对接，最终达到人类行为与自然目的相一致。

（五）人性生态转向的结果

人的现实存在与外部环境共同影响人性的生成，因此需要塑造良

---

① 刘文华：《耗散结构理论及其哲学意义》，《国内哲学动态》1986 年第 3 期。
② 湛垦华、沈晓峰编译：《普利高津与耗散结构理论》，陕西科学技术出版社 1998 年版，第 165 页。

好的外部环境，在社会内部以制度、文化、道德等形态表现自然界繁荣的目的，将社会融于自然之中，在自然的大系统下维续社会小系统的良性运行，并内化为人的属性，表现在人的自然性、社会性、实践性、价值性上，最终达到人与自然的高度统一。社会要表现自然界的繁荣需要理念的支撑，即发挥人类"善"与"大爱"之精神，以"仁爱"之心对待人即为"善"；以宽广的胸襟对待万事万物即为"大爱"。"善"与"大爱"既包括社会中的人也包括自然界中的生物，以"善"和"大爱"为人类社会的最高行为准则。实现这一最高准则的现实路径就是通过制度约束、文化熏陶、道德重建，创造良好的社会氛围；以制度的、文化的、道德的善与爱诠释人的社会存在。另一方面，将融合"善"与"大爱"的人类社会置于自然界大系统中，就会自然地形成社会与自然界的有机融合，实现人与社会的高度统一。

经历过良好外界环境洗礼并内化为人的属性的人才是真正具有人性的人，同时这种人性的回归是自觉的，是人类对外部环境与内部属性有机结合的过程，是在对自身改造的基础上产生的。这正如沈亚生对马克思文献的解读："马克思认为在人类社会发展的初级阶段，整个人类和每个个人都依赖于自然和社会环境，而在高级阶段则摆脱了对这两方面的依赖，获得了独立自由的发展。"[1] 那么新的文明形态必然诞生，当人类自己真正改变的时候，自然界会发生改变，反过来会促进社会更加文明。"这种共产主义，作为完成了的自然主义＝人道主义，而作为完成了的人道主义＝自然主义。"[2] 人的本质会在人与自然的和谐交流中实现，社会才可能成为一个真正开放的系统融入自然的大系统中去，实现人与自然交流的无障碍、能量有序循环的理

---

① 沈亚生、扬琦：《我国当代人性论研究的回顾与思考》，《清华大学学报》2014 年第 1 期。

② 马克思：《1844 年经济学哲学手稿》，人民出版社 2000 年版，第 81 页。

想情景。自然的繁荣在人类产生之后必须依靠人类来实现，人是社会的责任主体也是自然的责任主体，人的本性就是要在无损于自然的繁荣和社会的文明与进步的前提下充分发扬，此时，人就是自然中的人，自然是社会中的自然，二者相互融合，实现人与自然的高度统一，同时，人性被充分地展现，成为全面而自由的人。

现实中人与自然的危机状态根源于人性危机，人性危机的实质是对人的现实存在的误读，人存在的现实属性是自然性、社会性、实践性、价值性的综合，将人的某一种属性理解为人性的观点是错误的，人性是在四种属性相互交织的基础上生成的，人的现实属性同时受到外部自然环境与社会环境的影响，因此，人性就是环境影响下人的本质规定性，是对人现实存在的展现。实现人与自然本质统一、缓解危机状态的路径就是人性的生态化，通过社会环境改变营造良好的自然环境，进而改变人的现实存在，最终实现"善"与"大爱"的人性张扬，人的本质最终实现，人与自然高度统一。

第二节　自然科学与社会科学的融合

自然科学中的复杂系统脆性理论、熵变规律都是物质世界必然发生的，适用于自然也同样适用于人类社会，它规定着人类社会与自然界之间物质能量变换关系，也对人类社会与自然界应该呈现的关系状态有着重要的启示。

一　复杂系统脆性对人与自然关系的启示

（一）复杂系统脆性理论

随着信息论、控制论、系统论等工程理论与研究方法出现，关于复杂系统的相关研究也相继展开，普利高津、哈肯开始了对系统的复杂性与自组织运动的研究，力图从本质上解释系统组织运动变化的规律。我国对复杂系统的研究是由钱学森等人在 20 世纪 80 年代开始的，《一个科学新领域——开放的复杂巨系统及其方法论》一文发表在 1990 年的《自然杂志》上，不仅用系统论方法解释了自然界的规则，而且用系统论分析了自然与社会的共通性问题，自然与社会都可以用开放的复杂巨系统来描述。2001 年，我国的原国防科工委副主任栾恩杰首次提出了复杂系统脆性研究并于 2002 年组织立项，哈尔滨工程大学承担了该项目的研究工作，金鸿章教授带领的团队开始了对此项目的攻关，目前该团队对复杂系统的脆性研究已处于国际先进水平。

脆性研究是针对系统中的某一个行为特性的研究，它是复杂系统理论研究的一个重要组成部分。脆性是复杂系统在产生和发展过程中所固有的，而且是隐性的，不易为人们所察觉的。[①]

复杂系统是与简单系统相对应的概念，从词义上来讲就是系统具有复杂的特征。"系统科学从系统局部与整体的关系出发研究系统，并按复杂程度将系统分成 4 类：简单系统（包括小系统和大系统，几个子系统到几百个子系统）、简单巨系统、复杂巨系统、特殊复杂巨系统（社会系统）。"[②] 简单系统与简单巨系统的区别在于子系统数目的多少；而简单巨系统与复杂巨系统的区别并不是系统数目的多少，而是系统内部的层次结构或者说组织结构，层次结构也是区别二者的主要标志，除此之外，还表现在外部环境的动态运动对系统的影响上，如系统外部环境的变化、不确定性致使系统的复杂性增加。简单系统与简单巨系统不同，简单系统的子系统之间相互独立，从子系统的特性之和就是简单系统的特性。而简单巨系统则不然，简单巨系统包含的子系统之间存在相互作用并且带有较强的耦合性，因此，子系统之和并不一定等于系统整体，可以是大于或小于。另外，二者还区别于组成系统的形式，简单系统是单一层次，即在同一层次上部分之

---

① Wei Qi Jin Hongzhang and Ji Ming, The research on brittle catastrophe of complexgiant system：Proceedings of IEEE Region 10th Technicai Conference on Computers，Communications，Control and Power Engineering，2002，pp. 1435 – 1438.

② 姜璐：《复杂系统的层次结构》，《自然辩证法研究》1994 年第 2 期。

间的关系，而简单巨系统的子系统是以层次结构形式存在的。

复杂系统的层次结构则更为复杂。复杂系统的层次结构可以分为组织形式的层次结构、时间上的层次结构、空间尺度上的层次结构。每个层次上的子系统都有其特定的运动规律，低层次系统又是高等次系统的内在机制，这就在事物的演化过程中增加了更多的复杂性与不确定性。复杂系统就其特征来说金鸿章教授将其总结为开放性、复杂性、进化涌现性、层次性和巨量性。

开放性是复杂系统的首要特征，任何阻止物质、能量和信息交换关系发生的行为都是对客观规律的违背；复杂性是指构成系统的层次多样、形式多样，各层次结构之间发生着这样那样的结构关系即交互关系，而且子系统数量众多，这在一定程度上加剧了系统的复杂程度；进化涌现性是指"在特定条件下，作用者相互作用，相互作用开始，将有微小变化，但系统能自组织、自加强、自协调，并随之扩大、发展，发生质变，在复杂系统中被称为涌现（或突现）"①，进化涌现性是系统内部运动量变与质变的关系，在子系统之间交互作用时，复杂系统能够自动调整可能引起变化的范围与程度使之平衡，但随着变化能量的积累，子系统的交互作用最终将引起质变；层次性是复杂系统的重要特征，复杂系统具有复杂的结构，子系统从结构来说有高层次与低层次之分，每个低层次的系统是构成高层次系统的组成部分或者是涌现出高层次性质的内在机制。各层次系统的个体之间是非线性相互作用方式，基于此，系统个体的变化可能会波及系统整体的发展方向，从而导致系统具有敏感性；巨量性是指子系统的巨量和个体的巨量、数目众多，成百上千、成千上万、成万上亿。

脆性是材料力学的名词，指物体受拉力或冲击时，没有显著变形而突然破碎的性质。延伸到复杂性中是指"对于一个复杂系统 S，存

---

① 韩建勋、饶欣：《复杂系统建模——高维特征空间变量法》，《自动化学报》1991年第2期。

在一个子系统或一个部分 S_i 对环境有强烈的敏感性，当 S_i 受到内、外因素（包括信息、物质流等因素）的扰动或攻击产生崩溃时，会使其他部分或子系统也产生崩溃，进而导致整个复杂系统崩溃。对于复杂系统所具有的这一行为特性，称之为脆性"[1]。其中 S_i 是脆性行为发生的脆性源。"对于一个开放的复杂系统，由于受到内、外干扰因素的作用，而使复杂系统中的某一部分（子系统）内部原来的有序状态被破坏，形成一种相对无序的状态，原来子系统失去其正常工作的能力，此时我们称此子系统崩溃。"[2] 由于复杂系统的子系统之间存在着耦合关联，一个子系统的崩溃会引起与之有物质和信息交换的另一个系统崩溃，进而引起连锁反应，最终将导致复杂巨系统的崩溃，这就是复杂系统的脆性。

脆性行为的发生是复杂系统的属性。在一个封闭的简单系统中，依据热力学定律系统会逐渐由有序走向无序，因为系统处于封闭状态，负熵流不能抵消熵增的状态，致使系统内外无法进行物质、能量、信息的交换，简单系统将趋于消亡。复杂系统是由无数个简单系统经过各层级结构的组合、通过耦合的非线性作用存在，子系统由于物质、能量的缺失而导致的系统失序直接影响到直接接收者，导致脆性被激发。脆性行为的发生是复杂系统的必然，只要是复杂系统就会存在脆性行为。

（二）自然界与人类社会是复杂巨系统的子系统

所谓复杂巨系统就是多个复杂系统的合集。自然界和人类社会从其内部构成的结构来说，都存在着多层级结构，每个层级结构之间又存在着多种关系，关系的发生是非线性相互作用的结果。

生态系统生态学是近几年从生态学发展起来的分支学科，它以地

---

① ［美］哈肯：《高等协同学》，郭治安译，科学出版社 1989 年版，第 24 页。

② 金鸿章等：《复杂系统的脆性理论及应用》，西北工业大学出版社 2010 年版，第 31 页。

球表层各级各类生态系统为研究对象，已经逐渐成为生态学研究的主流。生态系统生态学揭示了地球表层各级各类生态系统的内在机制和运行规律，将自然科学和社会科学很好地结合起来，从而消除了自然科学和社会科学不能沟通和协调的障碍，在促进人类更加科学地理解自然、理解自己方面做出了巨大的贡献。生态系统的概念是英国植物生态学家 A. G. Tansley（阿瑟·乔治·斯坦利）提出的，他认为生态系统是指在一定时空范围内生物成分和非生物成分通过彼此间不断地物质循环、能量流动和信息传递相互联系、相互影响、相互制约而共同形成的一个生态学功能单位。

生态系统生态学告诉我们，地球表面的生态系统类型极其丰富，大到宇宙空间小到土壤虫鱼、微生物等都在生态系统之中。生态系统的分类标准不同，丁圣彦在《生态学——面向人类生存环境的科学价值观》一书中将生态系统的类型依据基质的性质、人类的影响程度、系统的开放程度分成了不同的类型。

首先，根据基质的不同，生态系统可以划分为陆地生态系统和水域生态系统两类，而陆地生态系统和水域生态系统又可以划分为以下几类，见下图：

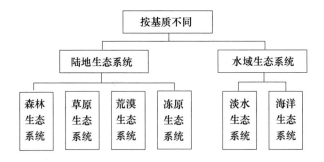

其次，按人类的影响程度划分，生态系统可以分为自然生态系统、半自然生态系统和人工生态系统三类。自然生态系统是人类未涉及过的自然界，能够依靠本身的自然机制调节内在平衡的生态系统；

半自然生态系统是指人类已经有所涉及、后又在自然界自身机制下调节平衡的生态系统；人工生态系统是指完全由人类模拟自然场景的又必须由生命内在机制调节的生态系统。

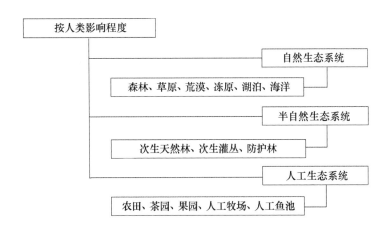

最后，按系统的开放程度划分，可将生态系统划分为开放生态系统、封闭生态系统、隔离系统。开放生态系统是指具有开放的系统边界，既允许能量和信息的输入和输出，又允许内部物质与外界交换以维持系统的有序状态的生态系统。封闭生态系统是指具有封闭的系统边界，但边界只阻止系统内外物质交换，却允许能量的输入和输出的生态系统。隔离系统是指具有完全封闭的系统边界，既能阻止任何能量的输入和输出，又能阻止物质的输入与输出而与外界处于完全隔离状态的生态系统。①

从生态系统的分类来说，生态系统类型多样、层次多个，不同类型的层次之间、同一类型的层次之间都存在着物质、能量、信息的交换与交流。这就使生态系统是多要素、多层次、多功能和多边形的复杂系统。由于生态系统的每个层次子系统都有其内在构成的生物因素

---

① 丁圣彦：《生态学——面向人类生存环境的科学价值观》，科学出版社 2004 年版，第 105—106 页。

非生物环境,生物因素多种多样,环境变化也变化无常,这是生态系统复杂性的原因之一。另外,生态系统具有多层次的特点,从基本的细胞、个体、群体到种群与群落,不同层次的子系统都有其内在运行规律导致生态系统整体的复杂性。从生态系统的功能来看,生态系统首先是复杂的巨系统,其内含了自然界与人类之间对立统一的关系,呈现了自然生态系统和人类生态系统的交融与分离。而自然界与人类社会的对立统一、交融与分离正是生态系统的复杂性表现,自然界与人类社会都是复杂巨系统的子系统,其子系统本身也是复杂的、多变的、非线性的。

(三)自然界与人类社会存在脆性行为发生的风险

脆性是复杂系统的属性,只要有复杂系统存在,脆性就会一直伴随其中。自然界和人类社会都是复杂巨系统的子系统,而自然界与人类社会的本身也是复杂系统,因此,自然界与人类社会都存在脆性行为发生的风险。

生态系统从宏观上来讲,包括两大组成部分,即自然生态系统和人类社会生态系统,人类作为大自然高等生物组成之一,其实践与行为都影响着生态系统整体的运行。自然界与人类社会之间是生态大系统的子系统,其子系统之间需要在物质、能量、信息的交换与流动上顺畅。但是,由于人类在主体意识的控制之下往往将社会的存在自诩为高级的存在形式,因此长时间凌驾于自然之上,这就在无形之中封闭了自己,也就使社会逐渐成为一个封闭系统甚至走向隔离系统,具体表现在两个方面。首先,人类为了自身发展无限制地向自然界索取资源,导致自然生态系统与人类社会生态系统之间不能顺利实现物质交换。物质交换是维持生态平衡的关键所在,但是人类对自然界无限制地开发与利用,矿产、森林、草场等各种自然资源被人类无限制地开采与利用,造成了资源的急剧减少和破坏,与此同时,人类并没有就此对自然界给予补偿,造成物质的交换受阻。其次,人类生态系统利用自然物质资料制成很多工业制成品，在加工过程中产生了很多废料，很多都是不加处理地投向自然界，这加大了两大系统之间物质、能量交换上的矛盾。在此种情况下，社会之间成为只向自然索取而不向自然回馈的单项能量流动的封闭系统，封闭系统最终会在熵增的规律下逐渐走向无序直至消亡。也就是说，社会生态系统会成为脆性源，由于物质交换、能量流动上的障碍，长期解决就是在某种情况下激发脆性行为的发生，社会生态系统崩溃、自然生态系统也会随之崩溃。

自然生态系统和社会生态系统中脆性行为的发生往往会导致比较严重的后果。依据复杂系统脆性行为发生的机制，一旦脆性源被激发，与之关系最近的子系统会成为直接接收者，再者会将此行为传达给间接接收者，随之发生了多米诺骨牌效应，脆性联系越强的受到的影响越大。另外，从系统结构与功能上来说，脆性行为的发生会导致系统结构与功能失调，整体运行不畅最终导致系统崩溃。因为位于系统结构顶端的子系统受到干扰之后，系统发生的脆性行为将从上而下波及多层次结构中的每个子系统，如下图：

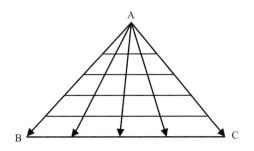

自然生态系统和社会生态系统脆性行为的发生直接导致系统功能受阻、结构混乱、系统崩溃。工业文明的价值理念及实践行动激发了系统脆性行为的发生，由于系统内不能从周围环境中得到"负熵流"来抵御熵增的风险，系统危机会全面爆发。当今社会的生态危机的爆发及全球化趋势、极端气候的发生、自然灾害的频繁出现等都是生态系统脆性行为发生的直接表现，如果两大系统之间还不能解决物质交换与能量流动上的危机状态，负熵流不能抵御生态系统的熵增风险，生态危机将更加严重，直至威胁到人类及地球生物的生存。

二 耗散结构理论中的人与自然互动关系

人与自然关系中的统一性问题是当今环境哲学之思的焦点，生态哲学和环境伦理学都从价值的存在、伦理的维度等方面论证了统一性的问题，虽然在统一于"人"或"自然"这个问题上存在分歧，但都主张人与自然的和谐与进步。但是，长期以来，从统一性论证人与自然的关系存在明显的弊端，即都从为什么统一的论证中证明应该统一，对于如何统一的问题却提之甚少。实现自然与社会的良性互动是解决统一的路径与关键，自然与社会之间实现互动的原因、过程与结果必然涉及互动的基础、障碍与解决路径，这需要从本体论视角探索物质世界的运动、变化和发展规律，耗散结构理论为这一研究奠定了科学基础。

耗散结构理论是 20 世纪 60 年代以后由比利时科学家普利高津提出的，他依据热力学定律和统计物理学方法对事物变化的现象进行描述。耗散结构理论最大的贡献在于奠定了自然科学和社会科学统一的基础，它从微观与宏观两个维度论证了复杂系统的统一性。"客观世界的确存在着一种与平衡结构不同的耗散结构。所有的耗散结构有三个共同的特性：存在于开放系统之中，保持远离平衡态的条件，系统内各个要素之间存在着非线性的相互作用。"[1] "一旦系统的某个参量的变化达到一定的阈值，通过涨落，系统可能发生突变，即非平衡变相，由原来的无序混乱的状态转变到一种时间、空间或功能有序的新状态。"[2] 由于耗散结构理论突破了传统热力学封闭系统的平衡态，将其扩展为开放系统远离平衡态，通过与环境进行物质与能量的交换实现熵变，解

---

[1] 湛垦华、沈晓峰编译：《普利高津与耗散结构理论》，陕西科学技术出版社 1998 年版，第 348 页。

[2] 沈晓峰：《耗散结构理论中的哲学问题》，《哲学研究》1982 年第 1 期。

释了事物如何从无序到有序、从有序到无序的互变，解释了自然进化与发展的规律，从而实现了自然科学与社会科学之间的统一。

（一）自然与社会互动关系的基础

1. 开放系统是互动关系的原因和第一条件

耗散结构理论将系统分为三类，分别是孤立系统、封闭系统和开放系统。孤立系统与外界既没有物质交换也没有能量交换；封闭系统与外界存在能量交换但没有进行物质交换；而开放系统与外界在物质与能量方面都存在着交换。三类系统对物质与能量的交换与转移进行限定，即在做宏观物理学研究时的一种条件假定，假定在不进行物质与能量交换的条件下晶体的无序和有序之间的竞争的问题。但实际上在流体力学领域必然发生物质与能量的交换，"贝纳特问题"指出：在液体—固体转变过程中，由于温度的变化使微观分子高度合作，进而使宏观运动形态趋向有序的状态。因此，在热对流区域中流体的状态可作为"耗散结构"的一个例子。通过与负梯度联系的能量流动作用获得和维持耗散结构。[①] 在流体力学之外，拉兹罗注意到"有一个不断增长着的迹象，说明生物和社会文化的进化乃是自然界进化的同一基本过程中的两个方面"[②]。这就是"社会和生物的结构的一个共同特性是它们产生于开放系统，而且这种组织只有与周围环境的介质进行物质和能量的交换才能维持生命力。生命力就是动力"[③]，它是事物内部运行的依据与原因，在开放系统的结构中，自然与社会才能够产生可以互动的动力机制与可能条件。

耗散结构是物质系统普遍存在的过程与规律，它解释了物质结构如何获得熵减。而孤立系统只能使系统的熵增加，使事物走向无序而最终消失，所以发生进化与演变的过程必然是系统与外界存在物质与能

---

① 湛垦华、沈晓峰编译：《普利高津与耗散结构理论》，陕西科学技术出版社1998年版，第25页。

② 同上书，第149页。

③ 同上书，第165页。

量的交换，从环境中获得负熵流以削减系统内部的熵增，进而实现发展与进化。例如，在无生命系统中，机器运转中会自然磨损，如果是孤立系统，机器会在自然磨损中很快走向消亡，但如果置于开放系统中，机器会在润滑剂使用、零部件的更换等定期保养程序下保持长期的运转。在生命系统中，动物、植物、微生物、人类等如果处于封闭系统中，没有外界阳光、水、食物等物质与能量的补给，生物体内部会不断产生熵增，生物体灭亡。而在开放的系统内部与外界环境的交流中，不断摄取自身需要的营养，削减系统内部熵增而使生物体维持生存与进化。因此，无论是生命世界还是非生命世界发生耗散结构的必然是开放系统，开放系统催生了系统内部与外部交流的环境与需求，这是自然与社会交互的普遍规律，也是二者实现互动关系的第一条件。

2. 远离平衡态是互动关系的状态和第二条件

耗散结构理论将系统的状态分为平衡态、近平衡态和远离平衡态，发生耗散结构的系统必然是远离平衡态的开放系统。平衡态和近平衡态发生在封闭系统和闭合系统中，这样的系统不存在或存在有限的物质交换，系统遵循波尔兹曼有序原理，晶体、液体、铁磁体发生的平衡相变遵循波尔兹曼有序原理。在系统内部，非平衡态是不稳定和暂时的，因为不发生能量的转换，发展的趋势只能是更加无序，这是一种平衡结构的有序向无序间的转变。同时，在自然生态系统之中，还存在着非平衡结构，就是开放系统中的耗散结构，在系统与外界交换物质与能量的过程中可能实现无序向有序的转化。"系统内部所增加的熵不会是负的，系统与外界的交换所引起的熵可正可负，当负熵流的绝对值与系统增加的熵量相等时，系统总熵变等于零，系统稳定在原状态上；当负熵流的绝对值大于系统增加的熵量，系统总熵变小于零，系统的熵逐渐减少，就有可能形成稳定有序的耗散结构。"[①] 耗散结构的发生只能发生在远离平衡态

---

① 刘文华：《耗散结构理论及其哲学意义》，《国内哲学动态》1986 年第 3 期。

下，当环境熵变达到分支点后，系统稳定性消失，通过涨落和突变使系统进入另一种稳定结构中，事物的发展进入新的阶段，产生发展与进化。而在平衡态下和近平衡态下，涨落与扰动不能改变系统的状态，不能产生耗散结构，事物维持原状态并在内部机制的作用下趋向熵增。

非生命系统物理学中的激光、流体力学中贝纳德对流花纹的产生都是耗散结构，生命系统中生命的生存、生态系统的进化也是耗散结构。耗散结构的发生都在开放系统中，由熵变而使系统处于远离平衡态的状态下发生的。系统在平衡的状态下只能走向衰亡，只有克服这种状态进入到远离平衡的状态下，通过大的涨落和突变才可能实现新的有序，而这只能通过不断的变化打破内部平衡才能实现。自然界的非平衡状态与人类社会的非平衡状态相似，人类社会同样遵循非平衡规律，平衡只是暂时和有限定性短暂或相对状态，而运动变化和发展则是自然界的永恒主题。运动导致变化，变化的其中一个方向就是发展，人类社会与自然之间只有通过非平衡的状态，在互动中实现双向发展的可能，否则只能是双向的退化与消亡。

3. 非线性相互作用是互动关系的机制和第三条件

"对于形成耗散结构必须的另一个基本特性是在系统的各个元素之间的相互作用中存在着一种非线性的机制。"[1] 耗散结构理论反映的系统是复杂系统，复杂系统拒绝将事物简单化，认为系统内部虽然可以分割为不同的要素，但要素之间并非简单的线性组合，他们之间存在着相互作用的非线性运行机制。"与平衡结构不同，耗散结构可以具有包含大量个体协作的相干状态。"[2] 在开放系统的远离平衡态下，物质与能量的交互遵循着非线性运行机制，非线性与线性是相对

---

[1]　湛垦华、沈晓峰编译：《普利高津与耗散结构理论》，陕西科学技术出版社1998年版，第166页。
[2]　同上书，第95页。

的，是指复杂结构内部要素之间的一种作用方式，非线性相互作用的特征表现在时空和多体的不同，时空是不均匀的、多体是不对称的。在相互作用中会发生多种关系如支配与从属、控制与反馈、催化与被催化等；同时产生相干效应和临界效应，相干效应产生耦合机制，促使事物接近临界点并跃升为发展与进化的分支上。

非线性相互作用导致的结果是系统的要素之和并不等于整体，可能会大于或小于整体。因此，掌握了电子、质子就掌握了物质的结构，掌握了蛋白质、核酸就掌握了生命的观点是错误的。不能把复杂系统归结为简单要素的机械组合，要素之间也并非简单的叠加，因此不能从要素的性质去推断整体的性质。物质的发展与进化是由各个要素的非线性运行机制产生的，其相互影响、相互作用的复杂机制促使事物的变化并达到临界点，在内外物质与能量的交流中，总熵变趋向减弱，事物克服衰变的趋势走向有序的进化。自然与社会都是复杂的体系，简单性只是某一个分支上的相对现象，自然与社会的互动是自然与社会内部组成要素的非线性相互作用，其作用的原因是开放系统、作用的状态是远离平衡态、作用的结果是总熵量大于或小于内部熵变，即自然与社会的互动可能会发生总熵增或总熵减，这取决于互动的形式和物质与能量交换的对等性。

（二）自然与社会互动关系的障碍

耗散结构理论最大的贡献在于实现了人与自然微观机制的统一。热力学第二定律解释了物理学中的进化规律，达尔文的进化论解释了生命世界的进化规律，虽然都是进化但二者的方向却相向而行，长期以来，人们并没有将二者联系起来，无机界和有机界之间存在着一道不可逾越的鸿沟。普利高津认为，无机界与有机界之间不可能存在如此大的区别，它们之间一定存在着某种联系，热力学第二定律是系统从一个平衡态过渡到另一个平衡态的运动规律，系统由有序到无序的过程，而达尔文进化论是在开放系统下通过物质与能量的交换由无序趋向有序的规律。两种规律是自然过程的两个方面，两个过程通过开放的系统、远离平衡态和非线性相互作用而统一起来，从而揭示了事物由退化转变为进化的过程，从简单到复杂、从低级到高级的演化，物理规律与生命规律实现了统一。虽然在无机界与有机界之间找到了可以互动的机制与条件，但是互动的结果是困扰当代人的难题，由于自然与社会在互动之后，人类社会单向的索取自然界的物质与能量却无法向自然界注入足够的负熵流，导致互动关系出现失衡，其结果是自然危机与社会危机的出现，人与自然之间矛盾显现并逐渐加剧。

第一，人类社会的绝对主体意识与行为。

实现无机界与有机界的物质正常交换与能量有序流动可以达到进化，人类社会处于物质世界的一端，在开放的环境中自然地参与到物质与能量交换与转移的过程中去。但是，长久以来，主客二分的自然观限制了人类对自然界和自身的科学认识，笛卡尔、黑格尔的自然观将人的主体意识绝对化，人与自然的统一性被人为割裂，"人为自然立法"的思想使人类成为自然界的主宰者，占有着自然世界的一切，自然界只是人类社会的材料厂和垃圾处理厂，除此之外不具有任何价值和意义。诚然，人类是自然界中与众不同的主体，它区别于无机物，并区别于其他生命体，但是这并不代表可以取代它们而单独存在。物质世界是一个多主体的世界，无论是生命物质还是非生命物质都可以在特定的联系环节中充当主体，人类只是联系环节中的一个，它不具备绝对主体的条件。系统整体性和联系的特征说明，人类只是物质世界的特殊生命体，它与有机物、无机物之间存在着不可分割的内在联系，它们的非线性相互作用构成了人类生存的环境，环境是人类生存的基础，忽视物质世界的联系性而突出区别会使人类妄自尊大，这种绝对主体的意识导致的实践后果就是人类对自身生存环境的破坏，破坏着物质世界联系的基础，并人为割裂自身与环境的关系，使自己处于危险境地。

人类绝对主体意识直接导致了实践活动的失误，环境污染、生态失衡、自然资源枯竭，人与自然关系处于危机状态。绝对主体意识导致了两个后果：其一，自然界与社会之间物质交换被阻隔。自然界为人类社会源源不断地提供各种物质资源以满足人类生存与发展的需求，但是社会却没有进行有效的物质补偿，相反却把大量人类废弃物排向自然界，加重了物质交换的不对等，使物质交换没能有效实现。其二，自然界与社会之间能量转化不顺畅。能量有序流动才能化解封闭和闭合系统的平衡态下熵增风险，避免衰亡。人类在利用自然界的能量实现人类生命体的延续，从自然生态系统获得负熵流以抵消社会生态系统的熵增，却没有向自然界释放负熵流缓解自然界的熵增，自然界的稳态被打破，失衡风险加剧。自然与社会在物质、能量方面的失衡将使自然生态系统与社会生态系统趋于熵增，加剧衰亡风险。两大后果显示，人类妄自尊大的意识与行为是人与自然危机的根源，自然与社会的线性机制必然导致危机的全面发生，遵循非线性互动机制是解决危机的关键。

第二，自然生态系统的平衡趋势与状态。

按照耗散结构理论的耗散结构形成机理，在一个开放的系统中，外界物质与能量对系统内部的熵进行抵消达到一定阈值时，系统远离平衡状态而进入非线性区，通过系统要素的非线性相互作用可能发生控制与反馈、催化与被催化、支配与从属的关系，各种关系相互交织会在无明显对称的效果下产生整体效应，整体效应并不是各要素关系的叠加，而是在耦合机制下形成的新的效应。另外，整体效应会将各要素关系由一种状态进入另一种状态，状态的改变发生在临界点上，超过了临界点系统将形成几个趋势的分支，通过"小涨落"形成"巨涨落"再经过突变，系统会由增长最快的涨落进入其中一个分支上，其分支的状态为新的稳定和有序，从而形成了从混沌到新的有序的转变。这个过程并没有经过任何人为的干预，是系统的一种自组织结构，也是耗散结构的形成机理。

在自然生态系统中同样经历着耗散结构的自组织过程。在没有任何外界的干预下，自然生态系统是一个开放系统，其开放性表现在系统内部与外部、系统之间、小系统大系统的物质交换与能量流动。如树的生长与土壤、氧气的交换；热带雨林中植被系统和昆虫系统的交换等；通过物质的正常交换与能量的有序流动，自然生态系统中各个子系统之间在负熵流的驱使下离开平衡区进入远离平衡态下，各分支系统由线性关系转变为非线性相互作用，系统形成了多个分支，通过涨落和突变的非平衡相变，系统进入新的有序结构与状态，系统进行了演变并进化，其结果是自然生态系统结构愈发复杂，生物呈现多样性特征，系统由无序到有序不断进化着。但是，自然生态系统的耗散结构是在假设没有外界干扰的情况下发生的，如果出现了外界干扰，情况会截然不同。假设热带雨林被砍伐，负熵流不能注入与其存在寄生关系的植被系统和昆虫系统中，植被与昆虫系统会逐渐进入平衡态，平衡态的结果就是消亡。植被与昆虫系统的消失会影响到与其存在非线性相互作用的其他系统，从而产生多米诺效应，自然生态系统中的子系统逐渐成为线性关系而进入平衡态，新的分支无法产生，因此，自然生态系统不再进化与发展，而是趋向衰败与消亡。

自然生态系统的平衡趋势与状态导致人类社会的衰败甚至灭亡。自然生态系统在外界干扰的情况下，呈现了繁荣与进化的另一面即衰败与消亡，生物多样性锐减、水土流失，子系统的稳定状态崩溃，子系统之间由非线性相互作用转变为线性关系，根据复杂系统的脆性理论，复杂的自然生态系统的子系统之间产生了脆性联系，在脆性源的崩溃下系统会发生脆性行为，从而对多个系统造成不可恢复的影响，进而导致整个系统的崩溃。[1] 系统趋向衰亡是系统的一种平衡状态所导致内部熵的增加，因此，自然生态系统的平衡趋势与状态会阻碍自然与社会之间物质与能量交换和流动，最终形成两个无法互补的孤立系统，两大系统都会趋向衰亡。

---

[1] 金鸿章等：《复杂系统的脆性理论及应用》，西北工业大学出版社 2010 年版，第 10 页。

（三）解决自然与社会互动障碍的路径

自然与社会互动关系的障碍主要源于两个方面：其一是人类社会不合理的价值观及由此而引发的一系列实践失误。其二是自然地质运动而引发的生态破坏。要实现自然与社会顺畅互动解决互动关系中存在的障碍，一方面必须纠正人类对待自然的态度并限制人类的主体行为，另一方面还要对地质运动而带来的生态破坏进行生态恢复。无论是人类自己引发的还是自然运动规律形成的都需要人类来完成修复工作，这要求人类社会主动承担起道德责任与义务。基于此，人类应建立面向自然的动态开放机制，纠正并限制自己的主体意识与行为是解决问题的关键。

"面向自然"是指人类社会将自己向自然开放，其开放的内容是输出与输入并存并保持总量上基本相等。输入是指从自然界摄取社会存在需要的能源与原材料，输出是指社会向自然进行能源与原材料的直接补偿与间接补偿，输出与输入的物质与能量在总量上保持基本对等。如人类生存需要砍伐一片森林为基础原料，那么就要在相邻区域种植同种类的树木为补偿，并且其种植的期限要做规划，以植物的生长周期为界限、适当替代所砍伐森林的生物生存环境为目标输出补偿。对不可再生资源进行输出补偿的可以选择间接补偿或替代方式，如社会从自然界中输入煤炭资源作为社会发展的能源，虽然不能在短期内向自然归还，但是可以通过间接补偿方式进行替代，其替代的方式或是大量植树或是种植草场或是生态圈的保护等，这些工作的进行本着谁开发谁补偿的原则，而不能仅以公益的形式或某些群体的自觉。总之，工业文明时期自然面向社会的单一输入方式应该被改变，社会面向自然的通道应该建立，输入与输出在总量上基本相当，这样才可能延缓由于自然界负熵流的单项输出而造成非线性相互作用的消失，也才可能避免脆弱生态的脆性激发而导致的生态失序。另外，亟待解决人类价值观的误区。"自以为是"、"为所欲为"的传统对待自然的价值理念要被彻底纠正，"自然界，就它自身不是人的身体而言，是人的无机的身体"① 而言，自然界并不是为了人类而存在的，它自身存在与繁衍的规律对人类活动进行了限制，对它的遵从是人类得以生存的根本，因此，对它的维护与补偿并不是出于良心发现，而是对自身生命的尊重与维护。自然生态系统的稳定与繁荣是人类得以维续的依据，因此对自然的实践活动应发生变革，由传统的主体对客体的实践关系上升为主体与主体的交往关系，即在主体间的对话与交流中搭建双主体共同发展的平台和实现协同进化的路径。

耗散结构理论实现了生命世界与非生命世界运动规律的统一，其核心价值在找到了物质世界进化与发展的内在机理，表现在自然与社会的关系上，就是物质世界的统一性问题。自然与社会在本质上是统一的，统一的基础是完成自然与社会的良性的互动，即自然向社会注入负熵流，社会同样也要向自然注入基本等量的负熵流以抵消系统内部的熵增。自然与社会两大系统要在全面开放的环境中、克服平衡状态、通过非线性相互作用实现两大系统的双向发展，其主要的困境是如何淡化人的绝对主体意识同时增强责任主体意识。实现自然与社会的良性互动要解决自然破坏性问题与人本身的问题，这无疑都要限定在人类社会的范畴内解决，归根结底还是人的问题。

第三节　科学的哲学升华

生态学以生命物种及其生态关系为研究对象，揭示了物种之间、物种与环境之间的内在联系，探索生态整体的繁荣和发展规律。生态学理论与哲学相融合，由一般理论上升为哲学上的抽象，并由此得出生命的主体地位与生命的真正价值，揭示自然界与人类世界的共性价值基础。在对人的研究中，人的理性价值和意义在不同时期有不同解

---

① 马克思：《1844 年经济学哲学手稿》，人民出版社 2000 年版，第 56 页。

读，科学理性认识不仅对于人类世界意义重大，对于人与自然关系的处理也具有价值观导向的作用。

一 生命：自然界的内在价值

自然界是由生命体和非生命体构成的统一体，自然界的万物除了具有对人的外在价值外，其自身也具有价值——自然界的内在价值。自然界的内在价值主要反映的是自然万物包括生命体和非生命体在自然界中所具有的地位及作用关系。将自然内在价值置于生态学视野下进行阐释和研究是对传统伦理学自然物客观性的质疑，同时也是对生态伦理学中有关内在价值理论论证的弥补。对自然界内在价值的论证需要借助自然界主体地位与行为、客体属性与功能的论证。这也是验证自然内在价值的关键所在。研究和论证自然内在价值，不仅是对基于人类中心主义价值观的人类主体的纠正和批判，也是在实践中践行科学生态价值观的理论奠基。

（一）自然界的价值与外在价值

1. 自然价值的概念

"自然是指自然界的万事万物，自然价值是指自然界的万事万物所具有的满足人类需求的属性或功能，而且这种功能是自然界万事万物本身所具有的，不以人的意志为转移的。"[1] "自然价值"是一个新概念，"自然"是相对"人"而言的，是指人之外的万事万物，是指各种自然物质与能量的综合。随着人类实践程度的不断加深，人类与自然界已融为一体，人类从自然界中汲取生存的营养，同时也在用智慧的双手改变着自然界，如今的自然，俨然已是"人化的自然"，所以，关于自然价值的问题也不能撇开人类而去单纯谈论自然。所谓"价值"一般是指事物对人的功能与效用，在经济学中是指凝结在商品中的一般人类劳动，自然物因为没有经过人类劳动所以没有价值，

---

[1] 李承宗：《和谐生态伦理学》，湖南大学出版社 2008 年版，第 77 页。

因而将此观点延伸至自然界，人们认为自然界没有价值。关于自然界是否存在着价值，学术界也进行着讨论，传统的哲学观点认为，人是价值根源，只有人类才能成为主体，因此只有人存在着价值，自然物作为客体只是人类的工具，不存在价值。环境伦理学的看法不同，它认为，自然界不仅具有为人类提供生存环境的工具价值，而且自然界本身具有不依赖于人类的内在价值，自然界和人类一样具有存在的权利，人类对于自然承担了维护的责任。美国的著名环境伦理学家罗尔斯顿说："苔藓在阿巴拉契山的南段生长的极为茂盛，因为似乎别人都不怎么关心它们。但它们就在那里，不顾哲学家和神学家的话，也不给人带来什么好处，只是自己繁茂地生长着。的确，整个自然界都是那样——森林和土壤、阳光和雨水、河流和山峰、循环的四季、野生花草和野生动物——所有这些从来就存在的自然事物，支撑着其他一切。人类傲慢地认为人是一切事物的尺度，可这些自然事物是在人类之前就已存在了。这个可贵的世界，这个人类能够评价的世界，不是没有价值的；正相反，是它产生了价值——在我们所能想象到的事物中，没有什么比它更接近终极存在。"① 环境伦理学对于自然价值的概念往往从三个角度来阐明它的含义。首先，自然价值的伦理学含义。"自然"（nature）一词源于希腊语词根 gene，表示"使……出生"、"生长于"，具有生命的意义，生命实质就是一个价值体，是能量的交换与转移的过程。自然价值，就是生命的价值体的存在意义，其中既包括对自身的意义，也包括对周围环境的意义。自然界是具有生命的，因为它具有无限的承载力与创造性，自然界就是由它创造的无数生命价值体所组成的统一整体。它不仅创造了地球上适宜生命生存的环境与条件，还创造着地球上基本的生态系统与生态过程以及各种生命物种和生命物种的生存条件，这就证明了生命及生命的存在条

---

①　[美]霍尔姆斯·罗尔斯顿：《哲学走向荒野》，刘耳、叶平译，吉林人民出版社2000年版，第9页。

件在地球自然中的存在意义与合理性。也就是说，它的存在是"好的"，是"善的"。自然事物存在具有的内在的必然性，生命和自然界以自身的存在为目的或尺度，这就是自然的内在价值。其次，自然价值从哲学角度理解则是真、善、美的统一，自然界的客观存在性表明了它的"真"；自然界的创造性提供者为其他物质存在的基础，也就是具有意义的功能则表明了它的"善"；而真与善的统一则是美。因此，自然是具有内在存在的意义与外在被存在的意义，这就是自然的"内在价值"与"外在价值"。最后，自然价值的对象性含义。这是表示价值关系的对象性概念。在人与自然的关系中，当人为主体、自然为客体时，自然价值则表示自然界对于人类存在与发展的意义，其外在的"工具价值"就体现在这里，首先是一种资源性价值，人类的生存与延续要以自然的事物为生存来源，资源为人类的经济价值显而易见。这也是人类主体与自然客体之间的利益关系，自然事物可以满足人类生存与发展的某种需要的属性就是自然的对象性价值。这是自然以他物为尺度作为客体的工具性价值，它与人类形成利益关系，是自然本身所具有的内在属性所决定的为人类的某种需要的属性，即自然的外在价值。①

2. 自然界的外在价值

从自然价值的构成上来看，自然具有为人类所用的外在价值与自然界本身具有的内在价值。外在价值包括经济价值、审美价值、科学价值，内在价值则是生态系统价值。

第一，自然的经济价值。

从人类诞生之日起，人类就与自然界进行着密切的接触，并与之发生着种种关系，最基本的关系则是实践关系，人类从自然中获取各种物质资料满足其生存与发展，在此基础上又形成了人类对自然事物与过程的特有认识，这就是人类与自然之间的认识关系。在两大关系

---

① 余谋昌、王耀先：《环境伦理学》，高等教育出版社2004年版，第105页。

形成之中，自然价值也逐渐凸显出来，自然将以物质资源的形式满足人类吃、穿、住、用的需求。这种以使用价值的形式表现出来的自然价值又称资源价值。

自然资源的类型十分丰富，有森林、草场、土地、矿藏、海洋等各种资源形式，每种资源形式又可归类于可再生资源与不可再生资源两种，可再生资源虽然人类可以持续使用，但是它的存在也需要以稳定的环境为依托，例如各种动物与植物等，它们需要适宜的生存环境才能保持正常的生存与繁衍。不可再生资源具有不可更新性，所以人类对其的使用要本着节俭高效的原则，实现利用的效率。另外，对于一些稳定的资源形式如光能、风能等，如果人类对其利用与处理得当可持续利用，如果处理不当造成的对其污染与破坏将有损资源的质量，最终有害于人类。因此，人类要本着对自己负责的态度，从人类的可持续生存的角度对自然进行保护，善待自然就是善待自己。

第二，自然的审美价值。

"美"是人类的评价范畴，因此，在人类出现以前，自然界是不存在"美"或"丑"的评价的。人类出现之后，自然物为人类所认识与了解并为人类提供着生存的物质资料，人类从此建立了与自然之间的审美联系。所谓审美价值是自然物与人类之间由于实用关系和认识关系而产生的爱与恨、悦与恶等情感，审美价值是随着人类的实践活动的产生而产生，也随着实践活动的深入而发展的。

自然的美学价值包括原生态之美和人工自然之美。原生态之美是指没有经过人类加工的，已经被人类认识的美学价值；人工自然之美是指经过了人类的直接或间接加工，为人类所利用的美学价值。自然的审美价值主要表现在精神方面对人类情操的陶冶、对人类精神世界的优化作用，如"自然的田野风光"、"美丽的人工景观"等都会对人类的精神世界具有积极的作用。自古以来，无论是名人政客还是文人、诗人都与自然建立了流传至今的名词、名句，这都是自然的美学价值的现实表现。

第三，自然的科学价值。

"自然的科学价值主要表现在自然资料对科学研究的促进上。丰富的自然资源促使人类的科技不断取得进步。人们对矿产资源的认识，促进人类对能源开采范围的扩展。地下丰富的矿物燃料、水能、潮汐能、太阳能、核能等促使地质力学研究的不断深化，由我国地质学家李四光提出的地质力学理论，就使我国摘掉了西方学者框定的贫油国的帽子。大雁、蝙蝠由于具有高超的辨别方向的能力，北极熊由于具有高超的吸热能力，它们都具有仿生学的科学研究价值。"[1]

人类各种科研活动的前提物质基础就是自然资源，在认识与发现自然奥秘的前提下，将自然界的物质能量利用人工智能进行转化或转移，使自然物的作用方式发生转变，为人所用，满足人类的生存与发展中的某些需求，从某种意义上说，自然界所蕴含的科学研究潜能是无限的，人类的所有研究的基础研究就是对自然的科学价值的探讨。

（二）自然界价值与内在价值

自然界的存在是具有客观性的，自然界是早于人类的客观存在，它的存在不以人类意志为转移，也就是说，自然界本身具有不依赖于人类的创造了，它不仅创造了适合地球生物生存和发展的环境和条件，也创造了多样的生物，进而构成了生态系统。处于生态系统中的万物都有其自身运动和发展的规律，以其适合神运行的物质能量转化规律延续着生物的繁衍。人类作为生态系统中的一个要素，是大系统中的一个部分，因而价值也并非人类的专有属性，自然界中的一切生命体都具有游离在人类之外的价值特征，即自然内在价值。

1. 自然界内在价值的存在是合理的

对于价值的界定，在传统价值论中一般分为以下四类：客观属性说——认为事物内在生成的属性的总和构成价值；意义说——认为客体的存在对主体需要产生了意义就具有了价值，这是以主客间关系为

---

① 李承宗：《和谐生态伦理学》，湖南大学出版社2008年版，第81页。

视角进行界定；主体需要说——认为作为主体的人对客体的感受、感觉及臆想，这一界定下价值是随着主体需要而发生变化的；效应说——当客体的存在及属性对主体产生了功效就具有了价值。在这四类界定中，不约而同地将人类作为唯一的主体，将其他生命体排除在价值主体之外。就像李德顺在其《价值论》一书中对价值所做的界定，价值"主要是表达人类生活中一种普遍的关系，就是客体的存在、属性和变化对于主体人的意义"。因此可见，对于自然内在价值的论证应当突破传统价值论的局限，而在生态伦理学视野中寻求价值主体的新突破。

生态伦理学打破了传统视野，将价值扩展到除人之外的其他生命体。罗尔斯顿认为，自然价值是自然物身上所具有的创造性属性。这种属性不仅使自然物为了自己的生存与发展去主动适应环境而且其本身的创造性和复杂性增加，使生命的进化更加多样化和精致化。生态系统本身也具有内在价值，这种系统价值超越了工具价值和内在价值。生物个体与生态系统同内在价值与整体价值的关系类似，都是整体与部分的关系，内在价值是整体价值的一部分，生态系统的价值为生命个体内在价值的存在提供保证。这也说明了价值的主体不是人类的专有标志，自然生物和生态系统本身具有内在价值，其存在的意义和目的是不依附于人的独立存在，而这恰恰成为内在价值存在的佐证。自然界本是一个系统，其内在的创造力和承载力具有无限性，同时它"还创造着地球上基本的生态系统与生态过程以及各种生命物种和生命物种的生存条件"[①]，自然界的物质基础为生命的存在提供了无限可能，这也是自然内在价值的合理性依据。

2. 自然界内在价值的存在是客观的

要论证自然内在价值客观存在的合理性，必须借助价值论的理论

---

① 晓荣、卢艳芹：《自然内在价值的生态学诠释》，《中学政治教学参考》2016 年第 9 期。

基础，而自然内在价值存在的合理性亦为其客观性的论证奠定了基础。在价值论视野中，谈到价值必然涉及主客关系。无论是传统价值论还是生态伦理学，都将价值定义为主客体之间的关系范畴，不同的是，传统价值视野中的主体仅限于具有主观能动思维的人类，这一定位虽然具有局限性，但是在论证价值范畴方面却具有积极性。最早界定主体概念的是古希腊哲学家亚里士多德，他将其定位于根据、中心、基础等意思，显然也没有指向人。直到理性主义盛行时期，才将人定义为唯一主体，而主体也成为人的专属名词。理性主义人为地将人与自然置于对立面，将二者人为剥离，人成为高于自然的存在，是立法者的存在。与理性主义相伴随的人类中心主义的诞生，使人类对于自然的践踏达到了顶峰，进而使人与自然的危机伴随而生，发展成全球性的生态危机。鉴于对历史经验的总结以及对于生态现状的剖析，人类在探索和思考中批判人类中心主义的价值观，并催生了新的文明形态——生态文明。生态文明一经出现，就开始致力于人与自然关系的重新审视和定位，将人从至高无上的神坛拉回到与自然平等的存在，再一次将人与自然的关系即相互作用进行了新的定位。

自然内在价值的体现需要对价值关系进行重新思考，也就是要打破传统价值论中对价值的线性思维模式，对主客体关系进行非线性思考，对于人与自然、主体与客体进行了新的界定。在价值条件论视阈下，价值的产生是有条件的，而且是在多个条件综合作用下产生的，价值的产生和存在依赖于一定的关系，也就是只有在一定关系视域中相互作用才可能有价值关系的发生。在产生价值的关系中需要借助一定的要素，具体讲就是需要主体与客体在一定关系相互作用，产生一定的客体有益于或满足于主体需要的结果，经过一定标准的检验，认为客体对主体具有一定意义或效果，那么客体对主体就产生了价值。在唯物辩证法理论视野中，世界万物都是普遍联系的，世界万物是一个广泛的概念，既包含了具有主观能动性的人，也包括了其他生命体和非生命体，万物间的联系不是局限于人与其他物之间的联系，而是所有包括人在内的生命体与非生命体间都具有着联系，在一定条件下都会发生特定的关系，即一定条件下会形成关系态，关系态的双方——主体和客体就包含了所有生命体和非生命体。也就是说，所有生命体和非生命体都可能成为关系态中的主体和客体，这就突破了传统价值论视野下人的唯一主体性，使其他事物也具有了成为主体的可能。仅仅确定了主客体还不能产生价值关系，这只是产生价值的前提基础。价值条件论认为价值的产生是需要借助主客体发生特定的关系包括意义关系、作用关系和效果关系，并达到客体有利于主体的目的和效果，才能发生价值。所谓意义是针对客体属性对主体需要的满足而言的，主体需要的存在是自然而然的不以人的意志为转移的，因此，主体需要是存在于自然万物之中的。客体属性是产生价值的又一因素，当客体作用于主体，与主体发生作用关系，使客体属性与主体需要达到一定效果时，经过一定标准的检验，认为客体属性对主体需要的满足达到积极的效果，那么，在这一关系中就产生了价值。因此，价值的产生并非局限于有人参与的过程，只要符合价值产生的条件就必然会有价值的产生。因而，在无人参与的前提下依然可以发生价值关系，这就是所谓的自然内在价值。价值关系可以通过下图表示：

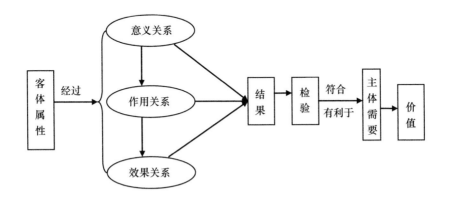

所谓内在价值与外在价值事实上是因参照对象不同而区别形成的，外在价值是指自然物本身所固有的能够满足人的需求的属性价

值,也就是这一属性是为人的利益服务的。以此为依据,说明自然界在"人不参与其中"的情况下依然具有价值,依然可以发生价值关系。这是因为,在生态学视角下,人与自然是一个统一体,人只是自然界众多物种中的智能物种,自然界是包括人类生命在内的价值发生系统,彼此间具有互为主客的关系,就如土壤对于稻谷的价值,稻谷对于田鼠的价值,田鼠对于蛇的价值,蛇对于鹰的价值等。自然万物间的价值关系时刻都在发生,在整个能量交换过程中就体现了自然作为主体与客体的价值关系的发生。

自然万物包含了生命体和非生命体,是它们的统一体。在这个大统一体中,当一部分生命体成为价值关系的主体方,其他生命体和非生命体间的交互转换关系则形成与主体相对的客体,这也是主体方赖以存在与发展的环境,当作为主体环境的客体的属性能够符合主体目的和需要的时候,它们之间会通过发生关系包括意义关系、作用关系形成互动,进而产生客体对于主体有利的效果,即发生"效果关系",经过一定标准包括一般和特殊标准的检验,确认客体属性对于主体需求形成了具有积极意义的效果,就自然而然地产生了自然内在价值。

(三)生命体是自然界内在价值的主体

价值关系的形成有赖于主体与客体两个必要因素,二者缺一不可。在整个自然界中,价值主体是不依赖于人的意识而客观存在的,因而,生命体就成为了价值关系的主体方,承担起了主体的任务。

1.生命体是环境的主体

顾名思义,生物体就是自然界中所有有生命的或具有生命特征的物体,它是集合了物质与能量的统一体。它包含了自然界中的动植物以及微生物。在自然生态系统中,每一有生命物质的存在必然依赖于其他物质给予的生存环境,换言之,就是每一生命体的生存与发展都要与其所依赖的环境发生物质能量交换关系,彼此间具有着天然的内在联系。在生态学视野中,环境客体的存在意义是相对的,当它针对某一或某些生命体即主体具有意义的时候，它就成为潜在价值关系中的潜在的客体方。作为主体的生命体要想在自然生态环境中生存和发展，必然要同周围的环境进行物质与能量的交换，在这个相互作用过程中，生命体是有目的的存在，其周围的环境为其生存和发展提供了必要的生态因素——土地、空气、气候以及食物等。各生态要素间的影响和制约关系都直接或间接地对主体生命体的生存和发展进行着牵制和推动。主体生命体要想维持其生命的延续和发展，必须借助环境客体提供的物质能量，两者只有形成共存共荣的统一体，主体生命体才能汲取有利于自身发展的积极因素，以维护自身的基本生存和寻求深层发展。因此，生命体在价值关系形成过程中承担的是具有主导作用的一方，是形成价值关系的主动方，这也决定着生物体在自然内在价值形成中的主体性。

2. 生命体是自然进化的动力

神奇的大自然给自然万物的产生和发展提供了可能，缔造了多样的生命体，自然养料为生物体的诞生创造了必然性条件。多样生命体的存在和发展需要周围环境和条件的支撑，每一生命体的存在和发展都需要能够维持和满足其生存所必需的要求和条件，这也是其主体性的体现和依据。生命体的主体性归根结底就是生命体得以存在和发展的本源所在。沿着生命体存在的本源探索生命体得以存在的动力可以追踪到生态系统的进化源头和起点。生命体之所以能够延续和发展繁衍其根源就在于物种本身所具有的求生欲望，是因为它具有了这种"生"的强烈需求，才使生命体自愿地汲取周围可以支撑起存在和延续的条件，竭力地同周围的其他生物体进行着物质能量的交换与转化。这种强烈的生存需求形成了其主体性的依据及生命体作为主体存在的依据，这也恰是自然内在价值形成的原因所在。立足于这一依据，可以追寻到自然界得以繁荣发展的本质所在，这也是生命得以维续的依据所在。生命体在自然界中通过多样性的活动和行为延续着自身的生存与发展，这种生的需求及主体性构成了自然界发展繁荣的动力，推动自然界的欣欣向荣。

3. 生命体是自然价值的基本要素

在价值论中，构成价值关系的两个基本因素是主体和客体。主体与客体的区分在于在价值关系中所处的地位，居于主动的一方是关系主体，被动的一方是关系客体。在自然生态这一大系统中，构成自然界的要素有很多，生命体是其中之一。由于生命体的生存与延续本身具有目的性因而构成了价值关系中的主体因素，成为具有主导性的因素。生命体以外的其他非生命体是生态系统中不可或缺的因素，它构成了维持生命体存在与发展的环境和条件，为生命体的延续提供支撑和条件，相比较而言，它处于价值关系的被动方而成为客体因素。在价值的形成中，有主客体因素的参与是必要前提，同时还要经历一个过程——主客体间的物质能量交换和互动过程。作为主体要在这一经过中通过各种途径从客体环境中汲取有利于自身存续的条件，客体因素则作为被动方要满足主体的需要或目的，通过这一转化过程，使得客体满足主体需要的过程并对主体生命体的存续产生了积极效果，这就为价值的形成提供了基础。生态系统是具有稳定性的整体，为了维护这种稳定性，其运动变化规律必须包含着主客体因素双方，任何一方缺席都会打破原有的平衡状态。所以，无论是作为主体存在的生命体还是作为客体方的环境要素在形成自然内在价值观过程中都具有重要价值，二者缺一不可，同时也证明了生命体在自然内在价值形成中的不可或缺的重要作用。

（四）种群与群落构成的环境是自然内在价值的客体

价值关系的形成不仅有主体的目的指向因素，还应该包括能够满足主体需求、能为主体生存和延续提供条件的客体环境因素，这一客体所独有的功能性属性，是环境要素构成自然内在价值客体的原因所在。

1. 种群与群落的环境功能

在生态学视野中，种群与群落是两个最基本的范畴。其中，群落又以种群为基本单位。群落是种群的集合体，是一个生态功能性单位。所谓种群，是同一物种的集合体，当同一物种是在一定时间占有一定生态空间即构成种群。种群内部以及种群之间的物竞天择维持着种群结构的平衡和合理。世间万物是普遍联系的，种群内部各生物之间及不同种群之间是相互联系的，而且是彼此都以对方存在为前提，是互为环境的关系，种群同其周围的各种环境包括有机环境和无机环境共同构成了生态群落，其运动发展亦是以自然规律为准则，形成了相对稳定的存在。

在自然生态系统中，任何生物体的存在和发展都是与周围环境相联系的，都依赖于环境提供的条件。因此，生物体与其周围环境构成了相互联系、不可分割的统一整体。两者之间互相联系、互相影响、共存共荣。它们以实现和谐共生为终极旨归，以竞争与合作作为存在与发展的途径。因此，对于生态系统中的生物体与环境，它们共同构成了一个共同体，成为一个整体，而它们二者又是整体中的部分，是构成共同体的要素。在这个大系统中，主体可以是人，也可以是人以外的其他生物体，可以是单个的人或生物体，亦可以种群形式存在，这也是不同具体学科研究对象不同的原因所在，比如个体和种群生态学等，除此之外还有动植物生态学等。环境因素制约着生物主体的生存与发展，另外，生物主体的存在与延续也会影响和制约周围环境。这就说明，在自然生态系统中，无论是主体生物体还是客体环境因素，彼此间都是相互联系的，都不能完全脱离对方而独立存在。生物主体利用由种群与群落共同构成的环境要素所提供的场所、能量延续着自身的存在和发展，它们彼此间的联系共同维持着生态系统的整体稳定与繁荣。

2. 种群与群落的生态系统功能

种群与群落作为大自然生态系统的两个基本要素，其功能也是多样的，其中功能之一是生态系统功能。大自然的物种是多样的，多样性的物种构成了丰富多样的生态系统，因此，生态系统功能的稳定性是由种群与群落紧密相连的，稳定性由种群与群落的复杂性与多样性决定。相对于生物个体来讲，种群作为集合体，其功能远远大于单个生物体及生物个体功能之和，这是由种群的多样性所决定的。多样性的种群相互交织构成了一张关系网，这一关系网连接着无数的生物个体，它维系着所有生物个体的生存条件，为生物个体的生存和延续提供环境要素。因此，这一关系网所连接的所有个体之间都是相互联系的，任何个体结构的变化都会影响整个群落功能的发挥，甚至会导致某一种群的消失或灭绝，这就是自然生态规律运作的表现。作为种群集合体的群落，构成群落的每个种群在群落中都占有一席之地，即处于一定的"生态位"上，处于生态位上的种群与其周边互为共生的小环境是相辅相成、紧密相连的，一旦某一生态位上的种群发生变化必然辐射到与之相关的小环境或关系网的变化，由小见大，小关系网的变化最终会辐射到大关系网或整个群落，进而使整个群落发生变化。由此可见，多样的生物物种维续了生物种群的存在和繁衍，种群的多样性又支撑着生物群落的多层次稳定发展，物种、种群、群落间的共存共荣共同维持着大生态系统的稳定。生态系统是一张大关系网，构成它的有机环境和无机环境，以及彼此间互为共存形成的关系链和关系网共同维持着系统的稳定和发展。大生态系统可以分为若干小系统，比如生物圈、水生生态系统、陆地生态系统，构成大生态系统的每个小生态系统内部维持着物质与能量的互动关系，这是自我调节的产物并使小系统向外开放。

3. 内在价值客体表现为生态系统的功能价值与种群、群落的功能价值

如果将系统整体价值看作一张网，那么内在价值就是连接外在价值的中心点和连接点，外在价值正是构成价值网络的线条，彼此间相互交织构成了具有高级形态的整体系统价值。自然内在价值的形成一方面是针对环境客体对生物体的存续所产生的积极效果，另一方面则从生态系统整体出发，构成生态系统的各要素对于维持和平衡整个生

态系统的稳定和发展所产生的积极作用，抑或是生态整体对于构成整体的各要素包括生物个体、种群与群落等所产生的积极效果。各要素对于整体的作用有两方面：一方面是部分对于整体的效能，这个效能的发生是构成系统整体的部分要素对整体系统所产生的效能与结果；另一方面指系统整体功能对维护系统稳定与发展的作用和结果。具体来看，以对系统整体功能的效能为视角，将其可能产生的效果归结为三种：第一种是对系统功能的形成和发挥具有积极影响的效能，即正效能；第二种是对整体功能发挥具有阻碍和破坏的效能，即反效能；第三种是对整体功能发挥无显著影响的效能，即零效能。由此可见，构成生态系统的各个内在要素间的相互影响、相互制约关系对于生态系统整体性功能的产生和发挥也可能产生正效能、反效能和零效能。当各要素间的相互作用对生态系统功能的发挥产生好的、积极向上的影响时就产生了正效能，这种正效能正是系统要素对系统整体的价值所在，反过来，当生态系统对于构成系统的各要素包括生物个体、种群和群落的发展产生积极效应的时候，就说明生态系统对于其内部要素具有正效能，即产生了价值。价值形成的整个过程中都没有人的参与，因而证明了除人之外的生物体也可构成主体并同周围环境发生关系，进而产生内在价值，内在价值不是由外部条件决定的，而是自然而然发生的。

　　马克思将人的本质归结为"对象性存在物"，即人需要依赖其他自然物的存在来体现自身的生命本质，人只有在这种对象性关系中才能体现人的现实存在。就如马克思在《1844 年经济学哲学手稿》一书中所阐述的："动物只是按照它所属的那个种的尺度和需要来构造，而人懂得按照任何一个种的尺度来进行生产，并且懂得处处都把内在的尺度运用于对象；因此，人也按照美的规律来构造。"① 这一表述从另一层面阐述了除人之外的其他非人存在物也同样具有内在尺度，

----

① 马克思：《1844 年经济学哲学手稿》，人民出版社 2000 年版，第 58 页。

进而在存在论中进一步论证了自然内在价值的存在性。

二 理性：人类价值的最高层次

（一）人是理性存在物

人类通过理性对人的现实存在进行反思，人的现实存在包含了三种关系：人与社会、人与自然、人与自身。人与人在社会的组织构建中呈现的角色、发挥的作用及体现关系状态都需要人的理性来统领；社会中的人和自然界中的人是人存在的两种形式，二者既不能割裂也不能完全地重合，因此，对人不同存在形式的合理把握也成为人的理性内容；人最难掌握的是自己，人的价值理想、需求欲望、目标追求都要不断地通过理性的反思，升华思想、指导实践。理性的价值不仅仅在于人存在的合理性与合法性的问题，更主要的是决定了与人相关的生物环境与非生物环境能否实现物质交换、能量转换与信息交流问题，这也是决定生物界与非生物界所构成的自然生态与社会生态能否存续和发展的根本问题。

人的理性从本质上说是人的一种意识能力，包含了反思、控制、决断、调整等几个方面，是工具性与价值性的统一，不能仅仅将其理解为人的认识发生的过程，也不能将其简单地解释为人的价值性行为，工具性与价值性是理性的两大特征，是技术与德性的统一。

人类理性的作用是由人的自然本能向全面自由发展转变。康德曾指出，人类历史的起源"是从单纯动物的野蛮状态过渡到人道状态，从本能的摇篮过渡到理性的指导……从大自然的保护过渡到自由状态"①。自然本能是人的一种原初状态，是平行于一般动物的自然形式，这也是人类作为动物界成员的标志。但是人有不同于一般动物的特质即反思、控制与协调的意识能力，以及在此能力之下所辐射出的行为方向。人对自然、社会、自身进行认识与反思，通过精神的净化

---

① ［德］康德：《历史理性批判文集》，何兆武译，商务印书馆1990年版，第70页。

与思维的梳理，定向自己的价值追求与理想，不断调整人与人行为带来的负面效应，规制不符的思想与行为，为人的全面而自由发展确定德性与伦理，最终促进社会的进步、人自身境界的提升和自然的发展。

理性（Reason）从词义上来解释表示原因或推理，古希腊人赋予其论证、精神、心灵、说明等意义，原初的意义是从本源上的本体论来解释的。哲学家梯利指出，赫拉克利特说的"在一切变化和矛盾中唯一常住或保持不变的是位于一切运动、变化和对立背后的规律，是一切事物中的理性，即逻各斯（the logos）"①。而哲学家阿那克萨哥拉则把"天心"与"自然之心"相通，将人与自然的内在运动变化的规律与本源或原因相关联，寻找二者共同性的东西，实际上也就是存在者存在的原因，即事物的本源与动力的问题。在《理想国》的第十卷，柏拉图写道："促使他克制的是法律与理性，怂恿他对悲伤让步的是纯情感本身。"② 柏拉图说："追求真实存在是真正爱知者的天性，他不会停留在意见所能达到的多样的个别事物上，他会继续追求，爱的锋芒不会变钝，爱的热情不会降低，直至他心灵的那个能把握真实的，即与真实相接近的部分接触到了每一个事物真正的实体，并且通过心灵的这个部分与事物真正的接近，交合，生出了理性和真理，他才有了真知，才真实地活着成长着。"③ 柏拉图的理性是在通过表现达到事物内在的本质与规律下（非理性因素）的理性原因。亚里士多德也从原因的视角来阐释，"四因素说"论述了宇宙自然的运动原因，宇宙存在的第一动者本体的依据，第一动者是万物运动的原因和依据。关于理性的含义，亚里士多德写道："第一，理性（心）若仅为潜能而不是思想活动，这就得设想不息的延续活动应于

---

① ［美］梯利：《西方哲学史》，葛力译，商务印书馆1995年版，第22页。
② ［古希腊］柏拉图：《理想国》，郭斌、张竹明译，商务印书馆2009年版，第403页。
③ 同上书，第238页。

理性为疲劳。第二，这就显然需要有较理性更为宝贵的事物以为理性之所思想。"① 也就是理性首先是一种思想，是人为主体，并以一定客体为思维对象的逻辑活动。古希腊人对理性的理解建立在对自然的认知基础上，虽然认可理性是人的一种能力，但是人的理想能力发生的原因却缘于对自然的未知，逻各斯才是本源，人要以理性之思去接近自然的真相，以获得自然的本真。"概括起来，古希腊人的理性应该有以下几层含义：第一，指称世界的本原，认为本原是构成世界的能动性力量；第二，指称人的精神能力，人可以借助这种能力认识自然界的法则，并按照法则行事；第三，指称自然界的普遍法则。古希腊人认为世界本身有法则，并把这种法则称作'理性'。这表明，他们并不认为人的理性与世界的理性是两个不同的东西，而是本然地认为，人的理性与世界的理性是一个东西。"② 如果说古希腊的本源理性论是从客观物质世界寻求事物运动变化的依据，基督教神学则将理性的发生直接归结于上帝的创造，人类的理性源于上帝的赋予，上帝理性是人类理性的本源，虽然人类理性具有思维的功能，但是终究不能超越人类自身的限制，它要被上帝所限制，由此，自然理性被上帝理性代替。

近代哲学之思为理性的合法性逐本溯源。笛卡尔将"我思"与"我在"的内在关联以因果关系形式统一起来，以人之思故物之在否定了上帝理性的本原性存在，以此开始树立起人类理性的至高无上的地位。笛卡尔将理性确定为人类的一种能力，是符号运用、概念判断的能力，至此，也将理性逐渐从自然界的视野中抛除。康德进一步梳理并发展了笛卡尔的理性主义，康德将人的认识能力分为感性、知性、理性三阶段，对感性材料的整理与判断就可以获得知识的完整

---

① ［古希腊］亚里士多德：《形而上学》，吴寿彭译，商务印书馆1995年版，第259页。
② 王现伟：《从绝对理性到有限理性——当代环境危机的哲学反思》，博士学位论文，吉林大学，2013年。

性，对感性材料的整理与加工是人类认识能力的一部分并非全部，或者说是人思维能力的一部分，这部分能力称为理性，更准确地说是纯粹理性。康德纯粹理性就是绝对理性，具有先验性。纯粹的理性不仅能规制自然界的秩序，为自然界立法，还能为人类主体自身立法，对感性的材料加以分析、确证与反思。康德理性进一步将人的理性确证为独一无二，全面否定了自然理性的存在，由此自然理性也失去了存在的土壤，人的绝对理性从此确立。

（二）对人类理性的误解

理性由追寻物质世界的本原逐渐发展为人的思维活动的一部分，又由人的感性与理性的复合存在演化为纯理性的抽象存在，此时人已经不是由血肉组成的情感类动物，而是单纯的思维机器。

第一，人是理性存在物，也是感性存在物。

人的现实存在形式分为感性形式和理性形式，感觉、知觉、意志、激情、欲望、情感等都是人的感性存在形式，它是人作为一般动物的普遍特征，是动物的共性。但是，人类的感性形式与一般动物的感性形式有所不同，人的感性是在理性控制下的感性，并非完全的感性，二者的相互交织构成人的行为与思维的特殊性，从而构成人性。抽象的纯粹理性是获取知识的途径，其目的是得到完整知识，逻辑、判断、推理、归纳、反思等是纯粹理性的要素。纯粹理性是人的思维特殊性，它也是人区别于一般动物的主要特征，人类智慧的显现得益于人类的理性能力，纯粹理性对于人的行为方向与事物发展的方向具有一定的规制作用。感性是人的另一种存在形式，人的情感归属、激情意志为人的存在与发展获取源源不断的能量，也为社会的存在塑造了情感的纽带，为人存在的意义与价值提供人性的依据。人是感性与理性的结合体，感性是理性控制下的感性，理性是感性之下的理性，因此说，单纯抽象的、纯粹的、绝对的理性是不现实的，也是不存在的。

第二，理性是一种认识工具，但不是意识形态。

近代理性以思维和认知去统一世界，物质世界的演化也以此为依据。近代理性主义将人奉为上帝，从而取代了上帝的中心位置，人也成为无所不能、无所不知的万能创造者，成为世界的中心。理性的人统一了世界，自然界也就置于人类理性的掌控之下，变成人类利益的实现工具，至此，彻底颠覆了古希腊时期对自然理性统一性的认知。近代理性主义在张扬人类思维与意识能动性的同时，还将人类绝对理性意识上升为意识形态，成为导引社会价值趋向与公共关系的纲领，因此，凡是与绝对理性不一致的都被定性为异类加以批判并排斥，同时大力弘扬理性至上，人类主导世界的思维模式由此根深蒂固。

（三）理性成就人性

理性从本质上说是人类的一种意识形式，是以大脑为物质基础的间接思维，反映了人类区别于一般动物的特殊能力，如果说感性思维是直接思维形式，那么理性思维就是间接思维形式，理性思维就是在感性连接的基础上通过人脑的加工、整合与重组对事物形成条理化、规则化的知识与意识，以此去规制感性行为与实践的方向。无论是感性思维还是理性思维都是人脑的一种生理机能，表现了人脑的特殊能力，这也是人类优越于一般动物的重要能力。理性作为特殊的思维能力为人类的生存与发展创造了无限可能：人可以通过理性认识自己、规制自身，哪些该做、哪些不该做、该如何做，这些都是理性能力对人类生存与发展的贡献；理性可以认识社会，通过梳理人类发展的历史（人与人的关系史、人与物的关系史）去总结经验，提升生存能力；理性还可以认识自然，对自然界物质关系、客观规律的认知与掌握成为不被自然遮蔽的生存基础。人的理性比一般动物本能具有绝对优势，理性塑造了人，使人成为智能动物，让人类去支配自己的生活，解决生存与发展所面临的各种问题，因此说理性塑造了人成其为"人"，使人脱离一般性本能反应，以理性去控制自身，塑造人性。

理性成就人性，本质是一种认识工具，理性不是真理，任何将其绝对化的倾向都是错误的。理性是人类能力的一种，人类依靠理性去确证了人的类存在并证明自己的对象性存在。马克思曾说："一个存在物如果本身不是第三存在物的对象，就没有任何存在物作为自己的对象，就是说，它没有对象性的关系，它的存在就不是对象性的存在。"① 人的实践对象是自然界，人相对于自然界来说在适应自然、改造自然的过程中证明了自己的存在，确证了人从自然界中的脱颖而出而又融入自然的过程。人在适应自然改变自身生存环境的过程中理性起到了重要的作用，理性改变了人类的大脑的活动过程，使之更缜密、更具有逻辑性，因此更容易透过现象直达本质，也就更易于掌握事物的规律。人的理性与动物的本能的区别在于认识的深度和层次，很明显，理性具有优势，理性的优势也成就了自然实践能力和社会实践能力，使人成为自然界特殊的存在。在人类的成长史上，理性只不过是确证自己存在、提升自身发展的工具，这一工具运用得是否得当决定了人的生存与发展方式是否得当，也决定了人与自然的关系是否和谐。

近代工业文明加剧了理性绝对化的倾向。笛卡尔的主客二分理念改变了人对思维活动的认识，也改变了人在世界中的地位与作用的认识。当主体定位于人之后，人类主体就成为世界的中心和绝对统治者，这一地位的确立缘于人类理性从最初的思维形式扩展到思维本体意识并将意识形态化，思维、意识成为世界的本原，其决定物质存在与发展及自然界存在与发展的思想由此演化，虽然费尔巴哈逐本正源颠覆了人类对物质与意识的关系，但是思维本体意识已经向更深远的方向扩展了，人类绝对主体理念也在此基础上形成，并且随着工业文明程度的提高得到了验证，理性作为人类精神能力的代名词得到弘扬。

---

① 马克思：《1844 年经济学哲学手稿》，人民出版社 2000 年版，第 106 页。

第六章

价值观生态化转向的实践基础

"美丽中国"建设需要价值观的自然向度，传统价值观向生态文明的价值观转变，不仅需要理论支撑，更要在实践上践行新型生态价值理念、生态伦理与生态文化。全方位、多角度塑造"美丽中国"建设的实践原则与目标。以人与自然命运共同体为实践趋向、人与自然协同进化为实践伦理、人与自然的"友谊"关系为实践文化，实现生态文明的人与自然关系的价值观转向，从而实现"美丽中国"的宏伟目标。

第一节　人与自然命运共同体的实践趋向

工业文明给世界带来了物质的繁荣与科技的进步，人类在享受文明成果时却陷入了异化的境地，这种异化是多重的，即文明的异化、社会的异化和人的异化。文明本是进步的体现，但工业文明却加剧了人与自然间的矛盾状态，社会在文明的视域下愈发与自然相分离，成为可以任意驾驭自然的单纯人类共同体，人也成为脱离自然的绝对主体，异化为不完整的人。生态文明是人类文明的崭新阶段，新的文明形态是对工业文明人与自然关系的修正，生态文明需要重塑人与自然关系，解构共同体的单纯人类属性，还原自然于共同体之中，构建人与自然命运共同体的新型价值关系与伦理道德。

一　人与自然命运共同体的当代价值

"共同体"的英文"Community"（社区），从字源上看源于德语的"Gemeinschaft"，具有一起承担之意。虽然社会学家对共同体的定义没有达成共识，但共同体最初就与社会相联系是无可争辩的。共同体是一个社会学概念，德国社会学家滕尼斯的《共同体与社会》一书把社会共同体的基本形式分为血缘的、地缘的和精神共同体。他认为在人类发展史上，共同体的类型早于社会的类型，"共同体是古老的，社会是新的，不管作为事实还是作为名称，皆如此"①。英国著名思想家齐格蒙特·鲍曼也是在社会的视域内对共同体进行界定和分析，他认为社会中存在的、基于主观上或客观上的共同特征而组成的各种层次的团体、组织，既可指小规模的社区也可指更高层次的国家或民族的总体，既可指有形的也可指无形的。"失去共同体，意味着失去安全感；得到共同体，如果真的发生的话，意味着将失去自由。确定性和自由是两个同样珍贵和渴望的价值，它们可以或好或坏地得到平衡，但不可能永远和谐一致，没有矛盾和冲突。"② 普莱斯纳认为，共同体是一种无须中介、半透明的主体间性的形式，即在共同体中人和人之间是绝对忠诚、相互了解的。在共同体中人们建立了合乎理想的个人之间的关系。基于此，共同体就是或血缘或地缘基础上在信任与合作氛围内建构的整体家园。

在我国，共同体概念常与社区相混同"Community"被翻译为社区，强调了共同体的地域性而忽视了文化、心理等其他属性。"社会生活共同体就是各种形式的社区组织。"③ 随着现代交通和通信技术的发

---

① ［德］斐迪南·滕尼斯：《共同体与社会》，林荣远译，商务印书馆1999年版，第53页。

② ［英］齐格蒙特·鲍曼：《共同体》，欧阳景根译，江苏人民出版社2003年版，第6—7页。

③ 张广利：《社会生活共同体就是社区组织吗》，《解放日报》2007年11月1日。

展,"人与人之间、群体与群体之间联系和交往的纽带已经不再受到传统血缘和地域的局限,社区的共同体色彩逐渐淡化,社区也不再是共同体的代名词"①。共同体概念被广泛运用到各种语境中,其内涵和外延不断扩展,其精神的、价值的和意识形态的属性不断强化,各种范畴的共同体概念应运而生,如科学共同体、经济共同体、价值共同体、政治共同体等。由于语境不同对共同体概念的界定也就出现了不同的话语体系,从共同的利益、目标、归属、认同等各角度进行界定。共同体自始至终都没有离开社会的范畴,描述人与人之间的各种关系。

单纯的以人为界限的共同体视域造成了人的"类"自私本质的显露。"人"的利益、价值被无限张扬,其普遍认可的共同体中的归属感也成为满足需要的利益机制,共同体的精神属性被利益淹没。在各种形式的人类共同体当中都是以人的需要为基点而形成的,离开了需要及需要的满足也就失去了人类共同体的基础。人的需要具有"为我"性,这就是自私的生成机理。在"为我"的驱使下,人类开始了工业文明的征程,人类绝对主体性得到充分显现,在人类共同体那里自然只是实现为我本性的工具,人类可以肆意地践踏自然而毫无羞耻之心,对自然进行毁灭性开发实现人类共同体的短暂发展。结果造成了自然资源的急剧减少和生态系统的严重破坏。当今,人类共同体内部矛盾重重,大到发生战争,小到人与人之间的利益纠葛,还有掺杂其中的信仰缺失、信任危机及道德滑坡等乱象,究其最终本源是社会与自然相脱节,社会共同体没有与自然融合,而共同体中的个人却无法离开自然而生存,这就造成了个人与社会、社会与自然之间出现了工业文明下的裂痕。在保罗·霍普看来,"后福特主义促进了个人主义化或以自我为中心的行为方式的发展"②。后福特主义与福特主

---

① 张志旻、赵世奎、任之光:《共同体的界定、内涵及其生成——共同体研究综述》,《科学学与科学技术管理》2010年第10期。

② [英]保罗·霍普:《个人主义时代之共同体重建》,沈毅译,浙江大学出版社2010年版,第6页。

义区别于社会的发展模式，"后福特主义将消费模式向着专业化改变，生产方法、机器设备和管理体制都变得更为灵活，以便能够满足多样化的消费需求"①。在后福特主义时代，专业化生产代替了规模生产，以满足个人个性消费需求为目的的生产为特征，在竞争和信息技术的促使下，个人越来越对共同体缺乏安全感，并随之逐渐脱离，个人主义盛行，"为我"的本性从未如此的展现。人的自私对自然界来说无疑是严重伤害，它在不断否认着"人从自然中来而终究要回归自然的必然过程"，陷入人既依赖于自然而又否认自然的矛盾之中。

　　个人与社会共同体的裂痕是这个时代造成的，而解决的途径就是共同体要脱离单纯人的狭隘视域向自然扩展，回归事物的本源，形成人与自然的命运共同体意识，将自然界的价值与人的价值进行整合，以物质世界的长久与繁荣为最高价值。也只有重塑人与自然的关系才可能解决工业文明后的一系列问题，如环境污染、资源枯竭、生态失衡等，这也是制约人类发展的瓶颈问题，另外，人类共同体内部的矛盾关系也因此得到缓解。人类社会的内部矛盾根源于自然资源分配或配置的不平衡，而资源的紧张加剧了这种矛盾，因而人与人会由于生产资料的短缺陷入各种纷争，个人主义滋生与泛滥，人们之间信任感不断缺失，这都导致了社会共同体生活的削弱。这似乎正是工业文明的双面性之一，"后现代性的进程进一步地促进了个人的自由与选择，这使得维持持久的或永久的人际关系变得越来越困难"②。随着人际关系的恶化，人与人之间会形成某种防御机制来处理这种关系，这种防御机制包括"对于脆弱的保护性状态的疑虑，对于强制性义务的惧怕，对于形成的需求进行刨根问底地追问，希望为自己保留开放的自我选择的自由，凡事不愿意依赖别人

---

　　①　［英］保罗·霍普：《个人主义时代之共同体重建》，沈毅译，浙江大学出版社2010年版，第6页。
　　②　同上书，第55页。

的意识，缺乏对忠诚或感恩的信念等"①。

在当前时期，社会共同体中共同遵守的行为准则与道德规范越来越不具有一致性，时代要求剔除不合时宜的要素重新整合与建构，为个体留下了更大的空间来创建自己的行为准则。如果不能形成共同的行为准则，共同的伦理文化也不能得到认同，那将意味着人们的行为变得不可捉摸，这无疑增加了社会的不确定性。问题的解决需要逐本溯源，对社会共同体的重塑是改变这一现状的路径，人类命运共同体的自然扩展是对工业文明人与自然关系及人与人关系的重新梳理，回归人对自然的原始情谊及自然对人类的原初价值，将人与自然间的关系上升到文化的高度，用共同体意识主导人类思维并引导人类行为，将人与自然关系引入新时代。

二 人与自然命运共同体的哲学基础

不同的语境下共同体的内涵各不相同，但是这不能否认共同体具有共同的特性。无论是血缘的、地域的还是科学共同体、语言共同体等，甚至是自然科学中的共同体都与社会科学中的共同体有着共性。首先，共同体是一个群体，这与个体相区别。其次，共同体群体是包含个体的群体，每个个体都有着自身的特征和共同性的内容。最后，共同体群体中的个体存在着互动关系。在共同体中存在两方面属性即"关系"和"统一性"。关系是整体下的部分所表现出来的属性，在共同体当中，"不同关系的连接与扩张，就构成了关系网络"②。关系网络是共同体下个体的表现形式，也就是共同体中的个体并不是孤立存在的，而是以某种特定的形式联系在一起，虽然个体具有明显的自身特征，但是就其整体性来说，必然是这样那样地联系着，各种联系

---

① ［美］克里斯多夫·拉斯奇：《自恋主义文化》，王建康译，上海文化出版社1988年版，第78页。

② 胡必亮：《关系共同体》，人民出版社2005年版，第11页。

形成了关系网络，从而最终形成共同体。另外，从哲学角度说，无论何种形式的共同体都具有统一性特征。"统一性"在中国的传统文化中表现为"天然合一"的纯朴状态，而在西方哲学中则表现为"人是万物的尺度"，二者在本质上是不同的。"天人合一"描述了人与自然间实质的一致性，表现了天人之间合而不同的境界，在承认区别的同时建构统一，最终达到相互融通的境界。可以说天、人之间你中有我，我中有你，彼此联系而共生，相互区别而共荣，这种朴素天人关系强调的是人与自然之间实质的统一而非形式的统一。相比之下，西方哲学"人是万物的尺度"则更多地追求形式的统一，人为万物创造了统一的标准，这个标准就是"人"，即以人类的视角去看待与评价万事万物。实际上，多样化的世界不可能只存在一个尺度，这只是人类主体化的行为，是一种一味追求形式统一的行为。而行为的后果则是个体关系对共同体的反制，也就是个体联系的削弱、异化及个体对共同体防御的增强，最终导致共同体的弱化甚至丧失。

共同体的统一性概念包含双重内容："其一是同质性；其二是同一性。"① 这里的同质性就是实质统一，而同一性则是形式统一，在现实生活中，人们经常将统一与同一相等同，这是不客观的，统一是包含同一的统一，统一即讲形式又讲内容，而同一则是否认质的一致性，因此二者具有本质区别。从形式的同一性视角出发对人类共同体而言，最终导致的结果就是人类共同体在处理问题时方法的一致性，对于不遵循的现象判定为对共同体精神的违背并加以制止或惩罚。这就直接导致了对共同体内人类个体的霸权和对自然界的霸权。在哲学认识论上，雅斯贝斯说过："理性追求统一，但它并不是单纯地为统一而追求随便哪种统一，而是追求一切真理全在其中的那个统一。"② 也就是说，多样化的生活背后必定有着某种联系，不要将统一置于完

① 张康之、张乾友：《共同体的进化》，中国社会科学出版社 2012 年版，第 11 页。
② ［德］雅斯贝斯：《生存哲学》，王玖兴译，上海译文出版社 1994 年版，第 52 页。

全抽象的境地，而要真正地回归现实生活，在复杂个体的关系中去真正地寻求统一，这种统一就是实质的统一。

在人与自然关系中，对同一性的追求大过了统一性，到了工业社会则发展到了极致，而且这种同一离现实生活也越来越远，走向抽象的境地，这对于人与自然关系的影响是深刻的。因为这已经危及人类生命和自然界的生命体。当今，反思与批判对于构建统一是非常必要的，单纯追求形式同一则导致人与自然关系的分裂及人类社会内部的分崩离析，这恰恰需要在未来社会发展中加以纠正。未来社会是对形式同一性的矫正与实质统一性的重建，在这条道路上需要决心与勇气，因为它需要思维方式的根本变革与实践路径的创新。

三 人与自然命运共同体的内涵

人与自然命运共同体是对传统人类命运共同体的自然扩展，将人类共同体中的个体关系向自然进行扩展，形成了人与自然间的利益关系体、道德关系体、文化关系体。

"命运共同体"由"命运"和"共同体"组成，共同体实质是一种关系共同体，在整体性的视野下个体之间由某种一致性而组成的关系连接体。无论是古老共同体源头之水的"城邦共同体"还是柏拉图的"理想国"，再到霍布斯和卢梭的"契约共同体的理论转向及黑格尔对共同体思想的伦理演绎，都有一个共同的范畴就是共同体是属人的。直到生态伦理学的出现才将共同体的范围扩展，利奥波德（AldoLeopold）的大地伦理思想论述了人与自然生物之间休戚与共的关系与状态。他认为："大地伦理扩大了共同体界限，它包括土壤、水、植物和动物或者把它们概括起来：大地。"[①] 大地共同体的目标在于转变人在自然界中的传统认识，将人作为自然要素之一和自然界中其他生命具有相通性。即"要把人类在大地共同体中以征服者面目出现的角色，变成这个共同

---

① ［美］利奥波德：《沙乡年鉴》，侯文蕙译，吉林人民出版社1997年版，第193页。

体的平等的一员和公民"①。这就是将人与自然之间的关系升华为共同体，是对传统共同体认识的深刻变革。在人与自然共同体的视域下"命运"一词具有更为特殊的意义。"命运"一词最早与人的生命息息相关，后来引申为前途的解释，在人类历史上，先后出现命运神定论、命运命定论、命运环境定论、命运自定论或人定论几种观念。② 宗教色彩和神秘色彩的命运观本质上是宿命论和不可知论，都应该被否定。"从任何一种角度来看，宿命的观点都可以被看作是一种失败。"③ 命运人定论与前几种命运观不同在于其更具有积极主动的意味，也更具有唯物主义倾向，但是这又陷入了人类主体力量无限的境地。"命运"一词并不是"天意"，不是无法改变只能适应也不是人类随意选择的，它是主观与客观的统一，内含着规律的作用与人的能动能力，是二者结合的产物，同样也是具有因果关系的必然性和偶然性的统一。"假如所有事物都能从偶然的观点来解释，为什么还把命运拉扯进来呢？"④ 人与自然命运共同体是自然客观规律性与人的自主能动性的统一，内含了人与自然间的道德关系体、利益关系体和文化关系体。

第一，人与自然是道德关系体。

道德概念有两个层面的解释，第一个层面："所谓道德（Moral），是指某一族群或文化共同体自然生成的、通过传统流传下来的行为规范系统，其合法性与约束力来自于人们的相互认可，其作用在于规范和调节该族群或文化共同体内部的行为模式与利益需求。"⑤ 道德被限定为人与人之间的行为规范，用以调节人与人之间的关系。随着道德哲学的生态扩展，当代的道德视域将人与自然的关系作为规范人类

---

① ［美］利奥波德：《沙乡年鉴》，侯文蕙译，吉林人民出版社 1997 年版，第 194 页。
② 马志政：《反思：命运和命运观》，《浙江大学学报》2001 年第 5 期。
③ 《克尔凯郭尔日记选》，西方思想宝库编委会，西方思想宝库，吉林人民出版社 1988 年版，第 1186 页。
④ 西塞罗：《论命运》，西方思想宝库编委会，吉林人民出版社 1988 年版，第 1172 页。
⑤ 甘绍平：《道德概念的两重涵义》，《伦理学研究》2013 年第 5 期。

行为的内容之一。不仅人与人之间存在着道德关系，"也就是说，要把原先只存在于人类社会之中，用以调节人与人之间关系的行为规范，用以自觉制约人的行为和提升人的精神境界的德性，扩展到人与自然的关系中去，或者说，要构建起人与自然的道德关系"①。道德作为社会意识形态成为调节人与人之间、人与自然之间的原则和规范的总和。道德第二个层面含义是普遍道德，普遍道德是人类理性的产物，基于人类实践经验的总结与反思并对未来社会的构建。当今，普遍道德越来越朝着人道、人性、和谐的目标演化。人与周围生命的关系是休戚与共、命运相连的，任何生命都可以成为生态系统的主体，人与周围生命存在着主体间性，主体之间的各种联系中的一种就是道德联系。人与自然界的道德联系基于人类全面自由发展的目的和价值追求，在追求目的的过程中，必然内含着对自身的约束，对利益有所选择、对贪婪有所克制、对至真至善有所追求，这个过程内含着对自然的爱护与珍惜，这就是人类理性的力量与智慧。

第二，人与自然是利益关系体。

利益的实质是人们获得的恩惠、幸福、好处。利益有形与无形、相对与绝对、时间与空间之分，从利益主体来说，又可以分为经济利益、政治利益、文化利益等。满足利益的可以是自然之物也可以是人为创造的产品，产品又可以分为物质产品和精神产品，"利益可以是人所承受的，也可以是物所承受的。当然，物所承受的利益最终会通过操纵物的人集中到人的行为中去"②。物的利益会通过人的行为得以体现，人的利益是显性的，而物的利益则是隐性的。在人与自然的关系中，"利益"是自始至终的核心要素，同时也是首要的起支配作用的关系范畴。而经济利益则是各种利益之根本。在人与自然的关系

---

① 徐宗良：《为何要构建人与自然间的道德关系》，《道德与文明》2005 年第 6 期。
② 孔爱国、邵平：《利益的内涵、关系与度量》，《复旦学报》（社会科学版）2007 年第 4 期。

史中，自然对人类的经济利益占据了大部分的人类史，私有制的出现是人与自然关系史的分割点，之后人类开始了对自然界开发与利用的征程，虽然各个历史时期由于生产工具的限制显示出对自然的利用程度的不同，但这不能否定自然界对人类资源性价值以及满足这种价值的利益关系。工业文明将自然界与人类的利益关系发挥到了极致，人类对自然施以掠夺性的开发与开采以满足其经济发展的利益需要。但自然界对人类的恩惠并不是永远无偿的，超过自然限度的人类开发将导致人与自然利益关系的异化，异化的结果就是人类想要得到的恰恰是不能得到的。自然资源的枯竭、人类生存环境的恶化及人类社会由于自然而展开的利益冲突的增多就是例证。当前，自然界与人类的生态利益关系进入了人们的视野，生态利益不同于环境利益，环境利益仍然没有脱离开人类为利益主体，只不过是人之外的生存系统的总称，生态利益则是改变传统的人类利益的视角，以整个生态系统为受惠主体。生态利益特指生物的生存和繁衍的需要以及满足这种需要的物质循环和能量流动的过程。生态利益的形成由生产者、消费者、分解者组成，通过生物与非生物的物质交换和能量循环实现，任何破坏这种活动的行为都将是对生态平衡的威胁。人类作为生态系统中高级生物自然也参与到这种循环中去，因此人类的利益满足要以整个生态的系统的平衡与稳定为基础，这既是自然利益的体现，同时也是人类生态利益的实现。这就是人与自然的利益共同体，人的利益实现以自然整体的生态利益为依托，人的利益是生态利益的一部分，人的利益与自然利益相互交叉、相互影响共存于生态利益之中。

第三，人与自然是文化关系体。

文化是人本质的体现也是文明的标志，"翻开人类进化史就会发现：人类从野蛮到文明，靠文化的进步；从生物的人到社会的人，靠文化的教化"①。文化在人类史上对人类文明具有重大作用，文化是

①　萧扬：《文化学导论》，河北教育出版社1989年版，第47页。

在实践基础上的器物的产生与思想传承，先进的文化对人类的文明进步起推动作用，落后的、消极的文化则相反，因此说，文化教化着人从生物人到社会人、文明人的转变。从文化发生的内在机理来看，文化从实践中来又对实践产生导引作用，它会熏陶、影响甚至决定人类的行为以至于影响到人类发展的方向和进程。因为"文化是一个社会具有的，并传给后代的传统体系，它包括人们的行为准则、价值观念、道德标准，以及独特的宇宙观"①。人类的实践活动是人与自然结合的过程，从原始农业社会人对自然的依附到工业社会人对自然的占有都形成了时代所赋予的人与自然的文化特征。分裂与统一也是文化的时代体现。人的生存与发展两个相互区别又相互统一的存在都与文化息息相关，生存需要人对自然资源的利用，发展需要人对自然加以恩惠才能真正实现，因此在人与自然的文化关系上是既对立又统一。生态文化倡导人与自然在文化关系上的和谐统一与协同共进，是在整体主义视角下协调人与自然关系的新文化，它否定工业社会人与自然相对立的文化关系，主张对传统工业文化进行批判，化解工业文明下的文化冲突，构建一种合理的文化模式。生态危机的消除需要改变人类的生产方式与生活方式，这就需要人们在文化上实现重建。"新的文化模式不是对科学文化、物质文化和现代文化的彻底扬弃，而是要求在科技实践中保持技术理性与人本精神之间的必要张力，避免把技术由手段变为目的导致人的生存困境。"②

四 人与自然命运共同体的构建

（一）实质统一的伦理关系

人与自然之间是休戚与共的命运共同体，这要求人类改变传统的

---

① ［美］罗伯特·F. 莫菲：《文化和社会人类学》，吴玫译，中国文联出版公司1988年版，第12页。

② 林慧岳、裴慧敏：《论人与自然关系的文化冲突及其消解》，《湖湘论坛》2007年第2期。

道德意识与评价，将对自己之爱与自然之爱实现统一。爱自己与爱自然的统一需要两种转变：其一，将对己之爱向自然扩展实现博爱的情怀。"爱"的实质是"善"，人需要弘扬善的本性，这不仅仅是对同类更是对自然生命施以善意，如果说人类是生命的躯干，自然如同生命的肢体，躯干与肢体之间作为生命的组成都需要爱惜。自然是人类生命的间接构成，因此对自然之爱就是对己之爱。其二，将对己之爱与自然之爱实现统一。二者的统一并不是要求二者形式上实现同等或同一，而是要在实践过程中实现辩证的结合，实质统一。形式的同一标准是人，实质的统一标准是实践与事实，以客观真理结合具体实践对人与自然关系进行评判，将对自然的为什么爱、怎样爱实现统一认识，结合人与自然的历史状态与未来构建一种生态的、博爱的、实践的新型伦理原则和行动价值。

（二）互助的利益机制

互助是人与自然实现的双向互动，自然对人类的"好处"人类要予以同等反馈。如果说工业文明是人类主体的自爱与自恋，是利己主义的充分显现，那么新文明需要构建在利他基础上的利己，利他是原因，利己是结果。自然是生命的母体，自然界为生命的繁衍提供源源不断的营养与基础，人类也应该回馈自然以生态性的整体繁荣，这是互助的目的也是结果。制度的表现形式就是构建互助互惠的利益结构，以此替代人类向自然源源不断索取的单项物质循环。双向的物质循环和能量互动改变传统人类只索取不奉献的单向能量流动形式，是维持自然长久繁荣、人类长久生存的可持续能量机制，也是生态文明所要塑造的基本的人与自然和谐相处新模式。

（三）双向繁荣的价值目标

在发展的价值体系中，人的价值是绝对的，因此才有人可以凌驾于自然之上成为自然的主人的价值意识，自然由此成为人类的工具只具有工具价值。人类价值的绝对性导致的结果就是价值判断的偏颇，即凡是对人类生存发展不利的都是无价值或负价值的。这从价值的分层来看似乎无可厚非，因为人在价值体系中位于最高层次，但问题是人的价值意识受到社会存在的制约，即生产力状态及社会实践水平的限制，因此在特定的时期内价值意识不一定真实反映客观实际，这就造成了人类价值判断的短视，人的价值和人类的价值的含混不清。人的价值常常与物的价值相对应，它强调价值中的"非物性"的本质特征，人的"德性价值"就包含其中。而人类的价值则代指特定群体的价值往往具有长远性和全面性，它强调整体视域中的"利"，在人类的价值个体与群体、短期与长远之间平衡上往往需要价值取向上有所取舍，这就造成价值判断的实效性，不能真正反映客观实际。"双向繁荣"的价值目标就是将"人的价值"和"人类价值"整合，在尊重物的价值基础上实现价值最大化。在满足生存与发展"利"的需要基础上发扬道德情操，将对"善"与"美"的追求融入其中。表现为既"爱自己"也"爱自然"，自然界的稳态与繁荣为第一项价值目标，人类的长久存在与持续发展为第二项价值目标，两项价值目标之间密切关联，自然界的稳态与繁荣是人类长久存在与可持续发展的基础，人类的长久存在与可持续发展是自然界稳态与繁荣的组成部分，实现人类的繁荣与自然界的繁荣作为最高价值理想。

（四）共生的文化趋向

文化自古以来就被限定在人的视域内，具有属人性，生态文明需要转变这种单调的文化趋向。着眼于人类与自然界本质区别的文化，狭义上是一种意识形态，广义上是一种生存方式。而随着人类对自然界探索的不断加深及自我认知的增强，自然界也被赋予了文化的意蕴。李二和早在《舟船的起源》中就已经指出文化的双向性，"文化本不属人类所独有，我们更应该以更开放和更宽容的态度解读文化。文化是生命衍生的所谓具有人文意味的现象，是与生俱来的。许多生命的言语或行为都有着先天的文化属性，我们也许以示高贵而只愿意称它为本能"。文化与生命相连，任何生命形式都可能是文化之源，尤其在人类的实践活动中，自然界从始至终都参与其中，如何能够剥离自然的参与而将文化定义于人呢？人与自然是一种共生关系，共生不仅仅是一种相互促进的关系状态更是一种共同繁荣的价值目标。共生意味着对生命的敬畏、对生长的敬仰、对人与自然整体性的尊崇。无论是敬畏、敬仰还是尊崇都是人与自然关系在人类意识中的映像，实质是一种人与自然的共生文化，共生文化是一种生态文化现象，是未来社会文化的发展趋势。

共同体的视域从人扩展到了自然界，这不仅是对以往"人的文明"的反思与解构，更是对未来社会人与自然关系的科学建构。共同体是合作的、互利的、双向繁荣的关系体，人与自然之间的关系是包含了自然规律性与人类主观能动性命运共同体，它内含了人与自然共生共存的道德关系体、利益关系体和文化关系体。将自然视为人类生命的一部分、生存与发展的原因，将"爱"的伦理实现实质统一、互惠互利面向自然、自然的繁荣与社会的繁荣互为补充、文化上趋向自然之"生"与社会之"荣"，伦理、价值与文化以新的形态融入生态文明社会的构建中，生态文明终究能够到来。

第二节　人与自然协同进化的实践伦理

协同进化的概念是达尔文生物进化论发展过程中的新概念，也是涉及"为我原则"与"利他性"的关系问题，实质是在人与自然的关系中，人与自然之间辩证统一、求同存异的关系问题。协同进化是指生物与生物、生物与环境、生物物种与生态系统之间相互依存和相互作用的关系，既是一条生态学规律，也应当是环境伦理的基本原则。

一　协同进化的伦理原则

"协同进化论的代表作有两部：其一是由佛土玛（Futuyma）和斯莱津（Slatkin）合编的《协同进化》；其二是由鲍考特（A. J. Boucot）

主编的《行为进化生物学和协同进化》,[①] 他们给出协同进化的定义要点,是指在同一群居内的某些种的进化与另一些种的进化相互关联、相互受益。包括两个方面的意思:一是指物种之间与个体之间的直接的相互受益;二是指为达到生态平衡而在不同生物种群之间的相互制约作用。这表面看来是相互蚕食,但实际上却保护了生态。[②] 协同进化概念是对生物与环境之间生态规律的客观反映,是直接映射到自然界与人类社会之间的斗争性与统一性共存的辩证关系,也是对人类社会的长远发展起到科学指导作用的科学理念和价值理念。

协同进化理论原则既强调为我也强调利他,在处理人与自然的关系中一方面既承认人类的主观能动性的作用,认为人类可以依据对客观生态规律的认识扩大自己的活动范围,并在一定的范围内可以改变环境的可承受能力;另一方面又主张人类与自然界其他生物之间存在着生态共性,人类与自然界其他生物都是自然生态系统的成员,具有共同的生态特征,因此具有相互依存的关系,并同样接受自然的选择与淘汰。现代系统科学告诉我们,系统整体是一个自组织体系,具有完善的功能和复杂的结构体系。整体的存在会支配其各部分并促使其相互依存、相互作用与相互渗透,因此,协同性就是各部分的存在状态,正如 E. 哈里斯认为:有机系统"每一层次都为后一层次提供了根据,但是在每一层次上相应实体的独特性质取决于他们的整体结构,他们具有协作性质,不那么复杂的实体不可能有这些性质。原子具有自由电子不可能有的性质,而分子具有化学亲和性。化学亲和性仅取决于他们的组成部分原子化合的形式,并不取决于任何游离的原子所具有的特性。这对于涉及生命物质活性的大分子来说尤为如此,这种活性在无机界层次是不可能的。决定趋向性的正是结构,而结构

---

① 易善峰、徐道一:《协同进化——生态学的基础》,《中国环境报》1994 年 4 月 12 日。

② 余谋昌、王耀先:《环境伦理学》,高等教育出版社 2004 年版,第 226 页。

总是一个整体，所以我们发现贯穿于各级自然形式的是整体支配并决定它们的部分。这在每一阶段都是正确的"①。苏联学者 P. C. 卡尔宾斯卡娅认为："生物圈本来不仅包含自然现实，而且也包含社会现实。仅仅是在自然科学基础上，都不能理解有目的活动的内容与作用。例如自组织规律一旦阐明，就会大大地推进对于由混乱到有秩序的过渡，由一个结构层次到另一个层次的过渡所作的说明。但发展的方向性还不是目的性。生物圈的进化则是过程的自然方向性和人类生活活动的目的性的统一。"②

二　协同进化生态伦理的主要内容

自然界是一个不以人的意识为转移的生态系统，在这个系统中，人类与自然生物一样接受着自然的选择与淘汰，自然界的进化规律是一个具有价值意义的协同进化系统。自然界具有自组织、自循环的能力与体系，食物链是纵向网络，而生物个体与群落、群落与环境、群落与生态整体之间构成横向的网络体系，整个地球生态系统是由这两种结构体系构成的相互交织的复杂结构体系，它们之间相互联系的中介就是物质、能量、信息等要素。人类社会生态系统具有与自然生态系统相一致的特点，但二者也有本质的不同，以往人类在考察自然界时只看到了其中相区别的一面，因此认为自然界只具有工具性价值，或者自然只是人类生存与发展的手段，除此之外一无所有。只有人类才具有价值属性，而自然界本身没有内在价值。日益严重的生态危机警诫人们，对自然界的肆意践踏是错误的，生态规律是人类必须认识和遵守的。自然界为地球生物创造了生存的环境与空间，这是自然界的本身结构所决定的，自然界的这一属性所带来的功能也不是人类的专

----

① ［美］E. 哈里斯：《自然、人和科学——他们变化着的关系》，断娟译，《国外自然科学哲学问题》1980 年第 2 期。

② ［苏］P. C. 卡尔宾斯卡娅、亦舟：《人与自然的共同进化问题》，《国外社会科学》1989 年第 4 期。

属，地球其他生命体同样享有。地球的万事万物都处于相互依存的状态之中，对于相互依存的解释，环境伦理学认为主要表现在两个方面。

（一）协同性

在自然界的生物圈中，包含着生命要素与各种非生命要素，它们之间进行着物质与能量的交换，由此构成了错综复杂的关系系统，在这里每一个要素都发挥着特定的功能与作用，都为生物圈的完整与稳定发挥着自己的作用。如果我们从生命活力的角度透视全球生态系统，那么我们就会发现任何生态系统都存在着四种基本的生态关系：一是个体与个体的关系；二是个体与物种之间的关系；三是物种间关系；四是群落与无机环境关系，又称生态系统整体的关系，即生态系统的结构关系。除了这四种基本生态关系外，生态系统之间镶嵌互补形成的景观结构多样关系。各种景观在地球生物圈上的有机配置，形成最大的地球生态系统关系。综合考察上述各种生态关系，尽管它们各自的表现形式多种多样、千差万别，但从本质上说，生态系统就是各个物种之间、生物与环境的内在联系体系，它们相互交织共同作用，促进了生态整体的稳定与平衡。反过来，生态系统的整体也具有一定的功能与作用，它不仅为生物个体提供了可存在的物质基础，还为个体的延续与发展提供着基本的生态环境。如果生态整体的稳定性被打破，构成系统的各要素也会由于缺少了生存的基础而消失，因此说，生态系统的整体促进并制约着个体的存在。生态系统与其组成要素之间具有内在的协调关系。

生态系统的内在协同性反映了要素与整体之间的相互影响、相互制约的关系，这种关系具有内在的目的性，即自组织、自协调之下的生态系统的整体繁荣。每一个生命要素都在这个系统占有一定的生态位，并对系统整体的功能与价值的实现发挥着作用，生态系统也为每一个要素赋予了系统所规定的角色，这种结构属性一方面促使自然界生生不息，另一方面也为每个个体规定了存在的限度，如果个体突破其限度而单独凸显，就有可能会威胁整个系统正常功能的发挥，最终也将威胁个体存在与发展的自然环境与条件。因此，整体与要素之间的内在关联性不能被损害，只有进一步加深这种关联性才能实现系统整体与个体的繁荣与发展。

（二）稳态性

稳态性是内在生态中的关系属性，表现为任一生物的存在，既有自己固有的目的，同时它的存在也会为别人提供价值的条件。每一个生命体都有生存的目的性，这种目的性是客观存在的，即不依赖于别人对它的评价。生命体的内在结构与组织的特性为生命体的目的性创造原动力，即生物属性是目的性的基础，所以生命体要按照组织结构所规定的状态去实现生命的存在，这就是生物生命体的自在性。另外，每个生物生命体都位于生态系统的一个子系统中，并占有一定的生态位，为生态系统的结构与功能的保持发挥着一定的功能和作用，这个作用是通过生物生命体之间信息、能量的传递来完成的，它们组成了自然界的食物链结构，也就是说，通过食物链的结构与生命体之间的能量传递实现了个体与个体之间相互影响与互相受益的关系状态。每个生命体都在生态结构中发挥着目的与手段的功能，这就成为维持生态系统结构与功能稳定的基础，也就是生态系统的稳态性。

生态系统具有稳态性与波动性的特征，与稳态性相反，波动性则反映了生态系统整体运动与变化的特点。唯物辩证法揭示了事物的静止是相对的，而运动是绝对的，运动是事物的存在形态。生态系统的存在形态同样是运动的，只不过生态系统运动型要经过很长的时间才可能体现出来，所以呈现出相对稳定性特征，事实上生态系统的内部与整体都时刻发生着变化，运动与静止的相互交替构成生态系统的整体特征。当然，生态系统的运动性是要经过时间衡量的限度的，如果在短时间内由于外力的作用使其运动加剧就会使系统失去相对稳定的状态，处于剧烈的波动中，从而导致生态结构的失衡，最终失去稳态性。因此，保持生态系统自然的运动状态是必要的，任何人为改变都会造成生态结构的不稳定因素增加，从而使系统的各要素失去生存的稳定性条件。作为人类本身，其主体性因素在自然界已经发挥得淋漓尽致，人类主体性能力越强就意味着对自然的稳定性威胁越大，因此，限定人类的行为，在生态稳定的前提下实现人类的主体性是尤为必要的。

（三）共生共荣的生态基点

生物与环境之间具有相互影响与制约的关系，环境为生物的存在提供资料与物质能量，生物也通过生命体的运动创造出各种新的环境要素，刺激环境发生改变，生物再以改变自己的方式去重新适应这种变化。这里有个重要的问题就是生物创造的环境要素参与到自然循环中是有利于系统的稳定与平衡还是毁坏这这种稳定与平衡，如果起到促进作用那么将"利己"也"利他"，如果毁坏了这种平衡将损害了所有生物的存在基础不利己也不利他。因此，生物的存在要在我与他之间实现平衡，在利他中实现利己，只有这样才能在相互协作中促进整个生态环境或者生态系统的共同发展，生态系统与个体的共生与共荣、个体与个体的共生共荣都要在相互作用中体现出来。对于人类来说，要在不损害其他生命体生态利益的前提下实现利己，与其他生命体共同促进生态的稳定与平衡，这就需要改变以往的实践理念，确立符合生态系统运动规律的时间原则，学习并仿效生物生存的智慧，实现人与自然的协同进化。

基于物种之间的关系以及在怎样的生态关系中对生物圈的健康和完善是有利或有害的。基于这一点，研究生物圈为什么能保持其整体的健康和完善，维持能量经植物—动物—微生物和人类，形成有序流动和物质的封闭循环，促进生态。其生态现象的实质在于地球生态系统的结构属性：每一物种都占有特定的生态位，并形成一定的空间分布和时间节律，体现其自身存在的内在生存目的和有利于他物和整体系统健康的外在目的。这在人类看来，是不同形式物种的生存智慧，也是生态系统维持自然动态平衡的内在机制，具有不依赖于人类评价和存在的固有价值。

　　人与自然协同进化就是人与自然共同创造、共同发展。基于自然生态系统与人类要素的关系，要保持生态系统的稳态性，实现人与其他生命要素的协同性并实现人与自然的共生共荣。人类的实践活动在遵循生态原则的基础上进行，这不仅是对自然界其他生命要素的尊重，也是对自己的尊重。物种与物种、个体与个体之间只有相互制约才可能达到相互协作，如果只是一味地夸大人类的主观能动性，并将其置于至高无上的地位，势必会损害其他生命体存在的利益，最终威胁到生态系统的稳态性，因此在稳态性的前提下保持个体与个体的相互协作，这不仅可以实现个体的创造性目标，也有利于自然整体的发展，并实现自然界的创造性。人类作为生命体中特殊的一员，理应承担代理人的职责，要对自己不合理的行为进行限制，并主动调节自然系统中不和谐关系，尊重物种、环境的自然进化方向，发挥主观能动性主动弥补自然创伤，创造各种条件达到生命体之间、生物与环境之间的共生共荣，从而实现协同进化的最高价值目标。

三　新文明伦理关系的转向

　　马克思认为，未来的共产主义社会，"它是人和自然界之间、人和人之间的矛盾的真正解决"①。也就是说，未来的理想社会状态一定是在正确处理人与自然关系的基础上才可能出现的，人与自然的和解要求人与人的和解，人与自然的矛盾的解决依赖人与人直接关系的协调，最终实现双向和解。他指出："人对自然的关系直接就是人对人的关系，正像人对人的关系直接就是人对自然的关系。"② 对马克思经典著作的解读，我们可以认识到，人类既可以成为人与自然关系的主体，又可以成为人与自然关系的客体，人类的存在与发展要以自然生态系统的稳定与繁荣为基础，人类活动要在相互协作的前提下实

---

　　① 《马克思恩格斯全集》第 24 卷，人民出版社 1979 年版，第 120 页。
　　② 《马克思恩格斯全集》第 3 卷，人民出版社 2002 年版，第 296 页。

现人与自然的协同共进。

生态文明将人类社会的理想状态与人类存在的可持续性理由定位于人与自然关系的和谐，这在本质上否定了工业文明以来的"人类中心主义"的价值观，否定了人类作为绝对主体的征服者的角色，重新认识了人类在大自然面前的地位与作用，为实现人类的可持续树立了正确的价值指南。在生态文明的视野下，要实现人的全面而自由的发展，也就是人的本质的真正实现，就必须协调好人与自然的关系，在改造自然的同时必须尊重自然的客观规律，主动承担起保护自然的任务。只有自觉处理好人与自然的关系，才能真正实现人的价值，达到人类的自我完善与发展。

生态文明的价值观主张超越人类中心主义和自然中心主义，使人与自然、人与人的关系达到内在的统一，人类身兼自然主体与自然客体的双重角色，要在尊重与保护自然的"利他"原则下实现人的本质下的"为我"。自然界有其自主运行的客观规律，人类能够认识和掌握自然界的内部规律，发挥人类主体的主观能动性，使自然作用人的方式发生改变，从而拓展人类生存与发展的空间，满足人类生存质量不断提高的要求。正确认识人类在人与自然价值关系中的双重地位，即人是"手段"与"目的"的统一体的角色，即承认人类在人与自然关系中的主体地位，也不否认自然界对人类发展的规定性，这就促使人类通过实践继续发挥创造性优势去深入地认识与改造自然，不会让自己处于无能为力的尴尬境地，也不会单纯为了眼前的发展而不考虑自然的可承受能力，真正肯定人的主体地位并限定人的主体地位，真正承认自然界的内在价值而又不会被动退缩，把"以人为本"与"以自然为友"相结合。

第三节　人与自然"友谊"关系的实践文化

人与自然之间的关系经历了从古文明的浑然一体、近代工业文明的人与自然分裂到现代生态文明的人与自然的协同共进。不同历史时期具有与文明程度相对应的关系与状态，人与自然的关系具有明显的历史特征，表现在文化上就是人类的开化与开明程度，文化具有统领和导引文明的作用，文明也需要以文化为内涵，避免精神缺失。在对工业文明的深刻反思后，人类进入了生态文明的历史转折时期，生态文明要求重塑人与自然的关系，由对自然的占有、支配向新文明的和谐、共生转向。新的文明形态需要在价值观、伦理、文化等方面实现多维转变，其中文化作为价值观最显现的特征，它对社会各领域的发展起到关键作用，能否实现人与自然之间文化的生态转向决定着生态文明能否真正实现。

一　人与自然存在着主体间际关系

对于主体间性的界定及内涵，学术界将其定位于人类世界中的关系与状态，并对人与人之间关系的不同类型与模式进行研究与探讨。这种完全将自然排除在外的主体间是不全面、不科学的，这可以从主体间研究的发展历程来证明，不能以人类意识的偏差和科学整理上的漏洞来否定自然的参与。

主体间性的哲学前提在于探讨人的存在。人的存在方式无非三种：人面向自然而存在、面向社会而存在、面向自己而存在。三个方面构成存在的三种基本形式，它们共同交织构成人生存的现实世界，这涉及三种关系态即人与自然、人与社会、人与人。这都是人作为主体与其他主体之间从本质上确立的联系，研究其联系内在规律、状态与发展的过程就是主体间性的实践过程。主体间性作为一个研究范畴其完整概念是现象学大师胡塞尔提出的，单从字义上分析，主体间性的英文名称"intersubjectivity"，翻译为主体间性、交互主体性、主体际性等，是处于主体与主体之间的一种性质和状态。

主体间性的发展大致经历了四个阶段。第一个阶段是意识论阶段，从认识论视角来看，"主体间性的东西主要与纯粹主体性的东西相对照，它意味着源自不同心灵之共同特征而非对象自身本质的客观性"①。其实，在主体间性历史发展的脉络中，经历了亚里士多德的伦理模式、知识论上的康德模式、费希特的自我意识模式、认识论上的胡塞尔模式，这些模式都在认识论的框架下，强调人与人在意识层面的对话与沟通，表现形式上存在知识、语言不同或是在自我与交互主体的偏重上不同。第二个阶段是生存论阶段，代表人物是海德格尔，海德格尔将主体间性从人与人的意识层面走向生存与生活的实际，探讨个体与他人之间的生存关系。第三个阶段是主体间性的社会历史模式，代表人物是哈贝马斯和马克思，这时主体间性的内涵指历史脉络中的人与社会的互动关系和发展模式。具体的、历史的、社会的是典型特征；交往与行为是手段的互动关系。

从以上三个阶段对主体间性的内涵隐喻来看，主体间从意识中的人走向现实生活中的人，人与人的关系从抽象走向具体，从单调走向丰富多彩，主体间始终没有脱离开"人"这一绝对主体的限制。现代性的主体间性试图突破这一限域确立一种广义的理解模式："所谓主体间性是指人作为主体在对象化的活动方式中与他者的相关性和关联性。"② 第四个阶段是向自然的扩展。在西方的环境伦理学视域下，主体间性中的他者已经扩展为人与自然的内在关系，他者可以是社会中的人也可以是自然界，当人在自然界中处于受动地位时，即受到自然的反制或限制时产生了人与自然主体间关系。从生态学诞生之初，生物体就被赋予了主体的含义，"生态学是研究有机体与环境相互作用的科学。环境是物理环境和生物环境的结合体"③。有机体可以是个体主体也可以是群体主体，它们组成的共同体与周围环境之间的互

① ［英］布宁、余纪元：《西方哲学英汉对照词典》，王柯平等译，人民出版社 2001年版，第 58 页。

② 刘啸霆、王成兵：《西方哲学主体间性理论批判》，中国社会科学出版社 2004 年版，第 22 页。

③ ［英］麦肯齐等：《生态学》，孙儒泳译，科学出版社 2004 年版，第 1 页。

动关系成为生态学研究的主要内容。有机体为生存而适应环境时产生了合作或竞争，它成为主动方面，因此是环境的主体，从这个意义上来说，"生态世界就没有绝对的中心，它是无数个体—环境的复合体而非仅仅围绕着人类旋转。人与其他种类的有机体的关系是不同主体的关系"①。至此，可以说主体间性由单纯人的世界已经扩展为人与自然关系的世界，主体间性在此恢复了地位与作用上的意义表达，建立在人与自然关系上文化内涵才得以舒展开来。

二　文化具有自然属性

在关于文化属性的认知上，文化的社会属性和商品属性有广泛的研究，除此之外如文化的历史属性、精神属性、意识形态属性、知识属性、民族属性等也有较深的挖掘。从"小文化"的角度来讲，文化是一种可以被传承的意识形态，包括生产生活方式、风俗习惯、风土人情、价值观念等；而"大文化"则将人类创造物质财富与精神财富的总和以符号或声音的形式加以传承。无论是哪种文化在内涵的界定上都突出人类与自然界的本质区别，文化是人类区别于一般动物的文明体现，因此说，文化的实质是对原始自然的超越，是展现人的"类"特征与"类"本质。然而，从人到人类社会历史演变过程自然界始终没有脱离其中，它从始至终都参与了所谓的人类文化的过程，没有自然界的孕育、启发与滋养就不可能有人和所谓的人的"类"本质，自然是人类文化产生的始基，自然属性构成文化的基本属性，离开自然而谈文化是不科学的。

库珀翻译中国禅宗大师青原有关人与自然的关系时说道："在我学禅不到三十年时，山是山，水是水。当我获得更本质的知识后，山

---

① 王晓华：《生态批评——主体间性的黎明》，黑龙江人民出版社2007年版，第3页。

非山，水非水，但现在我获得了事物的本质，山又为山，水又是水。"① 他认为人与自然关系分为三个阶段，即原始的物我合一的阶段、人类中心主义论阶段、人类向自然回归的阶段。当代的人类正处于对人类中心主义认识的理性批判并倡导回归自然的转折时期，此时的人类已感受到与自然分离的痛苦，感受到二元论理论对人类生存家园的伤害，在人类构建的二元体系中，人已经将自然界完全地纳入人类的能力掌控之中并肆意地践踏，带来的是工业文明下空虚的物质丰富。从古希腊柏拉图时期开启了理念世界与现实世界分离的序幕，但是这种理念在当时并没有占据统治地位，相反却被他的学生否定，亚里士多德认为"自然乃是自身内具有运动根源的事物的形状或形式"，事物的产生大体上可以划分为"自然"、"由于自然"、"按照自然"三类，人作为动物属于"由于自然"而出现的事物。② 亚里士多德将人置于自然之中，肯定自然是人类繁衍生息的根本，自然的演化规律需要人类遵从的思想。这种思想也得到当时绝大多数哲学家和文学家的认同，因此人与自然的二元划分并没有得到回应，直到近代笛卡尔的"我思故我在"、"身心二分法"让人与自然的二元论重获生机。笛卡尔将灵魂与肉体分离，认为灵魂不可分不朽，肉体可分是物质性的存在因此必死，不可分的灵魂可以控制可分的肉体，也就是人的精神可以控制物质存在。自然界是物质存在的部分，这种思想进而逐渐演化为人对自然的占有、控制、支配等思想。随着工业文明的技术功能被无限放大，人似乎是无所不能的特异生物，人与自然二分理论被广泛认同，表现在文学与艺术等文化领域上，文化的世界就成为人的世界，自然被完全遗忘并抛弃。

20 世纪的文学界是没有自然的文学界，所有描绘自然的文学作

① The Gree Reader, *From Romanticism*, *Edited by Laurence Coupe*, London and New York: Routledge, 2000, Introduction, p. 1.
② [古希腊]亚里士多德：《物理学》，张竹明译，商务印书馆 2004 年版，第 43—46 页。

品都被抛除在文学领域，认为那些只是些保护自然的科普读物，19世纪50年代之后的现代主义文学有个共同的特征：认为"自然是个社会范畴，大自然不再是文学的中心话题与环境"①。艺术领域也是如此，艺术被认为是对自然不足的弥补，自然是单调和庸俗的，而艺术则是高尚和高雅的象征。人与自然的二分成为当时文化表现的常态，这就是库珀所说的人与自然关系在文化领域的"山非山，水非水"阶段。"为了超越二元论，人们就必须重新发现精神与物质、主体与客体、思想者与物的原始姻缘，将人和文化还原到生态之家中。"② 生态批评从文学领域对人与自然的二分进行解构并重新建构，从证明自然是世界的原始创造者入手还原自然的主体性地位，重新认识自然界的内在价值，并平等地看待自然与文化。随着生态哲学的研究进展，一大批描述人与自然真实关系的作品应运而生，关涉哲学、文学、伦理学、经济学、政治学等领域，从文化角度上讲，文化正在真正地回归自然，找到自己的真正家园，文化从没有离自然如此之近，文化的自然属性正在为人们所意识和认知。正如罗马俱乐部创始人 A. 佩切伊指出的那样，人类创造了技术圈，入侵生物圈，进行过多的榨取，从而破坏了人类自己明天的生活基础。"结论是：如果我们想自救的话，只有进行文化性质的革命，即提高对站在地球上特殊地位所产生的内在的挑战和责任以及对策略和手段的理解，进行符合时代要求的那种文化革命。"③

文化上的革命要求将自然向文化回归，对于文化的内涵与内容进行全方位的扩展，将研究视角转向人与自然关系的新文化转向，这对于转变文化研究领域的弱视现象起到积极的作用，同时对于确立人与自然间的和谐关系起到关键作用。

① 袁可嘉等：《现代主义文学研究》（上），中国科学出版社1989年版，第199页。
② 王晓华：《生态批评——主体间性的黎明》，黑龙江人民出版社2007年版，第48页。
③ ［美］A. 佩切伊："21世纪的全球性问题和人类的选择"会议上的演讲，1984年。

三 人与自然友谊文化的必要性

人与自然之间的关系是在各种社会形态下都存在的基本关系,它是人与人社会关系的基础,从五大社会形态的历史脉络中都可以整理出人与自然关系的时代特征,这种特征的改变注入了人与自然之间矛盾斗争与统一和谐的过程。在漫长的历史时期和谐的人与自然似乎是历史的瞬间,而这种原始的和谐似乎意味着人类的愚笨和不开化,在大部分的人与自然关系的历程中都是人类如何发挥主体性,对自然界、社会、人类自身的逐渐深入认知并通过技术的手段战胜自然的矛盾过程。矛盾意味着斗争,斗争就存在着相互的排斥和不兼容。长期以来,当人类将自己从自然的母体中剥离出来摆脱了"天人合一"的原始状态后,和谐似乎就一去不复返了,随之而来的是对自然的占有、开发与剥夺,占有一切可以占有的资源,认为是人类专有;开发一切可以为人类所用的土地、森林等满足其所谓的发展欲望;剥夺其他生命体赖以繁衍生息的良好生态环境。结果是:人类在不断侵害自然权利的同时自身的生存空间也在逐渐缩小,人类赖以生存的土地、赖以谋生的资源、赖以存续的环境等都以前所未有的速度在缩小与恶化,这是人类对自己与自然关系错误认识的恶果。

我国著名的社会学家费孝通的晚年思想中把社会视为广义"自然"的一部分,社会是自然的一部分,社会与自然是同一事物的两个方面,自然规律与社会规律在自然与社会的语境中是相互适用的。[①] 现代社会学的生态转向及环境伦理学对人际伦理的新拓展都在证明:人与自然之间非单纯的矛盾与斗争关系,如果有,只能说这是人类意识的错误阶段,而还原人与自然的本质关系是当今亟待解决的重要课题。人与自然之间究竟是什么关系,我国学者罗朝明认为:"友谊被视为一种存在于主体之间的社会关系,有意识主体籍与世界发生联系、生产存在

---

① 费孝通:《试谈扩展社会学的传统界限》,《北京大学学报》2003年第3期。

性意义和社会团结的机制。"① 这是对传统"友谊"界定的相对扩展，"友谊"从学理上来说一直被认定为是一种社会机制，是发生在人类社会中的特定现象，表明人在生产与生活中与他人交往的亲密现象。根据亲密度程度的不同，蒙田在《论友谊》中将其分为四种，血缘的、社交的、礼仪的和男女爱情的，而又有普通的与高尚的之分，他认为真正的友谊不能以对方为工具，而要以对方的快乐与幸福为目的具有无私之爱的亲密关系。阿奎那的友谊理论以"仁爱"作为友谊的基础，"仁爱"与"自爱"是相互作用的辩证统一关系，"仁爱"不仅具有普世爱的特征还将根据被接收人的程度来定义友谊的程度，这在很大程度上纠正了亚里士多德关于"世俗友谊"的阐述，还原了友谊的本质。主张以被爱人的善和福为目的而建立的亲密关系，这对传统友谊的界定来说是内涵和外延上的深度扩展，"仁爱是友谊产生和存在的'根'。友谊必须建立在仁爱之上，仁爱是友谊的必要条件，没有仁爱不可能有友谊，有友谊必定有仁爱；仁爱决定友谊的特质，仁爱的力量与效用会传递给友谊"②。将仁爱作为友谊的基础是解决当今环境危机的伦理道德的全新理论，在仁爱的背景下，解决的是传统友谊观的单纯"为我"情景，在"利他"的基础上间接地实现"为我"，这里"利他"是目的，"为我"是手段，这与当今环境伦理学所主张的人与自然的新型关系理念极为接近。人与自然只有弥合现有的裂痕，由紧张的矛盾关系转为和谐的友谊关系才可能回归其本真状态，扭转长期意识误解，实现人与自然的和谐相处。

四　人与自然友谊文化的合理性

人与自然友谊文化不仅是必要的，它能从根本上解决自然界对人

---

① 罗朝明：《友谊的可能性——一种自我认同与社会团结的机制》，《社会》2012年第5期。

② 赵琦：《阿奎那友谊理论的新解读——以仁爱为根基的友谊模式》，《复旦学报》（社会科学版）2015年第2期。

类绝对主体行为的报复性问题，恩格斯曾说过："我们不要过分陶醉于我们对自然界的胜利，……对于每一次这样的胜利，自然界都报复了我们。"① 让人以仁爱之心对待自然，让自然以友善之意回馈人类，体现相互关照与协同进化的共同价值。人与自然的友谊文化更是合理性的体现。一方面由于人与自然的文化传统，另一方面则是人与自然的文化趋势。

第一，人与自然的友谊是一种文化传统。学术界在描述文化类型时常常把自然隐喻，只不过没有上升为文化哲学的层次。最为典型的友谊文化的表现是描述自然同人类紧密性的黄河文化、长江文化、草原文化、森林文化、高山文化、大河文化等，这是独特的人依赖自然而生，人以自然为文化内涵的生态表达，"文化萌芽于人群活动与自然地理条件的融合。人类在一定自然条件下，长期进行生活和生产活动，逐步形成了具有特色的、相对稳定的文化内涵。这个相对稳定的文化系统，实质上就是人与自然的耦合"②。文化是人与自然耦合后的产物，离开自然将不可能产生人类活动，也就不会形成物质的、精神的、制度的内容，当然不会发生意识层面对人类活动的总结。自然界是人类文化的发源地，是人类文化发展的源泉，离开自然而谈文化将是形而上学意义上的人类自恋。

从人类进化的历程上来看，原始文明的"天人合一"是一种文化，它反映了人与自然之间的原生情谊，自然以物种的"生"和"繁荣"为目的，人以自然的"善"为最大恩惠的原始情感；表现在物质创造上是形态上的非技术性利用；表现在精神上是感恩式的自然信仰，表现在制度上是部族制度的血缘与等级。工业文明时期人类对自然的占有也是一种文化，它反映了人类凸显自己存在而对自然藐视

---

① 《马克思恩格斯选集》第 4 卷，人民出版社 1995 年版，第 383 页。
② 任继周、侯扶江、胥刚：《草原文化的保持与传承》，《草业科学》2010 年第 12 期。

的态度，表现在物质创造上是技术对物质形态、性状的改变；表现在精神上是自然界为我而生的"自我崇拜"；表现在制度上是剥削与占有。生态文明人与自然和谐是一种文化，它反映的是人与自然相互依存的真挚情感，表现在物质创造上是生态技术的合理应用；表现在精神上是对自然的敬畏和"我"与自然的共生，表现在制度上真正的平等与实质的公平。人与自然自古以来就存在着文化，文化是自然界赋予的，并不是人类社会的独有财富，它是自然与社会交融后的产物，离开了自然将不会发生文化的创造活动。

文化作为人与自然之间关系的智慧表达，其"友谊"关系存在于自古至今的文化传统中。文化实质是建立在自然生态之上人与人的关系，其第一层意义是自然，第二层意义是人类社会。这就是说，离开自然不可能产生文化，离开人不可能存在文化，"产生"与"存在"是"源"和"流"的关系，虽然在不同的历史时期"源"与"流"之间会被人为地划分主次，但这并不能抹杀二者之间的天然联系，这种联系就是"源"与"流"的共生性，"人以自然而存在，自然以人而存在，这里的人以自然而存在即为自然乃人之本源，人源于自然并以自然之性为自己之本性，人与自然内在一体、共生共荣。自然以人而存在，即为人乃自然存在的显现"①。这种相互共生的关系反映的并不是单纯物质意义上的存在关系，还包括文化意义上存在关系，"共生"是一种存在方式，也是"友谊"的体现，从对"友谊"的学理分析来看，"共生共荣"是友谊的最高真谛。

第二，人与自然的文化具有"友谊"内涵。

从对"友谊"的界定和分析来看，友谊的存在有几个构成要件，一个是相关性、一个是紧密性、最后是发展性。

首先，友谊的形成需要二者之间存在相关性。相关性是具有联系

---

① 马桂英：《试析蒙古草原文化中的生态哲学思想》，《科学技术与辩证法》2007年第4期。

的特征及需要、目的的需求。人与人之间由于具有"类"的相同属性，由于情感的需求或生存目的可以产生相互的"需要"，这就是人与人的相关性，它是友谊得以产生的内在机理之一。在人与自然之间是否发生"需要"或"目的"呢？答案是肯定的，人类的生存和发展都以自然的繁荣为根基，这正如自然界不同于火星的内在构成一样，人类不会在火星上生活。人类需要地球自然的环境，这是人生存的需要。地球自然以物种的繁荣与进化为目的，虽然对于自然的目的性学界并不完全认同，但是不可否认的是地球确实创造了日益丰富的物种及物种之间日益紧密的生态联系，自然是生命衍生的繁殖地，人类是地球生命繁衍的高级形态。无论是否认可地球自然的目的性，地球自然都在不断为生命的繁衍而存在。这是人与自然的相关性的基础，即二者具有需要或目的的相互关联。

其次，友谊的形成需要二者之间具有紧密性。相关性是紧密性的前提，人与自然之间存在着互为目的的过程，人依赖自然所以要为自然的繁荣而努力，构建繁荣的生态，自然为了生命体的存在所以要为生命提供资源与环境。自然与人类的互为目的的价值状态促使二者成为同呼吸、共命运的共同体，共同体内的要素关系是互助的，由于自然对人类的帮助所以人类对自然以恩惠，这种恩惠就是保持其他生命体的生态环境不受侵害。它们同样是合作的关系，合作则共赢，不合作将走向覆灭，如果二者相互排斥继续人与自然的分裂，人类的生存环境将持续恶化，这是自然对人类的反馈，最终结果将是人类的灭亡和自然的退化。

最后，友谊的形成需要二者之间形成发展性。发展是自然的繁荣与人类的进步，在人与自然相互合作的状态下，互以对方为目的，这将为二者的可持续与共同进步创造条件，自然因此而欣欣向荣，生物多样性增多、生态系统复杂程度增强，这都是自然可持续的表现。人类社会也将从中受益，从自然界中获得源源不断的资源与能量，人类的发展可持续。人与自然通过合作促进协同进化，实现共同发展。

相关性、紧密性、发展性之间不仅是层级递进的关系而且还具有因果关系。相关性、紧密性是发展性的原因，发展性则是前二者的共同结果，另外，在相关性的支撑下才可能有人与自然的互为目的的紧密联系，也因此在合作的背景之下实现共同发展。人与自然之间通过三重关系实现人与自然之间的良性互动，这就构成人与自然"友谊"的全部内容。

生命体是生态系统的主体，人与其他自然生命体都是生态系统的要素，二者作为生态系统的成员存在着主体间性，这预示着二者的独立和平等，独立和平等是友谊存在的基本条件。人与自然之间需要互助与合作，二者需要以对方的存在为目的从而支持自身的繁荣和发展，这是人与自然之间的真正"友谊"。"友谊"是一种文化，它存在于人类社会的各个历史阶段，人与自然的友谊从互为手段的工业文明文化向互为目的的生态文明文化方向转变，生态文明需要和谐共生的新型"友谊"文化，这将构成生态文明的文化内涵与本质，生态文明也将在新型"友谊"文化的主导下塑造多维的生态化转向。

第七章

价值观生态化转向的践行方式

价值观的生态化转向是生态文明建设的必然趋势，生态文明的建设需要科学价值观的指导，同时，生态价值观的形成又会促进生态文明建设的步伐。这是一个相互促进、共同进步的过程。价值观的生态化在具体的践行过程中体现为社会主义建设的各个方面，体现在政治、经济及教育的实践中。

第一节　政治生态化

政治生态化转向是政治发展的必然方向和结果，政治的生态化转向是人类对自身生存环境恶化及自然生态破坏进行反思的产物，是人们对于政治发展的更深层次的认识和理解。

一　政治生态化的意义

所谓政治生态化，是指在政治过程中融入生态因素，将生态问题提高到政治层面的高度，使得生态问题的解决不局限于生态的角度而是拓展到政治领域，在做出决策、制定政策等环节将生态问题与政治活动相融合，使二者相互促进、协同发展。事实上，生态与政治并非毫不相干的概念，其存在着必然的联系，"环境的宏观影响直接关系到整个政治结构和功能政治区域之间存在的相互作用也受到重要的影响，政府在面对问题时的所有决策都与其有莫大的关联"①。因此，政治与生态关系问题的解决与政治生态转向的目标是密切相关的，将生态因素贯穿在政治决策中，同时增强生态的公众参与和理论教育，在双向互动过程中促进二者的融合和协调。政治的生态化转向，是目前我国社会主义现代化建设目标实现的价值观指导，是政治价值观适应时代要求的转向与重塑。因而，政治的生态化转向的核心目标与我国社会发展目标在本质上体现了高度的一致性，对我国社会建设目标的实现具有重要的理论和现实意义。

（一）政治的生态化转向为我国生态政府的构建提供了理论指导

生态型政府是指"致力于追求实现人与自然的自然性和谐的政府，或者说是以保护与恢复自然生态平衡为根本目标与基本职能的政府"②。生态型政府的终极旨归是实现人与自然的协同发展，其基本要求是让人类遵循自然规律，在尊重自然、保护自然的基础上实现人类社会的发展进步，这一理念是对传统发展理念的反思与超越，他关注实现经济利益和生态利益的协同发展，在实现社会经济发展进步的同时维护生态的平衡与发展，从而实现整个生态系统中自然、人、社会的和谐发展。生态型政府的构建需要科学价值理念的指导，在追寻生态利益的目标上，政治的生态化转向是构建生态型政府的理论基础。政治的生态化转向在价值目标上同生态型政府的价值目标保持了一致性，在政治的生态价值指导下，以生态优先、生态善治为价值旨归，实现政府职能、执政理念的生态转向，指导政府的行为走向生态化，为生态政治模式的现实实践提供了可能性和实现性。

（二）政治的生态化转向为生态的执政理念的确立提供了思想方法论指导

我国生态型政府的建构需要生态的执政理念的指导，政治的生态化转向为生态理念提供了方向。生态理念是一种秉承可持续发展理念

---

① 郭金玫：《政治生态建设探析》，《改革与开放》2013 年第 24 期。
② 黄爱宝：《生态型政府初探》，《南京社会科学》2006 年第 1 期。

的价值追求，它以实现平衡发展、和谐发展和可持续发展为目标，生态的执政理念是以生态理念熔铸到执政理念中，在政治活动及政治决策过程中将生态理念作为重要因素加以考量，实现政治过程的生态化。

执政理念作为意识形态的部分，对于政治实践具有指导性，"执政理念是执政党在从事政治实践活动中对执政规律进行科学认识和把握的基础上所形成的理性认识和价值取向"[①]。执政理念决定着执政实践的方向，因而，执政理念的生态化是构建生态型政府的理论前提。生态的执政理念的确立要求政治的生态化转向，生态的执政理念是指在生态基础上对执政理论和执政活动进行考虑，着眼于缓解人与自然的矛盾、追寻和保障生态利益与生态安全的生态的政治观，主张将生态问题和政治问题作为整体进行考量，实现生态利益和政治利益的和谐发展。这在价值诉求上与政治的生态化保持了一致性，政治的生态化转向为执政理念的生态化提供了价值指向，生态的执政理念的形成又推动政治的生态化进程，二者相辅相成，互为促进而发展，为实现生态系统的平衡与和谐发展提供支撑。

（三）政治的生态化转向为我国生态政治模式的构建提供了价值导向

我国生态政治的理想模式是生态型政府的建构，生态化的政治理念给予了生态政治的模式构建的价值指导，政治的生态化转向为生态政治的构建提供了方法论与路径选择。

我国生态政治的构建是社会发展阶段在一定时期的必然选择，是对社会政治体制发展过程中一直被人们所忽略的和谐理念的追寻，一直以来，在政治活动以及政治体制的构建中，有关人与自然和谐共生的理念表现得并不是很突出，人们更多地关注政治在促进经济、文化

---

① 卢艳芹：《科学发展观中蕴含的生态价值观研究》，内蒙古大学出版社2015年版，第125页。

发展方面的作用，而忽略了政治活动对生态和谐方面的促进，伴随着人与自然矛盾的突出显现以及生态危机对我们社会生活的影响，生态的和谐与平衡问题闯入人们的视野，因而也开启了人们对这一问题的政治思考，因而，实践中也开始实现政治的生态化转向，这一转向为我国生态政治的构建提供了路径的选择，我国生态型政府的构建作为生态政治的基本模式，是在政治的生态化转向前提下所探寻的合理构建模式。

二　"五大发展"理念与政治生态化的价值契合

五大发展理念的提出是对政治生态化转向的现实要求与实践指导。"创新、协调、绿色、开放、共享"的发展理念是在建设美丽中国视域下对现实社会矛盾和问题进行思考和解决的基础上提出的发展理念，内含了深刻的生态价值意蕴，是政治生态化转向的催生产物，与政治生态化具有共同的价值指向。其中，协调发展和绿色发展，体现了政治的生态转向，蕴含了深刻的生态价值观。

（一）协调发展的生态价值指向

协调发展主要是针对目前社会发展中存在的不平衡不协调问题提出的。目前，随着经济发展步伐的加快，以及一直以来传统发展理念的影响，过度追求经济发展速度的发展过程使经济与社会、人与自然的矛盾凸显，而新时期，协调发展理念的提出，事实上就是针对生产发展与生态破坏、人口增长与资源短缺以及经济社会矛盾等问题作出的路径选择。

就我国发展状况而言，发展的不平衡、不协调、不充分、不稳健问题依然是发展面临的迫切需要解决的问题，其中不充分、不稳健就突出了发展的空间格局和发展级别与规模的不协调和不均衡，这也是造成我国发展中凸显的诸多矛盾的因素所在。

在我国发展不平衡、不协调矛盾主要表现为城乡二元结合区域发展不平衡、社会文明程度和国民素质与经济社会发展水平不相适应等方面。事实上就是表现为政治发展的非生态化，在长期的发展过程中，由于未形成有利于人与自然、经济与社会发展相协调、可持续的发展的政治生态格局，而最终造成了人与自然矛盾的凸显和生态环境对人类的报复。因而，人们在思考和借鉴发展经验的过程中，开始将生态学的思维注入到经济社会发展领域，力求以生态的思维指导生态的实践，从而达到实现人与自然关系的最佳状态，就如周穗明所说的："不以确保社会生态系统中自然、人、社会等某一单项指标的最优化为目标，而是努力实现人与自然相互关系在社会意义上的最适化。"[1]

（二）绿色发展的生态价值意蕴

绿色发展的终极价值指向是实现人与自然的和谐共生。绿色发展是一个内涵和外延广泛的发展思想，对于绿色发展的理解，我们应该从多方面去把握。

首先，绿色发展要体现在其终极目标指向上，这也是在价值目标上对于发展方向的规定。在当代，全球在实现了高速发展的同时，也亲身体验了单纯追求发展效益而忽视生态效益所造成的发展危机，由于发展所造成的生态危机是带有全球性质的，生态系统是一个包括人类在内的有机系统，当生态系统中的某一环节出现问题，整个生态系统就会失衡。因此，为了扭转生态危机这一现状，首先必须在价值目标上实现转变，实现由个人利益向群体利益、人类利益的转变，实现由当前利益向长远利益的转变。绿色发展理念是对传统发展观和科学发展观的扬弃与发展，在继承其合理因素的同时结合当代发展实践和价值取向而提出的科学理念。

其次，在发展主体上也规定了由谁来实现绿色发展，这也是绿色发展的组成部分。在绿色发展的主体上也进行了生态价值的规定。在传统价值视野中，价值的主体是人类，而人类在履行自己作为主体的

---

① 周穗明：《智力圈：人与自然关系新论》，科学出版社 1991 年版，第 177 页。

职责时在发展中更多的是发挥了其作为手段和客体的功能，并最终导致了人的异化，而站在了自然的对立面，这也使人类背离了初衷，产生了难以言喻的苦果。正如恩格斯曾经所指出的一样，自然对于人类对自然所造成的伤害与破坏最终都会以报复的形式回馈给人类，人类也必然会尝到因自己的不当行为所造成的恶果。绿色发展理念的提出，是从价值主体诉求角度出发对人类作为生态人所进行的价值规定，在当代中国乃至世界，只有不断践行绿色发展观、绿色环境发展观，以绿色价值观指导人类实践，改变传统发展理念和生活发展习惯，才能实现人与自然的和谐统一。

最后，实现发展的过程也应该实现绿色发展，遵循生态价值指导。人类发展实践的过程，事实就是人类与自然界进行能量交互的过程，当人类合理适度地发挥主观能动性的时候，人与自然的能量交互转换关系能够维持平衡，人类发展进程亦能实现生态的发展、和谐的发展，当人类主观能动性的发挥过分夸大而无法加以控制时，就会打破人与自然的平衡状态，而步入失衡状态、难以实现和谐共生。因而，在对发展主体进行绿色规定的同时，必须对发展过程进行绿色的、生态的界定和规定。实现绿色发展的过程，光依靠单个人或单个利益主体是难以实现的，需要国家、政府在宏观上加以控制，进行价值调节，政府的发展决策直接影响着该区域的发展实践是走向生态还是维持现状，"政府通过社会发展进程中价值导向倾向引导和规范个人、家庭、企业以及社会团体的行为，从而产生一种与利益杠杆相互配合的生态发展整合机制"[1]。因而，发展过程的绿色价值调控，也是绿色发展的重要部分，以绿色发展理念指导发展实践的过程，是实现人与自然和谐发展、构建人与自然知行合一生态实践的关键环节。

五大发展理念的提出是生态执政的体现，其中，协调发展和绿色发展更是蕴含着丰富的生态价值意蕴，体现了生态正义，实现了发展

---

① 高宏利：《绿色发展的生态意蕴与价值诉求》，《理论导刊》2017 年第 1 期。

目标与发展过程的统一，人与自然和谐统一，协调了发展理念与发展实践的统一。

三　生态政治化与政治生态化的相互作用

自20世纪60年代以来，人类面临着严峻的生态问题，全球性生态危机的爆发，严重威胁着人类的生存与发展安全。人类在进行反思的同时，也开始从政治视角对生态安全问题进行思考和探索解决途径。因而也开始了生态政治化和政治生态化的进程。

（一）生态政治化的兴起

二战以后，随着科技与经济突飞猛进的发展，以及知识经济时代的到来，人类能动性得到了前所未有的夸大，在推动社会与经济发展的过程中，人类表现出了惊人的智慧和能力，以至于人类追逐于无限欲望的满足而忽视了生态系统的平衡，经受了人口激增、资源耗竭、环境恶化等苦果。使得沉醉于自身成果而无法自拔的人类开始对自己的行为进行理性思考。

1. 生态视野的政治关注——绿党政治的兴起

工业文明催生了生态危机的爆发，生态危机的广泛性和全球性使得各国民众要求维护生态安全的呼声高涨，并且开始付诸实践。从20世纪60年代起，西方国家民众开始走上街头共同为保护生态环境而抗议示威，从而拉开了政治生态化序幕。伴随着生态政治运动的旅程，一个呼吁以生态环境保护为价值诉求的政党——"绿党政治"应运而生，并且开始踏上政治舞台，发挥着重要作用。绿党的出现是当代全球生态政治运动浪潮兴起的重要标志之一。

继新西兰1972年成立的第一个全国性的绿党——新价值党之后，欧洲活跃为绿党发展的中心。1973年英国"人民党"的诞生成为欧洲第一个绿党，1980年德国绿党成立，并于1983年正式登上了政治舞台，成为一支新兴的政治力量。该党的成立，对于全世界绿党组织的发展产生了极大影响。

　　绿党的最初出现并没有引起人们特别是政治家们的重视，但是绿党带给人们一种崭新的视角，这种新形象赢得了民众的欢迎和支持。绿党所主张的将政治、经济和生态危机相联系的政治理念和实践方案更是吸引了民众的热情。在公众的关注和支持下，绿党逐步走向政治舞台。1998 年由于德国绿党成为执政党使得德国政府成为第一个"红绿联盟"的联邦政府。这也进一步促进了欧洲绿党的发展。80 年代以来，欧洲主要国家纷纷成立了绿党。90 年代以来，东欧国家也相继建立绿党。以德国为榜样，各国绿党一经成立便致力于各国议会和政府。同时各国绿党为加强国际联系开始谋求建立绿党国际联盟。绿色组织的兴起标志着生态问题已经被纳入西方政治视野，绿色意识成为西方意识形态中的新元素。

　　绿党的兴起以及绿党在政治舞台上的活跃，世界各国的政府迫于压力也开始逐步关注生态，由于生态安全是全球性的问题，在绿党的影响下，生态问题也开始进入国际政治的视野。

　　斯德哥尔摩于 1972 年 6 月 5 日至 16 日，召开了联合国人类环境会议，这次会议成为国际社会共同重视、解决环境问题的先河。会议上通过的《联合国人类环境会议宣言》在对传统发展模式提出质疑的同时倡导建立新的发展模式。1972 年一个重要的国际环境组织——绿色和平组织成立，并且很快发展壮大，该组织创立于加拿大温哥华，之后很快发展到美国和欧洲各国。联合国于 1983 年成立了世界环境与发展委员会，要求其通过制定长期的环境对策，研究解决环境问题的有效途径和方法。1987 年，该委员会递交了第一份研究报告——《我们共同的未来》，报告提出了"可持续发展"理论，确立了绿色文明的最基本概念，揭开了生态文明的帷幕。随后陆续召开了国际性的有关生态环境的相关会议，并出台了相关文件与行动纲领，各国也纷纷响应。1992 年 6 月，联合国环境与发展大会在里约热内卢举行，会议通过和签署了包括《里约热内卢环境与发展宣言》、《21 世纪议程》在内的一系列重要文件，为世界各国实施可持续发展战略提供了一个框架。在

2000 年 9 月召开的联合国大会上，各成员国一致通过了"联合国千年发展目标"，并签署了《联合国千年宣言》，共同做出为保护环境、实现可持续发展做出贡献的承诺。2002 年，在南非约翰内斯堡召开了旨在"拯救地球、重在行动"的"地球峰会"，并通过了《执行计划》和《约翰内斯堡可持续发展承诺》，进一步深化了人类对于可持续发展理念的认知。2012 年 6 月全球可持续发展峰会在里约热内卢举行，会议通过了《我们期望的未来》，重申了《里约环境与发展宣言》、《21 世纪议程》和《约翰内斯堡可持续发展承诺》等重要文件的原则和精神，巩固了可持续发展全球治理的框架。

2. 生态的政治化趋向

生态问题进入政治视野，是对传统价值视野下发展理性的挑战。对于生态问题的解决，首先与政府决策是息息相关的，因而生态问题的解决路径之一就是政治参与，生态问题也转向为一个政治问题，而生态政治化也成为一个趋势。随着对于生态问题关注度的提高，生态问题对于政治的影响力也越来越大。

首先，生态问题与政权的互为影响。在我国，二者的相互作用首先表现在党和政府这个权利主体上，自 90 年代以来，对于生态的政治关注，我国政府可以说给予了高度关注，协调国际政治力量共同致力于全球生态安全问题。我国的《中国 21 世纪议程》是世界上第一个出台的国家级可持续发展战略的行动纲领，而且，在国际上，我国领导人也明确了我国政府在生态问题上的立场，走在了可持续发展和维护生态安全的前沿。

其次，生态法律的健全与完善。对于一个主权国家来讲，法律是维系国家安全与稳定的规范性条例。随着全球危机的爆发，生态问题已经成为国家安全的一部分，因而，生态问题已经提出了健全和完善相关法律的要求。随着立法进程的推进，我国已经相继出台了许多相关法律——《环境保护法》、《大气污染防治法》、《水污染防治法》、《固体废物污染环境防治法》、《噪声污染环境防治法》和《草原法》、

《森林法》、《水法》等法律，形成了针对环境保护和生态安全的法律法规体系，使生态问题的解决具有了法律的保障。

（二）生态政治化催化了政治的生态化趋向

生态政治化的一个重要作用就是促进了政治生态化的进程。所谓生态化就是指人们在进行生产实践的过程中能够将生态学相关的理论自觉地运用到处理人与自然的关系中，以达到实现人与自然和谐共生的目的。生态政治化是实现政治生态化的必要前提，生态政治化的目标就是实现政治的生态化，通过提升国家、政府等对于生态问题的关注度，达到实现人与自然和谐共处的美好愿望。归根结底，政治生态化在实质上要求把生态环境问题提升到政治高度，促进政治与环境的一体化发展，在坚持政治与生态环境有机统一的基础上，实现正式与生态的辩证的统一，从而实现全球政治与生态的健康、持续与稳定的发展。生态政治化催化了政治生态化的进程，在推动政治生态化的过程中，首要的是在明确政治生态化特征的基础上探寻实现政治生态化的途径。

首先，政治生态化具有辩证的和谐性。在追寻生态政治、构建和谐社会的过程中，可持续发展已经成为各国政府的共同追寻和共识，其核心导向已经从最初的经济领域扩展到社会及其他领域，从经济的协调发展拓展到经济、社会等领域的全面协调可持续，体现了对于社会、生态和谐的追求。对于和谐社会而言，其终极目标是实现人与自然的和谐，生态的和谐是其题中之义，生态和谐的实现需要以政治的手段去推动，二者是辩证统一的关系。因此，在价值目标上，政治的生态化与和谐社会的科学内涵保持了一致性，体现了辩证的和谐与统一。

其次，政治生态化体现了公众的参与性。政治生态化的实现，需要全民的共同参与才能完成，只有广大民众首先确立生态意识，主动践行生态保护，以自身的生态行为促进全社会乃至全球的生态行动。一直以来，在利己主义思维促进下，人们形成了个人利益至上的固化思维，为了实现自身利益抛弃了生态利益，要实现生态政治，扭转目前的局面，需要通过宣传和教育，使人们树立生态意识，形成保护生态的意识和氛围。同时，要健全政治生态化的公众参与制度。政治生态化的实现，光有民众的生态自觉是不够的，还要依靠制度的规范和推动。政治生态化的过程同时也是使民众不断树立生态意识并在实践中主动践行生态行为的过程，建立健全民众生态参与制度，在制度的规范和制约下推动民众参与生态的政治决策，从而实现政府的生态决策，因而，民众的生态参与与政府的推动是一个双向互动的过程，二者互为促进、协调推进。目前，我国在实现生态政治的过程中，虽然公众的生态意识和生态参与度有很大提升，但与实现政治生态化的目标仍有很大差距，与实现政府的生态决策仍有偏颇，因此，实现变革势在必行。

第二节　经济生态化

一　"经济人"的追溯

（一）背景

有关"经济人"的说法并非新的概念，其思路和想法古已有之。经济学家斯密曾对经济人进行了相关的阐述，虽然并未提出明确的"经济人"的内涵，但是其思想内核已经具备。斯密认为，首先，人类做出某一行为的唯一动机就是利益的驱使，这是由人的自利性决定的；其次，人类要想实现自己利益最大化，必须在实现利益的过程中考虑他人的权利，同时，人类追求利益的活动是在市场这一"无形的手"引导下进行的。斯密的经济思想影响了很多人。继斯密之后，古典经济学家穆勒发展了"经济人"的思想，抽象出了"经济人"的内涵，帕累托将"经济人"的概念和思想引入了经济学，"经济人"也因此进入了西方经济学的视野，成为西方经济学研究的理论前提和基础假设。

（二）"经济人"的根源追溯

对"经济人"的假设是资本主义经济发展的产物，它以实现利益最大化为目的，在利益主导原则推动下，使得资本主义国家的经济得到了很大的发展，但是，在追求利益最大化的同时，人类欲望的无限性，使人类在开发和利用自然的过程中，置自然规律于不顾，忽视生态价值，激发了人与自然的矛盾，对自然生态也造成了很大的伤害，最终导致了生态危机的爆发。追寻经济人的根源，主要有以下几个方面的因素：

1. 体制因素的影响

马克思和恩格斯在《德意志意识形态》中指出，现实的个人是人类历史的前提：个人怎样表现自己的生活，他们就是怎样。因此，他们是什么样的这同他们的生产是一致的——既和他们生产什么一致，又和他们怎样生产一致。因而，个人是什么样的，这取决于他们进行生产的物质条件。揭示了"经济人"的存在方式，指出了对经济人的追寻应该从经济体制的角度去寻找。"经济人"的提出是市场经济的产物，市场经济在本质上体现了人对物的依赖关系，这种依赖性必然导致人对利益的无限欲望与追求。市场经济在实质上就是利用这种人的利己性和人对利益最大化的无限追求激发人类的潜力，进而实现对资源的合理配置，这与经济人在实质上走向了一致。

2. 社会道德因素

道德观念作为上层建筑是由社会生产方式决定的，任何社会，人们的道德约束都是在自身经济活动中建立起来的，当道德规范建立后，又会反过来影响人类的社会经济行为。而在市场经济条件下，在利益最大化原则的主导下，人类的社会经济活动必然围绕这一原则进行，因而，源于社会实践而建立起来的道德规范也必然体现这一原则，从而也使"经济人"的存在找到了合理的存在依据。

（三）"经济人"的缺陷

"经济人"的成立是以经济理性作为支撑的，在工业文明时期，社会物质财富的增长不仅仅是社会发展的目的，更成为人类谋取无限利益的动力所在。这种高速发展、不计后果的发展模式很快使人类进入了生存困境，人与自然关系恶化，人与自然走向了对立。

1. "经济人"对人性的缺失

"经济人"的假设首先依托于人这一载体，人的存在具有两面性——是自然存在物和社会存在物的统一体，即人具有自然性和社会性双重属性。"经济人"作为对人性的抽象与概括，在经济理性的支配下，人为地凸显了人的社会性而忽视了人的自然性，因而，将人与自然关系简单地定位于经济关系，使人的主体优越性得到了极致发挥，人凌驾于自然之上成为主宰自然的强者，自然则被相对弱化为人类主宰的对象。人类将自然规律置于不顾，甚至蔑视、违背自然规律，虽然得到了物质生活的极大丰富，但是也造成了严重的后果——自然生态环境的恶化和人性、人格的缺失或异化。而人作为自然存在物与社会存在的统一体，除了具有物质生活条件的需求外，还具有精神生活的需求，而在物欲膨胀的工业社会中，人的精神需求被忽略，对于限制人类行为的道德规范也被视若无物，进而造成了伦理道德的缺失，这也是工业理性视域下"经济人"人性缺失的必然结果。

2. "经济人"的价值缺失

在工具理性支配下，"经济人"实质上将人与自然的关系定义为工具性关系，在这一视野下，人作为主体被置于最高地位，自然沦为人类行为的对象，成为人的奴役，因而，人类开始了无限制地开发、利用自然万物的历史，人与自然关系也由和谐共生的统一关系而走向主宰与被主宰、利用与被利用的关系。人与自然的平等关系被打破，自然仅仅作为满足人类需求的对象而存在。依据马斯洛需求层次理论，包括饥、渴、衣、住、行方面的生理需要是人类最基本的需求，这一基本需求层次的满足依赖于经济手段来实现，这似乎为人类满足自身需求而无视自然规律提供了依据，也使"经济人"有了合理的存在基础，进而把物质财富的增长看作唯一的目的，人类也无限放纵自己的欲望而最终走向危机的边缘。

在价值论视野中，自然界不仅具有为人类的价值，其自身也具有内在价值。人类的生存与发展，需要依赖自然提供的条件，同时要尊重自然价值，在经济社会活动中要实现人与自然间物质、能量的正常、合理循环与转化，才能有效促进人与自然关系的和谐发展。这就说明，自然的存在是人类存在与发展以及价值产生的前提和基础，离开了自然就无所谓价值。显然，"经济人"的假设并没有考虑对自然价值的尊重以及遵循，进而偏离了价值的本源而走向了异化。

3. "经济人"对人与自然本质关系的扭曲

建立在主、客二分基础上的人类中心主义是近代工业文明时期的主导伦理价值观，它认为人是自然的中心，自然万物都是人类的附属，自然界生来就是为人类实现自身利益而服务的，人作为万物的主宰，可以肆意处置自然，自然也必须服从和服务于人类的绝对统治。在这一价值主导下提出的"经济人"假设，将人与自然关系进一步地经济化，异化了人与自然的关系，而将人类置于生态危机之中。

二 "经济人"与"生态人"的共建

随着人类文明步伐的发展，人类步入生态文明时期，生态文明倡导实现人与自然的和谐发展、和谐共生，这对工业文明理性经济提出了挑战，也使"经济人"假设的合理性被提出了质疑，生态文明视野下，实现"经济人"向"生态人"的转化及其共建是实现人与自然关系和解的必然路径。

（一）"经济人"的生态转向

1. 生态文明呼唤"经济人"的转向

工业文明带来的不良效应是人类不得不面对的现实，在对自己不合理行为所造成的恶果进行深刻反思的同时也呼唤着生态文明这一全新文明时代的到来。生态文明时期是以追求人与自然的协同发展、和谐共生为目的与宗旨的时代，这是一个指向生态发展的时代。实现人与自然的生态和谐，首先要着眼于人类价值观的生态转向，确立生态的发展观念，是实现人类实践活动的生态化转向的精神动力，这就必然提出"生态人"的构建。"生态人"是区别于"经济人"的发展模式，它是对"经济人"的反思与重塑，是对时代发展要求的呼应，因而，"生态人"提出是时代发展的要求，"经济人"的生态转向是生态文明时代生态世界构建的必然发展方向。

2. 人性危机的克服需要经济人的生态化转向

工业文明时代给人类带来的物质富足是非常可观的，时代的发展给人类带来的前所未有的巨大物质财富是人类逐渐在追求物欲中迷失了自然本性，以至于在追逐自身利益的过程中完全地忽视了自然的承载能力和自我修复能力，造成了对自然界难以弥补的伤害，最终导致人与自然矛盾的升级而最终威胁到人类的生存与发展。这一困境的出现归因于在人类利益膨胀基础上的人性危机或是人的异化。工业理性视域下的"经济人"的塑造是对工业文明时期人类中心主义价值观的遵循与实践，在这一价值观的指导下，人类最终陷入了人与自然关系恶化的怪圈，不仅使人类遭受了自然的报复，也使人类在利益驱使下迷失了方向。要想转变这一恶性循环，使人类从异化中恢复本真，实现人性的回归，必然要实现由"经济人"向"生态人"的转向。

（二）"生态人"的解读

"生态人"是对人性假设的新的发展，是与时代发展要求相适应的，也是生态文明的承担主体。它是在对经济人进行批判和扬弃的基础上形成的适应时代发展要求和人类发展方向的人性假设，相对于经济人追逐于对利益最大化的实现和人性的满足，生态人则更多地关注对自然规律的遵循、对自然价值的尊重、对自然万物的关爱和人与自然和谐共同体的共建。

1. 生态人的内涵及特征

对于何为"生态人"，理论界不同学者也都提出了不同的概念，无论是何种表述，其最终落脚点都不约而同地走向了人与自然的和谐。因而，相对于"经济人"追求经济利益，"生态人"更多地追求生态利益。因而可以将"生态人"定义为：具有生态意识、关注自然内在价值、尊重自然规律，以实现人与自然的和解与协同发展为终极旨归并在实践中自然地践行生态理性的人或群体。

生态文明视野下的"生态人"的塑造是在生态理性指导下的产物，生态理性与工业文明时期的经济理性具有根本的不同，经济理性使人类在追逐利益的道路上越走越远而导致了危机的爆发，人类在反思自身行为的过程中开始意识到，生态危机解决的一个首要的问题就是首先解决人的行为指导的问题，因而对经济理性提出了质疑，理性指导也开始走向生态化，生态理性出现在人们的视野中，成为指导人类生态实践的理性意识。生态理性作为一种意识，需要通过人这一载体发挥作用，"生态人"作为新的人类模式，是对工具理性和"经济人"的扬弃，适应生态文明建设的需要，具有自身的特征。

首先，具有生态整体性。"生态理性是统一整体的思维范式，认为自然界是由有机体与无机体相互作用构成的复杂系统，人与自然、人与人、人与社会、人与生物之间及生物和环境之间互相依赖，共同构成生态系统。"[1] 在生态理性指导下建构的人类模式——"生态人"首先继承了生态理性的整体性特征。作为统一体的生态系统，是由多种要素构成的统一体，各要素间的互相依存和相互作用共同推动生态系统整体的发展，因而，整体思维是生态理性的特征之一。建立在生态理性基础上的"生态人"，走出了传统人类中心主义的范式，着眼于系统的、整体的视角去看待人与自然的关系，运用辩证的、联系的观点去解决人与自然的关系。人与自然万物共同构成自然生态系统，要想实现生态系统的整体和谐，必须要使构成这一系统的各个彼此相互联系、相互作用的各个要素和谐发展，才能实现系统整体的协同发

---

① 路日亮：《从经济人到生态人》，"生态文明与人的发展"学术研讨会，2013 年 11 月 8 日中国会议，第 279—285 页。

展。因而，生态整体性是生态人的特征之一。

其次，遵循人与自然的平等性。在传统人类中心主义视野中，人与自然并非完全平等，人是万物的主宰，这种绝对的优越性给人类的实践行为找到了依据。而"生态人"从生态伦理出发，对人类中心主义的人的绝对主体地位提出了质疑，生态伦理主张人与自然的平等，认为自然物具有内在价值，因而，在人类实践活动中，必须遵循自然内在价值，将自然万物置于同人类一样的平等地位，这是人类进行实践活动的基础和前提。在这种平等关系中，尊重自然成为一种必然，人类在尊重自己的同时应当尊重自然、善待自然，人类一方面从自然界获取维持和发展自身生存需要的条件，同时也要承担起尊重自然、保护自然的义务，只有首先建立起这种平等、公正的关系，才能实现人与自然的和谐共进。

最后，追求人与自然的和谐性。和谐是一种状态，一种万物和平共处、协调发展的状态。生态系统作为一个整体的概念，需要各构成要素互相联系、相互促进才能达到协调、平衡的状态。和谐是人类追求的终极目标，在生态平衡视野中的和谐，不仅指人与人的和谐相处，也包含了人与自然、人与社会间的和谐共建，是整个生态系统内部诸要素间以及生态系统整体的和谐，这亦是"生态人"的追寻目标。

2. "生态人"与生态文明

生态文明是人类文明发展的更高阶段，是人类文明进步的发展阶段。其核心价值与发展方向内在地规定了人类未来行为实践的方向。生态人是对经济人的扬弃，生态人内在地蕴含了对人与自然关系的重新认识与建构，在价值目标和发展方向上与生态文明不约而同地走向了同一。

首先，价值目标的同一。无论是生态文明的价值目标还是生态人的价值指向，一个共同点就在于它们都追寻人与自然关系的和谐与共生。人与自然关系是人类在不同发展阶段都关注的关键点，由于不同阶段受历史发展条件的影响，人们对于人与自然关系的认识存在着差距。在工具理性支撑下的人与自然关系更多地走向了人对自然的主宰，而在生态文明视野下生态理性支撑下的人与自然关系开始回归自然，关注自然内在价值，尊重自然规律，以构建人与自然的平等、和谐和可持续发展为目标，这既是生态人的价值追寻，又是生态文明的终极价值目标。

其次，发展方向的同一。当人类对于人与自然关系有了重新的解读和认知，在实现什么样的发展问题上就开始变得清晰明确，因而，实现人与自然的可持续发展就成了人类在实现人的全面而自由发展道路中的发展目标之一。可持续发展是人类在寻求发展、推动社会历史进步的过程中，不仅要关注眼前利益也要注重长远利益，不仅要关注当代人的利益也要注重后代人的发展需要与利益，这就要求在实现当代发展的过程中不仅要关注经济利益、社会利益，更重要的是要实现生态利益与经济利益和社会利益的同一、协调发展，以可持续发展的要求去规范人类的实践行为。因而，实现可持续发展是当代及未来人类社会发展的方向，生态文明与"生态人"亦是着眼于人与自然的可持续发展，在发展方向上共同指向了可持续发展而实现了同一。

（三）"经济人"与"生态人"的统一共建

一般来看，"生态人"应当是具有尊重自然的生态意识、善待自然的生态良知、生态优先的生态理性以及关爱自然、顺应自然的生态人格，"生态人"的提出是对经济人进行合理批判和继承基础上形成的，具有进步意义，在实质上，建立在此基础上的生态人的合理性有时会超越人类中心主义而转向非人类中心主义，因而，在生态文明视野下，实现经济人与生态人的共建才是更为合理的趋向。

1. 在追寻人与自然协同共生的价值目标下实现共建

随着人类对生态危机后果的评估以及反思，价值观的生态化转向已经是必然趋势，在生态价值观主导下，"经济人"也接受了生态价值的理念，开始走向生态化。对自然价值的认识也开始有了新的认识，在认识自然满足人类需求的工具价值的同时也意识到自然作为生态系统的组成部分本身应当具有内在价值，因而，人们在运用自然资源满足自身生存发展需要的同时应当关注自然、保护自然，运用生态化的手段去开发自然、利用自然，在追求经济利益的同时将生态效益作为重要指标之一。因此，经济人的生态价值转向协同生态人的内在价值目标在生态价值视野下共同指向了人与自然的和谐发展，在这一生态化的价值目标下构建"经济人"与"生态人"的共同体，实现经济利益与生态利益的统一成为必然和可能。

2. 在实现可持续发展的发展目标下实现统一

可持续发展是人类在解决生态危机过程中提出的发展方向和目标，可持续发展的实现依赖于自然环境条件的支撑，人类对资源的开发利用需要有限度，自然虽然具有自身的修复能力，但是也应当建立在人类的合理开发、利用基础上，一旦人为地打破这一界限，自然环境的可承受力就会受到挑战。所以只有在界限内使自然满足人类的发展需要才是合理的，"经济人"的行为才能有适宜其发展所需要的自然环境条件。也就是说，"经济人"在从事生产实践和经济活动中，首先必须遵循环境对人类行为的可承受界限才能保证经济行为的正常进行，因而增强环境生态意识、发展生态技术，把经济效益同环境可承受度结合起来，实现经济效益与生态效益的统一，才能实现可持续发展。"经济人"的发展方向在生态视域下的转变，与"生态人"在发展方向上对可持续发展的追逐不谋而合，在这同一发展方向上使二者走向共建。

总的来讲，在生态文明视野下，"经济人"的发展走向了生态化，"经济人"要想在生态视角下满足自身的利益就必须与"生态人"实现统一共建，才能共同致力于实现人与自然和谐发展和协同共生的目标。

第三节　教育生态化

一　教育的生态要素

教育作为培养人的活动，本身构成了一个独立的系统，同时由于其培养人的特性又决定了其系统的开放性。教育功能是指教育活动和教育系统在个体及社会发展中所产生的影响和作用。教育作为一个系统，首先表现为对组成系统的各内在构成要素具有一定的影响和作用，其次作为一个开放的系统，教育对于系统要素之外的其他要素也具有影响和作用。教育的这种影响和作用构成了教育的功能，教育的功能在作用的效果上来看也有正功能和负功能之分，正功能对个体及社会发展具有积极的促进作用，而负功能则相反。教育的功能依据不同的标准有不同的分类，一般意义上，教育功能包括个体功能和社会功能，教育的社会功能一般而言指教育对社会发展包括经济、政治、文化的作用，而在生态文明建设的新视野下，教育的功能也应该包括了生态功能。

（一）教育的一般功能

1. 教育促进个人发展的功能

作为基础性功能，教育可以有效地促进个体的发展。个体发展是指个体自出生以来一直到生命尽头过程中在身心方面所发生的变化。个体的生存离不开社会这一系统，因而，个体发展也是社会化与个性化的统一体，教育对个体发展的功能也表现在这两个方向。

首先，作为个体的人，不可能脱离群体而独自生存，必须与他人发生关系即在一定社会关系中生存，而社会化就是个体社会化的必然途径。因而，教育的一方面功能就在于其促进个体社会化方面。学校作为教育的场所与平台，必然地承担起个体社会化的任务。一方面，教育对于个体思想意识的形成具有指导性。人的行为并非无目的性的行动，而是在有目的的意识指导下的活动。意识是对社会现实的反映，对人的行为具有指导性。教育是为社会服务的，体现了社会要求，必然体现社会主流文化和主流价值观的方向，因而，受教育的个体的思想意识必然也会受到影响，打上主流文化和主导价值观的烙印，这在一定意义上必然会打上时代政治的印记。另一方面，教育对个体行为也具有指导性。人类的行为必须受到社会规范的制约。教育作为传播社会意识的手段，必然要将反映社会主导价值的行为规范传递给社会中的个体，使人们对于行为规范有所了解和认知，进而形成规范的意识，自觉指导自身行为符合社会规范的要求而不偏离轨道。

其次，个体在社会系统中虽然不可避免地去追求社会共性，作为具有独立思想意识的个人，必然也会体现个体差异，具有个人个性，而个性的存在正是使人成为自己而非与他人相同的个体的原因所在。教育在促进个体个性化中起重要作用，教育促进个体主体意识的形成，推动个体能力发展。人要成为认识和实践的主体，首先需要的是通过教育获得作为主体需要具备的知识和能力，因而教育成为其发挥主体意识，提升主体能力的必要手段。

2. 教育的经济功能

在当代社会，经济功能是教育的突出功能。教育的经济功能自近代以来才开始逐渐凸显，是伴随工业革命成长的。在当代社会，人才是推动经济增长的重要因素和关键所在，而教育则是培养人才的主要手段。因而，教育对于经济发展具有推动作用。

首先，教育提升了劳动者的知识技能。生产力的一个重要构成因素就是劳动力，劳动力是智力与体力的结合，劳动力的数量和质量是经济发展的重要条件，在知识经济视野下，劳动力的质量更是尤为重要。在现代社会中，从事生产劳动必须掌握一定科学知识，才能胜任工作岗位，从基层劳动者到管理层的知识技能都有新的要求，无论是基本技能的学习、管理水平的提升还是创新能力的提高都需要依赖教育得以实现。就像马克思所指出的："获得一定劳动部门的技能和技巧，成为发达的和专门的劳动力，就要有一定的教育或训练。"① 教育对劳动再生产的促进主要通过三个层次的教育来实现：第一层次通过基础教育学习奠定劳动者的基本素质；第二层次通过高等教育和职业教育提升劳动者知识水平和专业技能；第三层次是继续教育，通过对职业工作中的某方面问题有针对性地进行培训和学习，进而提高劳动者的劳动效率和熟练程度。

其次，教育通过对科技知识的普及推动经济的发展。在现代社会中，科技对生产力的推动性是很强的，成为第一生产力，而教育则是使科技成为第一生产力的手段与路径。

教育对科技的推动作用主要通过以下两个途径实现：第一，教育通过对科技文化知识的传播与宣传，推动科学文化与技术的再生产。科学文化和技术是具有传承性的，通过一代代的继承和传播实现发展和创新，教育是传承文化与技术的重要手段，也是通过文化传承功能的实现，促进了科技文化的再生产。第二，教育推动科技与文化创新。教育的功能不仅在于传播科学文化，更重要的是实现科技文化的创新。每一时代的文化与科技都是对上一时期的继承与发展，教育特别是高等教育对于文化的传承与创新肩负着重要责任，高等学校中所拥有的人才资源是推动知识和科技创新的重要抓手，通过实现教育、科研的创新成果服务生产力发展，推动经济的发展。

总体而言，人和科技作为潜在生产力，对于经济发展具有推动作用，这一推动作用的发挥必须借助于教育实现潜在生产力的现实转变。通过教育，使人掌握科技知识而实现自身工作能力和工作素质的提升，进而实现有潜在生产力向现实生产力的转变，实现了教育对经济的促进功能。

3. 教育的政治功能

教育的政治功能古已有之。在古代社会，教育与政治是相融合的，教育服务于政治。近代以来，随着封建特权制度的陨落，教育从

---

①　马克思：《资本论》第 1 卷，人民出版社 1975 年版，第 195 页。

政治中分离出来，更多地转向为统治阶级服务。现代教育在继承近代教育功能的同时，还对民主政治发展具有推动作用。

第一，通过教育可以培养政治人才，进而服务于政治。这一功能是教育为政治服务的最基本的方法。无论是学校教育还是社会教育，政治教育都是其中的组成部分，通过政治教育，宣传国家主流意识形态，使人们形成社会所需的政治信念和政治思想，为社会政治服务。

第二，通过学校教育宣扬主流思想为统治阶级服务。学校教育是宣扬文化的重要场所，文化作为意识形态是对社会经济和政治的反映，因而，一定社会的文化必然是该社会政治思想和要求的体现，学校教育通过对反映社会政治思想和政治要求的主流文化的传播，让广大受众了解并掌握反映统治阶级要求的思想，进而更好地投身到政治服务当中。

教育对政治的促进作用是显而易见的，但是也要正确地看待教育与政治的关系，教育可以推动政治发展、推进民主政治进程，但是不能认为教育可以改变政治。教育只是推动政治变革和进步的助推器和催化剂，而政治对教育是具有决定性作用的。

4. 教育的文化功能

文化是人类实践活动的产物，文化的产生发展过程与教育是密切相关的，文化的创造过程就是教育过程。认为文化诞生后，作为独立于人之外的客观存在物，其传播、继承与创新离不开教育功能的推动。

首先，教育过程是对文化的延续与继承。文化是人类物质文明和精神文明的提炼，因而文化的形式也是多样的，有物质文化、制度文化也有精神文化。不同的文化形式其保存和传承的方式也不同。物质文化和制度文化由于其自身的显性特征可以通过一些物质实体交易体现，可以通过古迹遗址加以保存，也可以通过语言文字进行留存。相对于这两种文化，精神文化作为人类文化的内核更多地需要借助于教育的手段才能加以传承。作为精神层面的文化形式，其表现形式更多地表现为在人类文明发展进步过程中所积累的文化传统和思维方式，人类传统文化和主流思维方式的延续更多地需要借助于人这一载体才能实现，而教育则是使人掌握精神文化的途径和手段。一般来讲，通过纵向和横向两种方式实现：纵向的文化传承主要是从文化在时间上的延续性来说的；横向的文化传承主要表现为文化在空间上的延续。教育在对人类进行文化传播的过程中，文化是中介和桥梁，教育是对文化的延续和普及。

其次，教育过程伴随着文化的融合过程。一般而言，文化是有地域性和封闭性的，但是随着生产力的发展和市场经济的开放，使得文化的传播打破了地域封闭性而不断开放。在开放视野下，文化的交流与融合已经成为必然。教育的开放性推动了文化的交流与融合，一方面，通过互派留学生、参与国家间学术交流等方式促进不同国际间文化交流，在交流中实现文化的融合与发展。另一方面，教育过程其实说到底就是对不同文化的学习，对于其他地域的文化进行认知和选择，取其精华融合于本土文化中，进而实现本土文化的创新与提升。作为对文化进行学习的教育过程，其过程并非简单的针对文化的复制与认可，而是在对文化进行选择与重构并实现创新的过程，这一过程促进了在实现本土文化发展和世界文化的交融与发展方面具有重要作用。

再次，教育能促进文化的创新。人类文化是随着社会实践不断发展的，文化不仅需要传承与弘扬，而且需要不断创新。因而，实现文化创新是教育文化功能的最根本目标指向。教育对文化的创新，一方面，要对已有文化进行选择、辩证地批判和吸收，要按照社会实践发展需要对已有文化进行批判的吸收，构建新的能够适应时代要求的文化体系，推动文化的发展。另一方面，教育过程也在不断推陈出新，产生新文化。教育过程是由教育工作者对受众进行教育的过程，在这一过程中，施教者不仅仅在传播文化知识，更是在实现文化创新。教师在从教过程中一方面在承担施教的责任，同时也在进行科研、学术等活动，这些都是推动文化创造的途径。另外，教育过程的一个重要的结果就是对人才的培育。施教者通过传授文化知识，对人的个性与能力进行培养和提升，进而将接受过教育培育的人推向社会并为社会服务。

综合而言，无论是对个体还是对社会，教育的功能都是非常显著的，教育的作用最终通过人这一载体展现出来，因而，教育的内容、过程及效果最终决定人在社会中的价值与影响。所以，教育的功能不仅具有重要的理论意义也具有重要的实践意义。

（二）生态文明视野下教育功能的生态延伸

人类的发展与自然是紧密相连的，人与自然本就共存于自然生态系统中。一直以来，在传统价值思想指导下的人类行为对自然造成了极大的伤害，随着这种伤害的扩大最终演变成难以应对的危机，迫使人们不得不重新审视自身言行，从价值导向到实践行为都倾向于生态化，因而传统价值观开始淡出人类视野，生态价值观则成为人类追求的价值导向。这种以追逐实现人与自然和谐的价值观必定对人们约束自己破坏生态的行为产生重要作用，而教育则是将这种价值观普及给人们的最佳途径，因而教育的生态转向亦是必然。

1. 教育功能生态转向的哲学基础

教育与哲学是相互关联的，因为它们有共同的服务对象，都以"人"作为其关注对象。一般来讲，哲学对教育是具有指导意义的，哲学的价值指向和方法论指导都对教学发展方向具有指导性。"哲学乃是教育的最一般方面的理论，教育乃是哲学上的各种观点具体化。"① 因而，价值观的取向对于教育的价值取向是紧密相连的。

工业革命以来，由于确立了将人与自然对立的"主客二分"的价值观，人类在理性主义和二元论范式指导下，虽然在推动经济、社会发展进步方面取得了惊人的成绩，但是过度的对自然界的忽视和破

---

① 刘贵华：《生态哲学与大学教育思想变革》，《高教探索》2001年第3期。

坏，造成了人与自然关系的对立，也导致了全球生态问题的发生与生态环境的极度恶化，这种状态迫使人类不得不将视野从人与自然的对立转向寻求实现二者关系的和谐共生。随着人类对现状的反思和觉悟，人们开始意识到造成这些恶果的原因在于人类自身，特别是人类价值观的偏离，因此，要想改变现状、解决危机，首要的就是改变已有错误思维方式和价值观，进行价值观的重构。于是，生态价值观作为人类实践行为的新的价值导向闯入人类视野，成为生态文明时期指导人类行为的价值思维方式。

生态价值观打破了主客二分的传统价值导向，将实现人与自然和谐作为其终极价值目标，将人与自然存在物看作同一系统的组成要素，承认自然的内在价值，这种建立在生态整体系统思维基础上的哲学思维方式，是对传统思维方式的突破与超越，反映了当前的现实需要，符合人类社会发展进步的步伐。这种打破传统视野的价值观的出现，给人类提出新的要求，也为人类实践行为提供了新的指导思想。教育作为传播文化的主要手段，为了更好地发挥其功能，需要在主流价值观指导下进行教育活动，将生态价值观作为现代教育活动的指导思想必然推进教育及其功能的生态化转向，从而为社会培养出符合生态文明建设需要的生态型复合人才。

2. 教育功能生态转向的实践基础

伴随着人类对生态危机的认识和反省，生态文明作为跨越工业文明的文明形态，成为人类在当代社会所推崇的文明形式，生态文明建设作为一项重要任务成为人类重构人与自然关系的理想模式，因而，工业文明视野下的教育价值取向也失去了其实践基础而开始寻求新的方向，教育的生态发展成为未来教育发展及教育功能实现的新转向。

生态文明建设进程的推进给教育功能的发挥提供了新的思路和方向。生态文明以实现人与自然和谐发展、共存共荣为目标，蕴含着丰富的教育价值。一方面，生态文明建设理论作为建设生态文明发展的顶层设计，为教育发展提供了理论指导。另一方面，建设生态文明的实践，为教育提供了生动鲜活的内容，使教育自然转向了生态化，同时也使教育为生态文明建设更好地服务。总而言之，生态文明理念为教育理念的生态化提供了理论指导的实践内容，为教育功能的发挥指明了方向，也为教育知识结构的充实提供了基础。

（三）教育功能生态转向的现实路径

教育功能的生态转向已经成为教育发展的必然走向，教育的生态发展并不仅限于学校教育的生态化，而应该是一个自上而下的改革进程。

1. 教育管理思路的生态化

哲学意义上的管理被定义为一种活动，它是管理主体对客观对象所进行的社会活动，它是管理主体对客观对象的本质和规律进行能动的认识，并在此基础上做出决策并制订计划，通过一系列诸如组织、指导等环节使主体的思想、意志内化为客体的思想、意志，从而实现人们自觉地做出决策、制订计划，然后通过组织、指导和控制等环节，把自己的思想、意志转化为管理客体的人的思想、意志，借助人、财、物，在认识、行动等方面使它们实现统一，有效协调它们的努力，以促使决策和计划达到共同目标。作为教育管理主体，对他人心理和行为具有影响作用，因而在进行管理活动、制定相关政策、制度前应当进行评估。教育管理的生态化转向，要求在管理主体进行决策前进行生态的决策评估，通过论证决定即将下达的指令或即将制定的策略是否对生态系统造成不可补救的伤害，要将生态的思想融入到整个决策过程，以保障结果的生态性。教育管理的思路最终要通过教育活动表现出来，因而，教育管理决策的生态性直接决定了整个教育活动生态化，通过生态的管理引导，使生态整体思想贯穿教育过程，使生态教育成为常态化。

2. 学校教育的生态转向

学校是教育的主要阵地和场所，一直以来，学校教育更多地强调专业理论知识的学习，对于生态的教育受诸多因素的影响，并未成为学校教育的重要内容。随着人们对生态问题的认识与反思，开始认识到学校教育也应该转向生态，教学内容应当融入生态思想、生态文化及生态道德，进而从源头上树立起生态理念，形成生态自觉，自觉践行生态行为。学校教育从学前教育到高等教育，在不同层次、不同阶段的教育过程中对于生态的教育应当运用不同的形式。

生态教育应当从娃娃抓起，因而基础教育作为启蒙阶段，对于生态相关内容的传授应当专门化，设立专门的生态知识课程，采用体验式与理论化相结合的方式，启发学生对于生态的觉悟，使他们从小认识到生态对人类生存发展的重要性，形成对生态保护的责任感，为后续的生态教育奠定基础。

作为培养高级专业技术的专门人才的高等教育，其载体和场所是高等院校，在生态化转向视野下，高校教育也应该适应形势进行变革，高等教育作为学生即将步入社会从事社会实践的关键阶段，处于这一阶段的学生已经具有独立的思维能力，学生的价值观的确立是非常重要的。因而，为适应生态文明建设的时代要求，高校也应该进一步转变传统教育理念，将生态理念作为一部分纳入教育理念中，要创新教育内容和教育教学方式，以生态化的内容、生态化的方式保障教育活动的生态性，通过生态思想的讲授与宣传促使学生在形成生态自觉的同时确立生态理念，帮助学生重新对人与自然关系形成深入的认识和理解，将生态理念内化为自己的生态实践行为，提升学生生态技术创新的能力与素养，以确保大学生在走出校园步入社会之后能够在教育生态化功能的作用下发挥最大限度的生态正效应，以自身力量和榜样效应推动整个社会在为实现人与自然的和谐发展而共同奋斗。

3. 党校、干校的生态教育

党校与干校一般来讲主要是培训各级领导干部和理论骨干的重要渠道和阵地。其性质本质地决定了生态教育在其中的重要性。各级领导和干部是践行生态文明的主要组织者，其自身的素养对其本身的实践以及对社会实践具有很重要的影响作用。因而，党校干校教育的价值取向必然对领导干部在从事具体工作、做出生态决策方面具有导向性，这一层次的教育就凸显出其关键性。在各级党校、干校所举办的每期领导干部培训中，其教育内容和课程设置也应当体现生态化，通过生态课程的学习让学员对生态问题形成整体认识，在潜移默化中提升各级领导干部的生态觉悟和生态自觉性，提升学员构建生态文明的理论素养和价值导向，强化领导干部建设生态文明的核心意识和整体意识，从而在具体工作中能够自觉地将人与自然和谐的实现作为最高目标和宗旨，在做出各项决策和制定各项制度的过程中将生态文明的核心理念融入其中，做出生态评估，为生态的实践行为提供依据。

4. 社会公众教育的生态方向

生态文明的建设是一项全民共建的长期任务，需要凝聚全社会的力量才能实现。这就决定了教育对象的广泛性和大众化，对于生活在社会中而不在国民教育序列内的其他大众的生态化教育也是至关重要的。社会公众由于处于社会之中，系统地接受教育和培训的机会少，因而缺乏系统接受生态教育的机会，针对这种情况，各级政府更要承担起全民生态教育的重要责任。一方面，政府应该提供更多的生态文明教育的公共性资源，不仅要提供民众接收教育所需要的有形资源，同时也要搭建网络平台与载体，利用网络等多渠道、多管齐下保障民众能够接触和学习相关伦理，对于宣传的形式也应当多样化，采用民众乐于接受和喜闻乐见的形式进行宣传教育，也可采用体验式方式，让公众在体验中认识到生态文明建设的重要性以及同人类共存共荣的关系，启发公众的生态觉悟。另一方面，应当建设生态文明教育的基地。基地建设是加大生态文明普及力度和对公众进行生态道德教育、提升生态文明素养的重要载体，通过基地窗口，向公众普及生态知识，提高公众生态意识，使更多的民众能够在基地接受到生态教育。另外，政府也应该建立和完善生态教育的体制机制。在目前来看，提高生态教育意识势在必行，也是教育的不可或缺的部分。因而各地政府应当将这一任务纳入当地建设规划当中，逐步建立和完善生态教育的体系和机制，为公众普遍地接受生态文明教育提供保障，也使生态教育纳入常态化的轨道。

二　生态文化与教育的结合

生态危机需要有新的生态文化形态指导，在生态文明视野下，重塑生态文化的价值导向与明确生态教育价值取向亦是实践的要求。

（一）生态文化的价值取向

一般来讲，狭义的文化是人类所创造的精神文明的总和，内含了人们的思想、价值观念、审美情趣、理想信念及思维方式等。从过程论视角看，文化其实包含了"人化"和"化人"的双向过程。"人化"是人们通过对实践的思想升华，确立特色文化理念的过程；"化人"则是以确立的文化理念、文化价值思想对人类思想行为进行重塑的过程。由此可见，文化对人类的具体实践行为是具有指导性的。文化与人类文明的发展步伐是相伴随的，它随着不同时期人类社会生产实践的发展和进步而逐步实现自身的进步与飞跃，产生适应时代需要的新的文化形式，进而更好地指导人类的行为活动。人类文化伴随人类文明进步历程，产生了不同的文化形式，在生态危机大爆发的视野下，如何解决生态危机，如何重构人与自然关系成为人类在新的文明形态下文化的现实追求，因而，以生态的价值取向规定文化的价值形态成为生态文明视野下文化发展的终极目标。

1. 工业文化的价值缺失

近代以来，建立在主客二分思维模式基础上的人类中心主义价值观的形成，确立了人类在自然界的绝对主体地位，因而也确立了人类主宰自然的价值思想。在人类中心主义价值观的指导下，加快了近代社会进步的步伐，但也明显出现了人与自然的危机，因此，建立在人类中心主义基础上的工业文化价值取向是存在弊端的。

恩格斯曾经告诫人类，自然对于人类实践行为对自然造成的重大破坏必然会回馈给人类。果不其然，人类在陶醉于主宰自然的美丽梦想中的时候也感受到了自然对人类的惩罚——生态危机爆发。这种状态逼迫人们对已有文化形式和价值观念进行反思与重塑，找到一种理想的、符合人类社会发展进步的文化理念与价值形式指导人类的实践，重塑人与自然的关系。

工业文化的核心价值——人类中心主义导致的一个重要的后果，即造成了人与自然矛盾的激化，人与自然的矛盾又外化为人与人的矛盾，而人与人的矛盾的突出表现就是因掠夺自然资源而触发战争与冲突，生态环境问题的产生亦触发了社会矛盾的恶化，造成矛盾和冲突的主要原因就是人际争端。因此说，要想解决生态问题，化解生态危机，重塑人与自然关系，必须有效协调人际利益关系，这是缓和人与自然矛盾的基础和前提。

在对人类中心主义进行批判的过程中，形成了非人类中心主义的思想，力求凭借唤醒人对自然的伦理道德情感而实现人与自然的和谐。非人类中心主义相对于传统人类中心主义来讲，是进步的，它克服了人类中心主义一味重人轻物的理念而寻求人对自然的道德关怀。但是，尽管非人类中心主义者意识到人对自然应当负有责任，但是这一价值思想仍然是在近代以来所确立的主客二分思维模式框架下形成的，仍未脱离这一框架，因而也受到局限，而走向了人类中心主义的又一绝对的对立面——重物而轻人，只是从一个极端走向另一个极端，并未真正形成对人与自然伦理关系的全新阐释。因而，仍然存在缺陷，工业文化在价值取向上的缺陷依然存在。探寻脱离主客二分框架模式的新的文化价值形式是解决生态危机的重要环节，因而，在对新的文化价值形式进行探索的过程中，生态文化崭露头角，出现在人们的视野中。

2. 生态文化的价值追寻

作为人类文化发展的更高阶段，生态文化提倡区别于工业文化的新的文化理念，它关注人与自然的协调共生，关注合理消费和绿色消费，主张从个人到社会、从生产到生活都要步入生态化的新阶段。

首先，生态文化以实现人与自然的和谐发展、共存共荣为追寻目标，是对天人合一自然观的继承与发展。在生态文化视野中，人与自然都是自然系统的组成部分，二者平等地共存于自然系统中。介于二者价值平等性，人类在利用自然物谋求自身生存与发展的时候，首先应当考虑自然生态系统的平衡性，应当将维持生态平衡作为首要考虑前提。人类对自然物的干预和开发，要以不损害自然物的物质能量循环为底线。人类在开发自然、利用自然的过程中也需要承担起保护自然、尊重自然的责任。在追寻二者和谐平衡状态中实现人与自然的和谐共生。同时，生态文化也是对中国传统文化"天人合一"价值理念的弘扬与发展。"天人合一"是中国核心的传统伦理思想，内含了人与自然和谐统一的思想。在价值论视域中，"天人合一"以追求和谐为目标。"'天人合一'对于生态伦理学的贡献在于，通过高扬人和自然协调一致的思维方式和价值取向，为现代生态伦理学的建构提供了一个哲学构架。"① 这一诞生于农业文明时期的生态伦理思想虽然并不完美，亦存在着缺憾，但是也弥补了工业文化的重科技轻人文的缺陷，因而也体现出了其当代价值。

其次，生态文化要求确立生态理念，理念指导实践。理念体现的是人们对于某一事物或某一类事物所持有的态度、看法和观念，使人们对于此类事物多表达比较稳定的价值信念或信仰，这种观念是指导人们行为的价值观。在人类文明发展进步过程中，理念都起到了重要的作用。因此，由于人类认识局限性及历史局限性，不同文明时期的理念也会由于局限性限制而表现得不是那么完美。在两大文明转型的过程中，构建生态文明的蓝图与规划要求实现文化的生态转型，进而也使人类的发展理念和价值目标发生了重大变革。在生态文明视野下，生态文明理念的确立及对实践的指导是新时期文化生态转型的合

---

① 邱艳丽：《生态文化理论与实践的哲学探索》，博士学位论文，新疆大学，2006 年。

理形态。

十八大确立了立足以人为本、以生态为本的"尊重自然、顺应自然、保护自然"的生态理念，在寻求实现人与自然的关系生态重塑的进程中具有长远的现实指导性。尊重自然是实现人与自然和谐共生的首要前提，是人类在改造自然中首先应当持有的态度。这一理念提醒人们只有以科学发展、可持续发展为立足点，将和谐理念的思维灌注于人们的思想，真正摒弃认识自然主宰者的绝对主体思想，才能真正实现尊重自然、与自然平等相处，才能在和谐理念指导下善待自然，与自然和谐共生。

顺应自然在生态文明视域中是人类在与自然相处中应当遵循的基本原则，它是关注人与自然友好相处的基础。要顺应自然，就是人们在实践活动中要尊重客观规律并在遵循自然规律的基础上从事实践活动，友好地对待自然，避免因背离自然规律激化人与自然的矛盾。保护自然是实现人与自然可持续发展的重要手段。保护自然应当是人类自觉承担的责任和义务，人们在改造自然、发挥主观能动性的同时应当考虑自然生态系统的平衡。

生态文明理念的确立，为人与自然的和谐发展提供了尺量，使人类的实践行为有了度量，这并非要人类在自然面前无所作为，而是为了更好地在遵循生态理念基础上有所作为。

最后，生态文化为人类消费行为提供了标准，倡导绿色消费。人类的消费行为是在消费理念支配下进行的，消费理念作为观念系统的组成部分，应当与时代步伐相适应。因而，不同发展时期，消费观亦不同。生态文明的建设以及生态文化的确立要求人们重新审视工业文明时期的传统消费观，建立适合生态和谐的绿色消费观。绿色消费是将环境保护与人类衣食住行融为一体的消费模式。它是一项具有广泛性公众参与环境保护的生活方式，社会中的每个人都是这一消费模式的参与者和践行者亦是受益者。因而，实现绿色消费是建设生态文明的必要路径。

生态文化是人类在深刻认识和领悟人与自然关系过程中所形成的文化形态，也是指导人们行为的规范和准则。生态文化的价值追寻是实现人与自然的和谐相处，这在一定意义上决定了主体的行为选择。生态文化秉承生态整体性和可持续发展原则，因而在生活方式上提倡的是合理消费和适度消费，与这一价值取向与绿色消费的价值取向实现了完美的契合。生态文化是引领生态文明建设的价值主线，其价值取向根本地决定了生态文明建设实践的未来走向。因此，把握生态文化的价值取向，以生态的价值理念指导人类实践行为，以适应时代步伐的文化理念适应自然发展，实现人与自然的和谐发展、共存共荣。

（二）生态文化与生态教育

文化与教育两者是相互联系的。教育是文化传承的重要载体，文化的传承具有教育意义。文化与教育在内在精神上保持了一致性。生态文化与生态教育是人类在生态文明时期的全新文化形态与教育思维，以生态文化的价值导向引导教育的发展方向在现时期是非常必要的，可以克服工业文明科技理性视域下教育的局限性，以生态学的思维和理念探求现代教育的新模式，对于生态文明视域下教育的生态化转向具有重要的理论和现实意义。

1. 工业文化视域下教育的生态缺失

人类思想的新突破一般而言都是在对历史和现实问题的总结与反思的过程中确立的，就如生态危机的爆发，使人们打破原有思维框架而走向生态的思维框架，在对生态危机进行反思的过程中，教育的生态缺失也成为其中的问题之一凸显出来。在这一反思中所诞生的生态意识其实是人类为了寻求人与自然和解而提出的一种生态观，期望通过这一科学合理的生态观为人类可持续发展提供理性的指导。而作为意识层面的因素，某一观念取代旧观念必然需要一个过程，这一过程需要人们完成对这一观念的价值认知和价值内化，从而使其成为社会成员的自觉行为，这个过程必须借助教育这一载体实现。长期以来，我国教育过程与生态意识的养成在内容和形式上都是相脱节的，因而也导致了我国教育理念的生态缺失。

首先，在教育理念上，工业文明时期的教育价值观是在人类中心主义指导下形成的以人为中心的经济价值观，在这种价值观的指导下，教育培养的不仅仅是自然的主人，也培养出"毁灭"大自然的人，这也恰恰显示了工业文明时期教育的困境。这种教育理念过分强调和夸大人的主体能动性，而忽视了自然的内在价值和相对于自然主体人的客体属性，进而导致了人与自然矛盾的激化。这种教育价值理念使我们在人与自然和谐的反向道路上越走越远。

其次，生态意识缺位和淡薄也是造成教育困境的原因之一。作为一个具有忧患意识的民族，在我国传统文化中，对自然的敬畏及崇尚天人合一直是国人的传统。无论是儒家学派还是道家学派，其哲学思想中均蕴含着敬畏自然、尊重自然规律的核心价值，内含了保护生态的生态危机意识。但是，工业革命以来，随着人类驾驭和控制自然能力的增强，人定胜天开始成为主导人类行为的意识指导。人们在利益和欲望的驱使下，抛弃了最初对人与自然和谐关系的关注而转向对人与人、人与社会关系的重视。进而使得建立在政治经济基础上的危机意识取代了生态的危机意识，使生态忧患意识趋于淡薄。

最后，生态危机意识的缺失必然导致教育的生态缺失。这必然导致教育课题在知识结构和生态素养上的缺位。同时，教育的生态缺失一个重要的表现就是生态教育内容的缺乏。在教育内容上，由于教育观念的限制，教材内容体系的专门化使得不同层次的人们对于生态的内容难以领略，缺乏具有普适性的生态读本，而这一环节又是使生态知识从理论转化为实践的必不可少的环节，因而使得涉及生态保护理念的内容无法在教育过程中真正落实。因此，这种延续了工业文化的价值观念和理论框架等更多地体现为功利意识而缺少生态意识，这种固定的价值观念长期指导人们实践，使受教育者在潜移默化中接受了这种理念，造成了从理论到实践的生态缺失。

2. 生态文化视野下教育功能的生态回归

生态文化需要借助教育的平台发挥作用，生态文化教育的目的是要通过对生态文化形成认知进而帮助人们追寻以人与自然和谐为价值目标的生态文化观，因而，生态文化教育功能的实现必然能帮助人们克服传统文化观、价值观的局限性，在科学文化观、价值观的指导下实现人与自然的和谐共处。

首先，生态文化具有物化教育的功能。一般而言，一种文化的发展与传播，除了需要完善的理论之外，还应当有适宜的物质载体作为依托，才能使这种文化更好地发挥作用，更好地渗透人心。因此，作为文化发展的先进形态，生态文化亦需要借助特定的物质传播载体助推其功能的发挥与文化的传播。生态文化的科学性及先进性也体现了其物化性，一些原生态和人造的文化物化形态诸如湿地公园、森林、自然保护区等都承载着生态文化的基本内核，表现了其物化教育的功能。这种物化功能一方面通过讲述环境对人的影响作用而发挥其机理的功能，另一方面也表现了其对人的约束性功能，让人们感悟到优美的环境能够使人身心舒畅，通过对人们的硬性行为制约与软性思想约束让人产生内在驱动力和约束力，从而达到生态文化的教育的效果。

其次，生态文化内涵的思想教育功能。思想意识对于人的实践活动具有指导性，因而思想意识的被指方向决定了人类实践的效果。在构建"五位一体"总布局，共建中国特色社会主义现代化的过程中，人是实践主体，人的思想指导和价值指向决定了其在社会实践中的行为导向。作为崇尚人与自然和谐发展的生态文化理念，其价值指向对于重塑人与自然关系，实现可持续发展具有方向指导性。这恰恰体现了生态文化对人们的思想教育功能。一方面，作为以生态整体性为出发点的生态文化，它以生态学的整体性思维和观点为出发点重新建构人与物的关系，使人们在思想意识上树立了整体的生态价值观，对人们实践行为起到了指导作用。另一方面，生态文化蕴含的丰富内涵对于人的能动性的发挥具有启发性。人类主观能动性的发挥是无穷的，生态文化的无限发展空间可以调动人的能动性和积极性，使人们的行为和活动自觉地走向生态化方向。

最后，生态文化对科技生态化转向具有导向功能。科技进步与发展是推动人类文明进步进程的重要推手。从手工制造到科技创新产品盛行，科技可以说起到了重要作用。而伴随科技发展的突飞猛进，人类文明进步步伐的加快，科技的对自然的负向功能也体现出来。特别是伴随工业革命以来的人类中心主义价值指导下的科技发展，在实现社会发展的同时也带来了环境的破坏。文化价值观对于科技发展方向具有导向性，与不断提高的人类生态意识相伴随，对科技的生态化发展与要求也应该不断提高。生态文化的发展与创新是在科技创新与科技与自然矛盾夹缝中诞生的，同时也为生态文化对技术的规制提供契机。生态文化突出对生态系统和谐的共建，生态文化中蕴含的整体科学思维对于科技的生态转型具有导向性，促使科技理念的生态化转向，以生态的科技推动生态文明的建构，从而使生态文化对科技的教育功能得以实现。

第四节　技术生态化

自工业革命以来，技术的发展与进步取得了突飞猛进的发展，人类文明的发展步伐与之相适应也取得了很大的成绩，但是，传统科技理念和发展理念指导下的技术创新更多地追求物质利益和经济利益，忽略生态利益，造成技术发展与生态的矛盾。随着人们对生态的重视以及对传统技术的反思，技术的生态转向也成为人们追寻的目标而具有了必然性。

一　传统技术创新的生态缺失

一直以来，在传统价值观的指导下，人们将利益最大化为经济发展的最大目标和衡量标准，认为经济发展意味着其他政治、文化、社会、教育等环节亦会随之发展，因而，在这种观念的驱使下，人们单纯地追求利益最大化，人为割裂了经济、社会、自然间的联系，造成了生态与人矛盾的突发。这种追求片面利益忽视生态整体性的发展理念，完全忽视了生态系统诸要素间互相联系的关系，在人为无限开发资源的过程中没有将资源的有限性和环境的可承受性考虑在内，最终凸显和激化了资源、环境、社会的矛盾，使生态的自然修复能力难以为继。

在人类社会发展进步过程中，技术的推动性可以说是非常重要的因素，从原始农业文明发展到工业文明，技术在不同阶段也表现为不同的形式和作用。但是，他对社会历史进步的推动作用是唯一不变的，技术对社会发展的作用其实是具有双面性的，人们往往更多地关注其积极性而忽略其消极性。技术的消极性其实本不是技术自身的原因，决定于对核心技术普遍掌握和应用的理念。正如秦书生所言："从实质上讲，造成技术利用失误的更深层的原因、更根本的原因在于这种指导思想背后的哲学世界观和哲学思维方式。"[①]

（一）传统技术发展理念的生态缺失

传统发展观是传统技术发展的指导理念，它建立在单一自然观的基础之上。在工业文明时期，技术的发展与创新服务于经济的效益、增长，在利益驱使下，人们普遍认为经济发展的标志就是经济、社会效益的无限增长，技术的发展就是为了实现经济效益的最大化。在这种发展理念指导下，技术被打上了为经济服务的单一烙印，而对技术创新及其成果的衡量标准也偏向于是否能提高增长率为依据。这一单纯以追求经济利益为己任的发展理念和发展模式必然造成生态的失衡，因而是缺乏生态因素的理念。

（二）传统生产方式的生态缺失

工业革命以来的技术创新是对传统工业发展的支撑，传统工业文明在线性发展观的指导下更多地关注社会经济利益而牺牲了生态

[①] 秦书生：《科学发展观的技术生态化导向》，《科学技术与辩证法》2007 年第 5 期。

利益，这种生产方式更多地突出了其不可持续性。虽然工业文明所取得的巨大社会成就证明了传统生产方式的先进性和有效性，但人们在对这一过程进行反省的过程中看到了这一生产方式对生态的消极性。由于其在生产目的和价值目标上的功利性，使人们专注于对资源的无限利用而将自然的承受能力置之不顾，从而造成了效益与生态的矛盾。

总体而言，在传统发展理念和传统发展方式实践下的技术创新由于专注于服务经济利益的最大化而牺牲了生态利益，造成了工业革命以来技术创新的生态缺失，而使得技术创新对社会发展的效益并未达到最佳效应，因而，在科学发展和可持续发展理念指导下的技术创新应当走出新的方向——生态化的方向。

二 技术创新的生态转型

在对全球生态问题进行反思的过程中，人类对于传统的价值观念和指导理念进行了重构，一些反映生态整体性、体现绿色发展的观念和理念随之诞生，与此同时，为了规范技术创新，使技术创新走向生态化，指导技术创新的价值理念、规范标准等也应该走向生态。

（一）技术创新指导理念的生态化

技术的发展创新离不开技术观的指导，不同价值取向的技术观决定着技术创新的价值和实践方向。技术虽然具有消极性，但是如果指导技术创新的价值理念科学就可以将其消极性降到最低，使其积极性得到更大发挥。这一作用的发挥需要实现技术创新的指导价值观——自然观、价值观、技术观的生态转向。

1. 生态的自然观

生态文明是人类为解决生态危机所构想的理想范式，生态文明是人类文明发展的高级阶段。在生态文明建设框架下，自然观也应该顺应其核心价值要求由纯自然观转向生态化的自然观。

在传统纯自然观视域下，人与自然关系一度被认定为主宰与被主宰、改造与被改造的对立关系。在这种主客二分对立关系指导下的技术观也自然而然地偏向于为满足人类利益而服务，并未将技术创新同自然的和谐关系纳入考虑范畴。显而易见地必然造成技术创新与自然适应性的矛盾，技术创新的负效应在这一时期得到体现，造成了对自然的伤害。随着生态危机的爆发，人们在进行反思的过程中亦思索了这一问题，逐渐将自然观由传统性转向生态性。这一观念的转化必然对技术创新的价值取向和实践应用产生重要影响。就如英国科学家拉塞尔所言："生态危机的解决需要一种新的世界观——一种整体论、不滥用自然资源的、在生态学上合理的、长期的、综合的、爱好和平的、人道的、合作的世界观。"①

在马克思和恩格斯的论述中，他们从不同的视角切入，对自然观进行了研究。恩格斯首先站在自然科学研究成果的角度对自然辩证观进行了揭示，并在此技术上提出了辩证唯物主义的自然观。马克思则从社会的自然基础出发，对人与自然间的实践劳动关系进行了揭示，从而开辟了论述人与自然关系的全新自然观。马克思和恩格斯尽管从各自不同的视角出发对自然观进行了剖析，但其内容及其论述却是互为补充而非对立的。因此，以其二人自然观为基础形成了马克思主义的自然观。

生态文明的到来呼唤生态化的自然观，生态自然观的确立是建立在马克思主义自然观基础上，并融合了生态学的理论而形成的。它以生态学中的整体性原则为立足点，以生态学的观点作为其方法，形成了对人、自然、社会三者关系的科学论证。它与传统的片面性、线性的方法相区别，以系统论和非线性方法为基础，揭示了人与自然间的互为依存关系，并对生态的多样性、平衡性与人和自然之间关系的意义和作用进行论述。

在生态文明视域下，自然观的生态转向已经成为必然趋势，它实

---

① ［英］拉塞尔：《觉醒的地球》，王国政等译，东方出版社1991年版，第20页。

现了自然观从传统"主客二分"、"二元对立"向以追寻人与自然关系生态和谐的生态自然观的转变，这一重大转变不仅是对传统自然观视域下人与自然关系的反思与重构，更对当前生态文明的构建起到了重要作用，生态自然观指导下的技术创新也必然走向生态化，生态技术创新必然在生态文明建设时期发挥其应有的作用，推动生态文明建设。

2. 生态的价值观

工业文明以来主导社会发展的传统价值观一直将人的需求与利益作为其唯一衡量标准，这种价值观自工业社会以来都处于主导地位，成为主导价值观。它强调人的主体性，认为价值是人类及其世界独有的属性，游离于人之外的其他自然物都没有价值。显而易见，这种建立在人类中心主义基础上的价值观赋予人类天然的优越性，因而，人类的一切行为有了依据，在人类凸显其主人地位的过程中，人与自然的对立关系逐渐显现，人类在这一价值观的指导下，对自然物进行了大肆掠夺和无限开发，以至于在人类追逐无限利益的基础上对自然的索取远远大于自然可承受能力的最低边界，打破了人与自然的平衡界限，激化了二者的矛盾，导致全球性生态危机的爆发，使人类的生存与发展面临着前所未有的威胁。这一残酷的现实迫使人们不得不重新审视自身的行为，重塑指导行为实践的价值观，这必然引起价值观领域的重大变革与突破。

关于价值的科学内涵，马克思主义哲学对其进行了界定，它将价值界定为一种关系，一种建立在人类认识和实践活动基础上的主客关系，强调客体对主体需要满足的效用关系。价值观作为对价值与价值关系的总结与概括，是抽象思维的产物。生态价值观反映了人与自然之间的价值关系，是对人与自然价值及价值关系的凝练与概括，揭示了人与自然间的密切联系。价值观对人类的实践活动具有导向作用，是人类实践行为的指导思想，因而不同取向的价值观对人的实践行为的导向以及对自然社会的影响是不同的。生态价值观以生态学的观点和原则为基础，强调整体性和系统性，将人与自然关系界定为部分和整体的关系，因而作为自然系统的一部分，其主体性的发挥不仅对社会及他人负有责任更要承担起对人类赖以生存与发展的自然存在物及其生态系统的责任与义务，承担起对自然、生命、他人的关爱与呵护之责，以确保共建人与自然生态和谐共生关系。

　　3. 生态的技术观

　　传统价值观指导下的技术观，虽然在加快推动社会发展进步步伐方面起到了非常重要的作用，取得了巨大的经济成绩，但是由于对自然资源的过度开采与浪费而造成了严重的生态环境问题。传统技术观因此也受到人们的质疑，开始着眼于探寻新的符合生态要求的技术创新观，生态技术观应运而生。作为继传统价值观之后的一种体现全新价值理念的科学技术观，其追寻的价值目标有了新的指向。

　　生态技术观关注技术发展与人与自然关系的和谐契合度，以助推二者共存共荣关系构建为根本准则，在实践中寻求解决人与自然矛盾的方法，将可持续发展作为其发展目标，强调技术创新及其应用应当考虑生态效益，不能仍向传统技术观视野下单纯追求经济利益，应当在追求经济利益的同时实现经济效益、社会效益和生态效益的统一的协同发展，技术的作用除了体现在推动人类社会发展步伐的同时也应该体现和谐因素，致力于实现人与自然的和谐共生。由此可见，生态技术观是体现全面性、系统性的综合技术观，它致力于实现经济、社会同生态的平衡与统一，将生态效益作为对技术创新的评价标准职业，关注技术创新对生态的价值，并以实现人与自然和谐共生与发展作为其价值目标。生态技术观推动了技术创新的生态方向，"一方面，要用生态学规律对技术的应用进行规制，使技术的实践应用与自然生态系统的承受力相适应。另一方面，要实现技术系统本身的生态化，以生态学原理组织技术系统，以自然生态系统为模型，对技术系统的内部结构及资源予以优化，实现资源的循环利用。这种生态技术观不仅体现了可持续发展的价值诉求，而且也是实现可持续发展的技术支持"①。

（二）技术创新规范的生态化

技术对社会发展进步的推动作用主要是借助技术发明实现的，通过将技术发明转化为技术产品推动社会发展。工业文明以来，技术创新可谓是日新月异，发展迅速，为人类社会发展进步提供了条件。工业社会中由于"人定胜天"思想的主宰，技术发明及其技术产品的社会效益一般而言只考虑其对人类社会发展所产生的经济效应，对于技术自身及其产品的生态效益并未做过多的规定，这在一定程度上决定了工业文明时期的技术规范也更多地看其经济利益而非生态利益与经济利益的统一。在生态建设越来越重要的当代社会，这种技术规范意境不能适应人类文明进步的步伐，应当进行变革，走向生态化，实现生态的技术规范。

一般而言，技术规范是指法律上所确认的对于相关设备工序、工艺的执行过程以及技术产品、劳动服务质量要求等方面的有关规定、准则和标准。

技术规范作为一种标准文件，规定了产品、过程等在应用和执行过程中应当满足的技术要求，是强制性低于标准的一种文件。技术规范对于技术创新活动具有规范性，技术规范的生态化在规范技术创新活动是产生双向制约效果，在保障技术创新的经济效益的同时，更关注技术活动对生态效益的作用，力求实现经济效益与生态效益的统一与协调。对于生态技术规范可以从两个视角解读：其一是制定生态的技术规范；其二是对生态技术的规范。生态化的技术规范强调以生态保护为视角，站在保护生态的基础上制定符合生态发展要求的技术规范。生态技术的规范强调的是技术的生态性，对于开发的技术要有生态的要求标准，使技术的创新为生态而生。

①　王晓政、卢艳芹：《生态技术创新新论》，《华北水利水电大学学报》2015年第6期。

技术规范的适用主体包括所有进行技术创新活动的成员，其表现形式为设计理念与设计准则。技术规范在人类社会发展的不同时期其特点和内容也不同，随着社会分工的具体化，技术规范也在不同领域中体现，而在生态视野下，技术规范在以往专业性规范的基础上增加了对资源与能源的合理利用和保护的新要求，融入了生态要素而形成生态的技术规范。在这种形式下，技术规范对于技术活动全过程进行生态规范，包括技术创新活动前的论证、技术创新理念、过程、产品等都要有生态要素的融入，这亦是生态技术规范的应有之义。

（三）技术的生态评估

技术创新成果最终要落实在实践中，通过技术产品、技术过程等对社会发生效应，这种效应并非唯一有益的，有正效应和负效应之别。对于技术应用产生的效应为正还是为负，需要依据一定评价标准进行，因此就需要对技术创新进行评估。技术创新评估一般而言可以分为事前预警生态评估、过程生态评估和事后结果生态评估。事前预警生态评估主要是在技术开发前对即将开发的技术进行生态预警评估，对于技术的应用效果进行预估，尽力将技术的负效应控制在生态底线范围或避免负效应。过程生态评估主要是在生态技术开发全过程进行生态评估，在技术开发中所遇到的矛盾积极解决，降低对生态的负效应。事后结果生态评估主要是针对技术创新产品应用效果的评估。

技术创新评估是一个过程，包含了评价机制体系、评估者、评价方法及结果。科学的评价体系对于实现技术在推动经济发展、保护生态方面具有重要作用，因而，技术的评估体系应当考虑经济指标、生态指标及技术指标的平衡发展，其中生态指标是其他指标实现的前提条件，任何对生态构成威胁的技术都应当提出质疑。评估者主要是由行业专家组成的评估团队，评估者在对技术进行评估时应当全面，既要对即将开发的技术进行事前预估也要对其开发过程中可能出现的风险及技术应用效果的效应做出评估，对于任何造成生态负效应的技术都应该提出预警或责令禁止。技术评估作为一个大系统需要各环节协同发挥作用才能达到最佳效果。

总体而言，技术创新是推动社会进步、经济发展的生命线，鼓励技术创新特别是生态技术创新需要推动技术创新评估机制的整体生态化，建立健全技术创新的生态评估和评价机制，对即将开发的技术进行事前、事中和事后的生态预警评估，避免因技术创新可能产生的生态负效应对生态造成的破坏。

三　生态技术创新的实践路径

（一）以生态文化引领技术价值取向，不断提升技术创新者的生态觉悟

文化是人类文明进步过程中的产物。主体选择性是文化发展的特性，是建立在文化发展规律基础上的，文化发展的主体选择性应当将人与自然关系纳入其选择范围。作为顺应时代发展要求的生态文化为生态文明建设提供文化导向，它重新诠释了科学发展的内涵，在坚持科学发展、以人为本的基础上肯定了人民群众的主体性地位及价值主体性，并把生态保护与资源节约摆在社会发展的更高位置，它秉承人与自然和谐共生的终极旨归，以实现经济发展、资源利用与生态环保的和谐发展为最终目标，是当代社会的先进文化形态。就像任永堂所言："只有选择生态文化模式，人类才能真正摆脱生态危机，走出困境，走向光明。生态文化确实是现代文化的最佳模式。"[①]

1.推动企业文化的生态转向，以生态企业文化引领企业生态技术创新

作为技术创新主体的企业，其自身的企业文化对于企业的发展方向具有价值导向性。技术创新作为企业发展的动力能够推动企业的发展，因而生态的技术创新需要生态的文化理念引导。

---

① 任永堂：《生态文化：现代文化的最佳模式》，《求是学刊》1995年第2期。

　　一直以来，在传统发展视域下，受到传统发展观和文化理念的限制，企业的最终目标是实现利益最大化。在工业文明视野下，在这一目标驱使下，人类社会实现了很大的发展，但是从长远发展目标和利益来看，这一追逐利益的行为导致了生态环境的恶化，进而限制了企业的可持续发展。为了转变这一不良循环，实现与企业文化的生态化发展与转型已经是势在必行。生态的企业文化有利于推动企业的生态化转向，也有助力于促进企业技术创新的生态化发展。因而，企业生态文化是推动企业技术创新生态化的文化引领与价值指导。以生态的文化引领企业的生态发展，有助于企业走向资源节约的可持续发展道路，也有利于推动企业效益同经济效益、社会效益、生态效益的有机结合与协调统一，实现企业与社会、生态的一体化、可持续性发展。

　　生态的企业文化是为推动实现技术创新由传统发展向生态发展转换提供智力支持。技术创新的生态化转向需要首先突破技术发展理念与传统发展观的生态性变革，实现企业发展模式由粗放型向资源节约型、环境友好型方向发展。这就需要改变传统发展理念下单纯追求经济效益、关注资源开发、忽视环境保护的行为事件，而转向注重资源开发力度与自然可承受能力的协调，转变重经济效益轻生态效益的价值观与生态观。以新的思维和理念引领企业发展，以企业生态文化理念为导向，确立可持续发展的、以实现人与自然和谐共生为目标的生态价值观，发展循环经济，是企业自觉选择可持续发展的模式，以生态的创新意识指导技术的创新过程，推动企业的生态化转型。

　　2. 推动公众意识的生态化，提升公众保护生态的参与性

　　生态文化作为一个文化体系，是包含着生态意识、生态伦理、生态价值在内的系统。作为意识形态的存在，生态意识是人类对有关自然生态相关问题在人脑中的映射，是特定社会阶段的实践形态在人脑中的反映。生态意识的提高需要在人们对于生态文化的深刻理解与认知基础上形成，因而，在现时期，弘扬和宣传生态文化，对于提高公众生态意识、加强公众参与具有重要意义。

第一，以生态文化为导向，帮助公众确立绿色消费观。与传统文化相比，生态文化在价值观导向上偏向于人们消费观的改变，要求转变传统消费观和消费方式，倡导绿色生态消费。这种消费观要求人们改变传统消费理念下的过度消费，从物质享受型消费转向追求以寻求人与自然和谐相处、崇尚自然的健康、理性的消费，是与生态价值相适应的生态的、理性的、可持续发展的消费模式。

作为一种新型的消费方式，生态绿色消费崇尚自然、倡导简朴，提倡适度消费，反对过度消费，以免对生态造成伤害。这一理性消费观对于人们的生活方式和消费方式具有生态的指导性，在这一理念指导下，人们在实践中的生产生活与消费的标准发生变化，开始追寻与关注一些对自身与生态负面影响小的生态技术与生态产品，开始崇尚天然的、无污染或少污染的绿色产品，对于生态产品的追寻刺激了企业技术创新的生态发展。

第二，唤醒和培育公众生态意识，提升公众参与度。保护生态是全社会共同长期努力才能完成的重大任务，生态意识的确立有助于帮助公众树立生态理念，以生态的理念指导生态的行为实践。要大力宣扬生态文化，帮助公众确立生态意识，重塑价值观与伦理观，建立生态道德体系，以使生态文化内化为社会成员的价值观应在实践中加以运用。在这一过程中，公众参与是不可或缺的，必须在对公众基本需求进行了解认知的基础上，广泛动员社会公众积极参与到环境保护和恢复生态的具体实践中。公众的广泛参与也有助于推动和监督企业在生产发展模式上的新的变革和创新，有效提升企业生态意识和生态技术创新意识，是企业自觉、自主地走向节约资源和有效利用资源的产品研发道路，推动企业设备的生态更新，使企业走上生态化、绿色化发展道路。

（二）加强政府管理与监督，构建生态技术创新的长效机制

1. 建立健全评估机制

一般而言，技术创新无论是规模大小还是层次高低，都离不开一

定程度的资金、技术、材料、设备、研究人员等方面的投入与支撑，相较于一般技术创新，生态技术创新的成本要比较高。同时，任何技术创新都是带有风险的，无论是过程还是产品都具有不确定性。在技术开发中，新技术的开发过程本身就是创新过程，难免有失误或偏差，而且，对于技术创新所能达到的预期目标也存在不确定性。对于研发的技术产品，效果同样也具有风险。一项技术产品其实践应用效果也有不确定因素，尤其在产品应用中对自然生态可能造成的副作用难以预估。另外，对于技术的使用时间、社会成员对于技术的接受程度方面都存在风险和不确定因素。因此，在技术创新过程中的评估和决策机制的建立健全是非常重要的。要建立健全事前评估、过程评估和结果评估相辅相成的评估机制，就技术研发前、研发过程中以及研发的产品的应用效果进行事前论证、咨询和风险评估，事先避免技术创新过程与技术创新产品可能造成的生态负效应。

2. 推动建立激励机制

对于新型的生态技术创新，政府应当充分发挥自身作用，建立和完善激励机制，鼓励企业进行生态技术创新。一般来讲，技术创新机制分为宏观层次和微观层次，宏观层面的激励主要是国家推动企业进行技术创新的激励机制。微观层次的激励则是针对企业自身内部的激励机制。具体来讲，激励机制是囊括了产权激励、政府激励、市场激励及企业内部激励的机制体系。建立和完善政府激励机制，首先，要对技术创新者进行激励。技术创新者是实现技术创新的主力军，针对这部分人力资源政府应当利用税收、创业信贷等措施向技术创新人员进行倾斜或给予一定补贴、优惠等，鼓励创新人员走向生态化的技术创新道路，主动从事生态技术创新活动。其次，要推动建设适合生态技术创新的基础设施建设，通过建立技术研究实验室、创新资源共享等设施，使技术创新活动有基本的物质基础。再次，对于一些重大的技术项目和关键行业及其成果的转化，政府应当发挥其调控作用，对于行业投资进行生态化引导，使这些重大和关键行业走向生态化。最后，通过设立风投基金和创新成果转化基金等形式，提升和调动企业和创新人员自主自觉从事生态技术及其产品研发的积极性和主动性。

3. 完善法律监督机制

法律法规是推动技术创新生态化的基本保障。近些年来，我国相继出台了一系列有关技术创新与环境的相关法律法规，对于促进生态技术的发展方面起到了助力和保障作用，但在一些具体问题方面也有不足，例如，在法律法规中很少涉及技术创新成果及其转化可能给生态环境带来的不良反映和负面效果，缺乏预警机制，因此，需要在对现有法律法规进行完善的基础上制定适合规范技术创新生态化转向的法律规范，在法治理念中融入生态理念，以生态化的法律规范保障生态技术创新的研发与转化。

（三）建立和完善企业生态技术创新的多层次创新体系

技术创新体系作为一个系统是由若干与技术创新有关的要素，包括科学、技术、市场、企业、科研机构、高校及政府机构等在内的诸要素，彼此相互联系、相互制约形成的统一体，其核心目标是实现技术创新和推动生产力的发展。企业技术创新体系作为一个整体是以企业技术创新的宏观战略规划为支撑，由企业技术创新的若干要素，包括创新的机构、资源、机制等组成的统一整体。作为整体构成的每一个要素对于整个创新体系的发展都会产生作用，因而要实现企业技术创新体系整体的发展，实现其内部诸构成要素的优化组合是必不可少的。

在现时期，作为技术创新主体的企业，是推动技术创新生态化的主力成员。发展循环经济是推动经济可持续发展的重要发展模式，生态技术则是推动循环经济的技术手段，因此，承担技术创新重担的企业有责任承担起开展生态技术创新、发展循环经济的重任。推动企业生态技术创新，鼓励开发和利用生态技术，应当建立起与其相适应的创新体系。

首先，要推动建立产学研协同发展的机制体系。技术创新并非只有一个主体，应该是多主体协同完成。其中企业是创新的核心主体，另外，政府、高校及其他科研机构是技术创新的参与主体，所有技术创新活动的完成需要核心主体与参与主体协同合作才能实现。高校和科研机构是人才资源和知识、技术汇集的主要场所，它们的科研技术需要产业化和商品化，这一要求正好改善了企业技术创新的薄弱环节，为二者的协同发展提供了契机。在推动多主体协同发展的过程中，政府的宏观管理是不可或缺的，不仅要引导技术创新主体在开发技术产品的过程中纳入生态因素、全过程进行生态评估并鼓励研发生态技术产品，而且要对主动积极研发生态技术产品的企业给予一定资助或优惠，调动企业自觉研发生态产品的积极性。

其次，大力宣扬生态技术，充分发挥教育的功能，以生态文化的教育性调动创新主体对生态技术产品的热衷度和积极性，使企业立足长远利益和可持续发展，在投入创新研发时综合考虑生态利益、经济利益和社会利益的统一，主动将资金投入生态产品与技术的研发中。

（四）完善相关政策，为生态技术创新的发展提供有利条件

生态技术创新的推进与实践发展离不开相关政策的保驾护航。在实践中，应当利用政府的宏观调控功能，鼓励和支持生态产品的研发。

1. 合理使用生态经济手段，推动生态技术的发展

一般来讲，经济手段主要指基于经济原理基础上的经济杠杆和经济方法，包括价格、税收、贸易等。科学运用经济手段，可以有效促进企业的生态化发展。首先，政府可以通过税收建立奖惩机制，对有效推进生态技术的创新主体进行鼓励和支持，对于研发产品对环境污染大、资源利用低的企业给予警告或惩处，使其走向生态化发展。其次，以金融促发展，运用金融政策推动生态技术创新的实践，对于主动研发生态产品的主体进行补贴或在贷款利率上给予优惠，刺激企业生态发展。同时，要充分发挥网络等新媒体的作用，利用新媒体手段宣扬生态教育，引导公众消费导向，以生态的文化与教育引导公众的

生态参与。

2. 制定和完善生态制度，以制度保障生态技术创新的有效推进

政府要制定和完善有关排污收费、排污许可证等相关的生态制度，为生态技术创新的有效推进提供保障。近些年，我国也相继制定了有关制度和收费标准，但标准太低不足以影响和制约企业，因此，针对这种情况，政府应当完善相关制度，建立合理的可有效限制企业排污的指端，使企业认识到只有进行生态的技术和产品研发，才能符合国家生态文明建设的要求和有效推动企业可持续发展，从而走向生态的发展道路。

技术创新的生态化已经成为构建生态文明的必然走向，同时也是生态价值观的必然要求。生态技术创新重塑了传统视域下技术创新的发展观和技术发展的未来走向，它将生态、社会、人的整体协同发展作为前提，是对科学发展和可持续发展的科学践行。

参考文献

经典著作

马克思：《资本论》第 3 卷，人民出版社 1975 年版。

马克思：《1844 年经济学哲学手稿》，人民出版社 2000 年版。

《马克思恩格斯全集》第 3 卷，人民出版社 2002 年版。

《马克思恩格斯全集》第 25 卷，人民出版社 2002 年版。

《马克思恩格斯选集》第 1 卷，人民出版社 2002 年版。

《马克思恩格斯选集》第 3 卷，人民出版社 2002 年版。

《毛泽东文集》第 7 卷，人民出版社 1993 年版。

《毛泽东文集》第 8 卷，人民出版社 1993 年版。

《邓小平文选》第 1 卷，人民出版社 1994 年版。

《邓小平文选》第 2 卷，人民出版社 1994 年版。

《邓小平文选》第 3 卷，人民出版社 1994 年版。

江泽民：《论三个代表》，中央文献出版社 2001 年版。

中共中央文献研究室：《中共十三届四中全会以来历次全国代表大会中央全会重要文献选编》，中央文献出版社 2002 年版。

中共中央文献研究室：《十六大以来重要文献选编》（上），中央文献出版社 2005 年版。

中共中央文献研究室：《十六大以来重要文献选编》（下），中央文献出版社 2005 年版。

《江泽民文选》第 2 卷，人民出版社 2008 年版。

《江泽民文选》第 3 卷，人民出版社 2008 年版。

胡锦涛：《高举中国特色社会主义伟大旗帜为夺取全面建设小康社会新胜利而奋斗》，人民出版社 2007 年版。

胡锦涛：《中国共产党第十七次全国代表大会报告》，人民出版社 2007 年版。

本书编写组：《十七大报告辅导读本》，人民出版社 2007 年版。

中共中央宣传部编：《习近平总书记系列重要讲话读本》，人民出版社 2016 年版。

习近平：《决胜全面建成小康社会夺取新时代中国特色社会主义伟大胜利：在中国共产党第十九次全国代表大会上的报告》，人民出版社 2017 年版。

中共中央宣传部编：《习近平谈治国理政》第 1 卷，外文出版社 2018 年版。

中共中央宣传部编：《习近平谈治国理政》第 2 卷，外文出版社 2018 年版。

中共中央宣传部编：《习近平新时代中国特色社会主义思想学习纲要》（2019 年标准版），学习出版社 2019 年版。

国内著作

曹孟勤：《人性与自然：生态伦理哲学基础反思》，南京师范大学出版社 2004 年版。

丁圣彦：《生态学——面向人类生存环境的科学价值观》，科学出版社 2004 年版。

杜秀娟：《马克思主义生态哲学思想历史发展研究》，北京师范大学出版社 2011 年版。

范恒山、陶良虎等：《美丽中国：生态文明建设的理论与实践》，人民出版社 2014 年版。

高中华：《环境问题抉择论——生态文明时代的理性思考》，社会科学文献出版社 2007 年版。

郭卫东、杨玫：《生态文明与美丽中国建设研究》，中国水利水电出版社 2017 年版。

胡必亮：《关系共同体》，人民出版社 2005 年版。

何沁：《中华人民共和国史》，高等教育出版社 1999 年版。

姬振海：《生态文明论》，人民出版社 2007 年版。

罗国杰：《马克思主义价值观研究》，人民出版社 2013 年版。

李德顺：《价值论》，中国人民大学出版社 2007 年版。

李承宗：《和谐生态伦理学》，湖南大学出版社 2008 年版。

刘增惠：《马克思主义生态思想及实践研究》，北京师范大学出版社 2010 年版。

刘湘溶：《人与自然之间的道德话语》，湖南师范大学出版社 2004 年版。

李龙强：《生态文明建设的理论与实践创新研究》，中国社会科学出版社 2015 年版。

冷溶、汪作玲：《邓小平年谱（1975—1997）》下，中央文献出版社 2004 年版。

卢风等：《生态文明：文明的超越中国》，科学技术出版社 2019 年版。

王春益：《生态文明与美丽中国梦》，社会科学文献出版社 2014 年版。

王晓华：《生态批评——主体间性的黎明》，黑龙江人民出版社 2007 年版。

舒惠国：《生态环境与生态经济》，科学出版社 2001 年版。

谢振华、冯之俊:《生态文明与生态自觉》,浙江教育出版社 2013
　年版。

徐春:《人类生存危机的沉思》,北京大学出版社 1994 年版。

肖显静:《环境与社会——人文视野中的环境问题》,高等教育出版社
　2006 年版。

余培发:《生态新路——产业升级与美丽中国路径》,西南财经大学出
　版社 2017 年版。

余谋昌:《生态学哲学》,云南人民出版社 1991 年版。

余谋昌:《文化新世纪:生态文化的理论阐释》,东北林业大学出版
　社 1996 年版。

余谋昌:《生态伦理学——从理论走向实践》,首都师范大学出版社
　1999 年版。

余谋昌:《生态哲学》,陕西人民教育出版社 2000 年版。

杨明:《环境问题与环境意识》,华夏出版社 2002 年版。

杨通进等:《现代文明的生态转向》,重庆出版社 2007 年版。

袁贵仁:《价值观的理论与实践》,北京师范大学出版社 2006 年版。

张岱年:《文化与哲学》,教育科学出版社 1988 年版。

张进蒙:《马克思恩格斯生态哲学思想论纲》,中国社会科学出版社
　2014 年版。

赵铮郿:《主体美学》,浙江大学出版社 2004 年版。

湛垦华、沈晓峰编译:《普利高津与耗散结构理论》,陕西科学技术
　出版社 1998 年版。

金鸿章等:《复杂系统的脆性理论及应用》,西北工业大学出版社
　2010 年版。

张坤民:《可持续发展论》,中国环境科学出版社 1997 年版。

周海林:《可持续发展原理》,商务印书馆 2004 年版。

曾建平:《环境正义:发展中国家环境伦理问题探究》,山东人民出

版社 2007 年版。

朱诚等：《全球变化科学导论》，南京大学出版社 2003 年版。

赵廷宁：《生态环境建设与管理》，中国环境科学出版社 2004 年版。

郑少华：《生态主义法哲学》，法律出版社 2002 年版。

郑易生：《中国环境与发展评论》，社会科学文献出版社 2001 年版。

中国 21 世纪议程管理中心：《发展的基础——中国可持续发展的资
　　源、生态基础评价》，社会科学文献出版社 2004 年版。

国外著作

阿尔贝尔·施韦泽：《敬畏生命——五十年来的基本论述》，陈泽环
　　译，上海社会科学院出版社 2003 年版。

阿尔多·李奥帕德：《沙郡年记》，吴美真译，上海三联书店 1999
　　年版。

本·阿格尔：《西方马克思主义概论》，慎之等译，中国人民大学出
　　版社 1991 年版。

戴维·佩珀：《生态社会主义：从深生态学到社会正义》，刘颖译，
　　山东大学出版社 2005 年版。

大卫·格里芬：《后现代科学——科学魅力的再现》，马季方译，中央
　　编译出版社 1995 年版。

福斯特：《生态危机与资本主义》，耿建新译，上海译文出版社 2006
　　年版。

霍尔姆斯·罗尔斯顿：《环境伦理学》，杨通进译，中国社会科学出
　　版社 2000 年版。

黑格尔：《法哲学原理》，范扬、张企泰译，商务印书馆 1961 年版。

海德格尔：《技术与转折》，弗林恩译，昆特尔·奈斯克出版社 1988
　　年版。

海德格尔:《海德格尔选集》(下卷),孙周兴译,上海三联书店 1996
　　年版。

海德格尔:《面向思的事情》,陈小文、孙周兴译,商务印书馆 1999
　　年版。

基恩·托马斯:《人类与自然世界》,宋丽丽译,译林出版社 2009
　　年版。

卡普拉:《绿色政治》,石音译,东方出版社 1988 年版。

康德:《历史理性批判文集》,何兆武译,商务印书馆 1990 年版。

齐格蒙特·鲍曼:《共同体》,欧阳景根译,江苏人民出版社 2003
　　年版。

麦茜特:《自然之死》,吴国盛译,吉林人民出版社 1999 年版。

纳什:《大自然的权利》,杨通进译,青岛出版社 1999 年版。

威廉·莱斯:《自然的控制》,岳长岭、李建华译,重庆出版社 1993
　　年版。

亚里士多德:《尼各马科伦理学》,苗力田译,中国人民大学出版社
　　2003 年版。

詹姆斯·奥康纳:《自然的理由》,唐正东译,南京大学出版社 2003
　　年版。

期刊论文

陈也奔:《罗尔斯顿的生态价值观——一种自然主义的价值理论》,
　　《学习与探索》2010 年第 5 期。

沈亚生、扬琦:《我国当代人性论研究的回顾与思考》,《清华大学学
　　报》2014 年第 1 期。

沈晓峰:《耗散结构理论中的哲学问题》,《哲学研究》1982 年第
　　1 期。

陈寿朋、杨立新：《论生态文化及其价值观基础》，《道德与文明》
　　2005 年第 2 期。

丁立卿、兰玉艳：《反思生态价值观塑造的前提性问题》，《贵州大学
　　学报》2009 年第 5 期。

戴秀丽：《生态价值观的演化及其实践研究》，博士学位论文，北京
　　林业大学，2008 年。

胡敏中：《论价值共识》，《哲学研究》2008 年第 7 期。

姜璐：《复杂系统的层次结构》，《自然辩证法研究》1994 年第 10 期。

傅华：《论自然的价值及其主体》，《自然辩证法通讯》2000 年第
　　3 期。

方世南：《环境哲学视域内的生态价值与人类的价值取向》，《自然辩
　　证法研究》2002 年第 8 期。

罗朝明：《友谊的可能性—— 一种自我认同与社会团结的机制》，《社
　　会》2012 年第 5 期。

刘文华：《耗散结构理论及其哲学意义》，《国内哲学动态》1986 年第
　　3 期。

卢风：《论生态文化与生态价值观》，《清华大学学报》2008 年第
　　1 期。

卢巧玲：《生态价值观：从传统走向后现代》，《社会科学家》2006 年
　　第 4 期。

刘德龙：《科学发展观的树立与生态价值观的重构》，《江苏社会科
　　学》2004 年第 5 期。

刘魁：《生态价值观与传统文化战略批判》，《南京理工大学学报》
　　1999 年第 2 期。

钱俊生、彭定友：《生态价值观的哲学意蕴》，《自然辩证法研究》
　　2002 年第 10 期。

任金秋、刘欣：《生态价值观探析——兼谈科学的生态价值观的确

立》,《内蒙古大学学报》2004 年第 6 期。

史艺军、周晶:《论中国共产党几代领导人的生态价值观》,《辽宁师范大学学报》2009 年第 2 期。

王妍:《生态价值观及其实践意义》,《南京工业大学学报》2003 年第 4 期。

王志强:《论生态价值观》,《兰州大学学报》1993 年第 1 期。

王继强:《试论科学生态价值观的建构》,《黑龙江社会科学》2005 年第 6 期。

王园园:《当代中国社会生态价值观调查报告》,《甘肃理论学刊》2009 年第 6 期。

王雨辰:《论生态学马克思主义的生态价值观》,《北京大学学报》2009 年第 5 期。

王友强:《树立生态价值观是践行科学发展观的思想前提》,《东岳论丛》2009 年第 9 期。

徐宗良:《为何要构建人与自然间的道德关系》,《道德与文明》2005 年第 6 期。

谢磊、刘奇:《论马克思主义生态价值观的基本内涵》,《南华大学学报》2010 年第 2 期。

徐秉国、王炜:《论和谐共生的生态价值观与和谐社会的构建》,《河南师范大学学报》2010 年第 1 期。

于连生、李静红、陈琪琳:《自然资源功能价值论初探》,《环境科学》1995 年第 6 期。

余谋昌:《生态学中的价值概念》,《生态学杂志》1987 年第 2 期。

余谋昌:《生态学中的价值观念》,《生态学杂志》1987 年第 6 期。

杨通进:《论生态伦理学的人观》,《郑州大学学报》1989 年第 1 期。

叶平:《人与自然:生态伦理学的价值观》,《自然辩证法研究》1995 年第 5 期。

袁建明:《生态价值观初探》,《合肥工业大学学报》2000 年第 1 期。

赵欢:《论"五位一体"总布局的历史演化及其现实意义》,《南方论刊》2014 年第 1 期。

赵琦:《阿奎那友谊理论的新解读——以仁爱为根基的友谊模式》,《复旦学报》2015 年第 2 期。

张磊、付嘉、何蜻云:《新环境资源价值论——兼论生态文明的价值观》,《生态经济》2006 年第 5 期。

后　记

　　"美丽中国"是生态文明建设的宏伟目标，是从审美意义上对建设什么样的中国、怎样建设中国的回应。"美丽中国"内涵了美的意义与本质，既突出了变美的过程又强调美丽的结果。从价值形态来说，是人对生存与发展的自然环境与社会环境的美好向往，实现着人类中心主义向生态整体主义的价值观转变。从关系视域来说，"美丽中国"源于审美需求基础上的审美主体与审美客体的互动，审美主体已经从关注物质需求的人变为具有审美需求的人，"美丽中国"不仅是先进文化的表征，更是物质文明与精神文明的共建。

　　生态文明的价值导向是人与自然的和谐与协同，美丽中国价值观念的转变是基于人类对自然界、对自身的深刻认识，反映了人类理性思维的相对独立性和自由自觉。正是从这个意义上，生态文明需重建人与自然的关系、完成价值观生态范式的转变即人与自然共同进化的目标，这不仅是人类智慧实践的体现，更是智慧理性的结晶。美丽中国建设的价值观是包含自然价值的新价值理念，它强调人与自然的协调发展与互惠共生，并以此实现生存范式和社会关系范式的生态转向。

　　从国家社科基金立项时起至著作出版已经有四年之载，这四年来经历了思想上的混沌与精神上的焦虑，特别要感谢我的老师彭福扬教授，他既是我的思想导师也是我的人生导师，在我的写作处于迷茫状态或者思路逻辑混乱时他总能"一语道破天机"式的指点迷津，开拓我的思路、启迪我的智慧。彭老师在我准备课题申报时也给予了细心的指导，他的传道授业解惑我将终生铭记，也是在他不断的鼓励下，我才得以克服工作与生活中的重重困难最终如期完成写作。他渊博的知识、严谨的治学、精彩的授课展现着独特的个人魅力，这也深深感染着、激励着我，我要以彭老师为楷模专心科研、诚挚教学。

　　我还要特别感谢内蒙古大学满洲里学院的王晓政副教授，王晓政老师完成了本书的第四章和第七章，她致力于科学研究一丝不苟的态度与精神鼓舞着我，我们的合作得以让项目顺利完成。还要感谢靳媛媛师妹，她撰写了第三章第三节中的"传统文明价值观缺陷"，对传统文明价值观的缺陷进行了严谨的论证。本书在写作过程中借鉴了学界的相关研究成果，相关参考文献和借鉴成果已尽量做出明确标注，对于理解的偏颇和不当之处还请批评指正。感谢促成出版并付出宝贵时间和辛勤工作的刘艳编辑，感谢中国社会科学出版社的大力支持。

卢艳芹

2020 年 5 月于内蒙古大学